LA

QUESTION CLÉRICALE

LE

BUDGET DES CULTES

AVEC UNE

PRÉFACE

PAR

M. DE MARCÈRE

ANCIEN MINISTRE DE L'INTÉRIEUR ET DES CULTES

DÉPUTÉ

PARIS

E. DENTU, LIBRAIRE-ÉDITEUR

PALAIS-ROYAL, 15-17-19, GALERIE D'ORLÉANS

1881

LA QUESTION CLÉRICALE

LE

BUDGET DES CULTES

PARIS. — IMPRIMERIE ARNOUS DE RIVIÈRE, RUE RACINE, 26.

LA QUESTION CLÉRICALE

LE BUDGET DES CULTES

AVEC UNE

PRÉFACE

PAR

M. DE MARCÈRE

ANCIEN MINISTRE DE L'INTÉRIEUR ET DES CULTES

DÉPUTÉ

PARIS

E. DENTU, LIBRAIRE-ÉDITEUR

PALAIS-ROYAL, 15-17-19, GALERIE D'ORLÉANS

1881

PRÉFACE

Je suis provoqué, par la communication du travail que l'on va lire, à dire mon avis sur le sujet traité par l'auteur. Cet avis, je n'éprouve aucun embarras à le donner.

La Question cléricale — tel est le titre du livre — est une de celles qui devront être réglées prochainement. Il est utile que l'opinion publique soit éclairée, et qu'elle se prononce sur les solutions proposées.

Il est surtout excellent que le clergé dise son mot dans cette affaire, et que ce mot soit prononcé, comme dans le travail soumis au public, par un prêtre exempt des préjugés de caste, d'une grande bonne foi, et qui paraît avoir plutôt du goût que de l'éloignement pour le gouvernement de la République.

A ce premier point de vue, cet ouvrage est une œuvre patriotique digne d'éloges. A le considérer en lui-même, il est rempli de documents qui pourront redresser beaucoup d'erreurs répandues sur ces matières, et de considérations empruntées à des hommes d'État ou inspirées à l'auteur par la connaissance exacte des besoins de notre temps et des dangers que court l'Église de France.

Je n'ai point à me dégager de l'esprit particulier qui

animé l'auteur quand il traite de matières ecclésiastiques. Il est prêtre, il parle le langage d'un prêtre, non celui que nous avons entendu trop souvent, mais un langage conforme au caractère de l'homme qui écrit ou qui parle.

Il ne me convient pas non plus de m'occuper des opinions personnelles qu'il professe à l'égard de tel ou tel homme politique qu'il critique ou qu'il loue. Enfin, je n'ai point à refaire, dans une préface, le livre qu'on a bien voulu me soumettre. Je voudrais seulement, puisque l'occasion m'en est fournie, dire très brièvement comment j'envisage la question dont les pouvoirs publics sont désormais saisis.

On peut regretter que cette question soit née; et j'ai souvent entendu dire par M. Thiers qu'un gouvernement sage ne devrait jamais toucher aux affaires religieuses. Cette prudence ne l'avait pas empêché lui-même d'adresser en 1845 une interpellation au ministère au sujet de la présence en France de *la Compagnie de Jésus*. Il est vrai que M. Thiers n'était pas alors au gouvernement. Mais il s'était fait l'organe d'un mouvement d'opinion très prononcé, et s'il eût été injuste de le lui reprocher, ce reproche adressé aujourd'hui à la République serait plus immérité encore. La question religieuse est engagée bien plus à fond qu'elle ne l'était sous le régime de Juillet; et ce serait témoigner d'une grande légèreté de jugement que de n'y voir qu'une agitation superficielle de l'esprit public, une fantaisie de politiciens désœuvrés, ou la satisfaction de je ne sais quel goût révolutionnaire.

L'état critique dans lequel se trouve l'Église de France à l'égard de la République est plutôt le résultat d'un ensemble de faits antérieurs qui constituent le développement de la Révolution française, qu'il n'est le fait des hommes. Les hommes y ont aidé pourtant, et s'ils voulaient bien le reconnaître, cet état s'améliorerait promptement, car il n'est rien de tel que de savoir où est son mal pour en guérir.

Bonaparte avait voulu faire de l'Église romaine, comme de toutes les institutions, un instrument de règne. Il y a réussi, et l'Église s'y est prêtée, par cette singulière destinée bien peu conforme à sa mission providentielle, qui l'a rendue trop souvent la dominatrice ou la servante des rois. Ainsi l'a-t-on vue alliée particulièrement aux régimes qui s'éloignaient le plus des principes de la Révolution française. Était-ce par un sentiment de crainte assez naturel chez elle après les épreuves que les époques révolutionnaires lui avaient fait subir? Les idées d'affranchissement qui sont le fond de la Révolution lui inspirent-elles quelques inquiétudes? Elle aurait sujet de craindre en effet, si elle persiste à unir sa cause à celle des pouvoirs forts, et si, dans la vue trop humaine de défendre ses intérêts matériels, elle a définitivement oublié son rôle d'émancipatrice pour prendre celui de complice et d'aide contre l'affranchissement des individus et des peuples.

Triste rôle pour elle! il est grand temps qu'elle l'abjure. La sympathie qu'elle a manifestée pour la Restauration et pour les deux Empires, la guerre faite à la République de 1848, le concours enthousiaste prêté au coup d'État de 1851, l'extraordinaire déchaînement du clergé contre la République de 1870 : c'en est assez pour avoir suscité contre elle les ombrages des amis de la liberté, et des sentiments plus violents de la part des hommes qui voient en elle une ennemie dangereuse et irréconciliable de leur foi de philosophes et de citoyens.

Faute plus grave, le clergé orthodique ne s'est pas contenté d'avoir manifesté sa préférence pour les régimes le plus antipathiques à la nation, il est descendu dans la lice des partis, et on l'a vu se jeter dans cette mêlée, ardent contre les libéraux et contre les républicains, côte à côte avec les défenseurs de ces causes condamnées. Quelle âpreté de sentiments, quelle violence de ton et de langage ! Il n'est pas de citoyens entachés du vice libéral qui n'en aient souffert. Ils en souffraient presque autant pour ces prêtres emportés, si éloignés de l'esprit de leur ordre, que pour eux-mêmes. Ils savaient bien qu'ils avaient pour eux la force de la justice et de l'opinion publique ; mais la nation supporterait-elle longtemps la vue de ministres d'un culte quittant le temple pour se faire gens de guerre, ou faisant même du temple un forum? — car les pouvoirs religieux sont, paraît-il, comme tous les autres pouvoirs : ils se jouent de la bonté populaire. — Aussi est-ce bien à tort que l'on reproche souvent à la nation son esprit de révolte et son impatience anarchiste. Les coupables sont précisément ceux qui la blâment : et s'ils étaient justes, ils admireraient plutôt sa bonhomie et sa longanimité.

Les avantages que l'Église a retirés de son intime alliance avec les régimes tombés empirent sa situation.

La protection qu'elle a reçue d'eux lui nuit doublement. Elle a sa part de l'animadversion qu'ils inspirent, et elle est en demeure de rendre compte des abus commis à son bénéfice et à l'aide desquels elle a accru sa puissance.

Du droit d'enseigner, elle a abusé en se dérobant à la stricte observance des règlements universitaires.

Du droit d'acquérir, elle a abusé en accumulant des richesses.

Du droit de s'associer, elle a abusé en multipliant avec excès les corporations, les abbayes et les couvents.

Du droit de célébrer publiquement le culte, elle a abusé en procédant avec ostentation et quelquefois avec défi à des manifestations de toutes espèces qui déconcertaient souvent la foi ou le respect.

Elle y était encouragée par des partis aveugles qui se servaient d'elle au gré de leurs desseins le plus hostiles au pays ou le plus séditieux. Mais les couronnes sont tombées, les partis sont sans force et sans avenir, et l'Église reste, atteinte, discutée, en face d'adversaires victorieux, en face de la nation toujours éprise de ses droits dans lesquels elle prétend rentrer, irritée, blessée dans sa conscience de ce qu'on se sert contre elle des moyens d'action et d'influence que donne la puissance spirituelle, affligée de voir ses prêtres se tourner contre elle, et d'entendre une sorte de prédication impie mise en place des enseignements de paix et d'amour fraternel qu'elle s'attend et qu'elle aime à recevoir d'eux.

Tel est l'état d'esprit du pays à l'égard du clergé, et il semble qu'avec nos institutions, le gouvernement ne peut être dans des dispositions différentes. Toutefois si son devoir l'oblige à s'inspirer de la volonté nationale, il est dans la nature de sa mission de prévoir les retours de l'opinion, et de ne subir ses exigences que dans la mesure du bien public. Et d'ailleurs, dans l'état actuel des choses, son rôle à l'égard de l'Église est presque nécessairement tout à la fois indécis et embarrassé.

D'ici à longtemps, il sera difficile que les membres composant le gouvernement aient des vues identiques sur la conduite à tenir à l'égard du clergé. Les majorités parlementaires subissent l'influence de sentiments mal définis quoique réels, plutôt qu'elles n'ont sur les difficultés de cette nature des opinions précises : elles donneront difficilement naissance à un ministère homogène sur ce point particulier de la politique.

Veut-on supposer que la majorité se porte tout entière et sans tempérament du côté de la passion populaire ? Un gouvernement qui serait sa fidèle image compromettrait la paix intérieure ; et le souci de l'avenir arrêtera sur la pente des violences et des excès des ministres avisés, dont la prudence peut être inspirée par des raisons plus hautes qu'une habileté vulgaire : tels que le respect du droit des minorités, et l'obligation pour un gouvernement de protéger les intérêts, non d'un parti, mais de tous les citoyens.

Quels que soient d'ailleurs les sentiments des ministres, à moins que l'esprit de secte ne les pousse à employer des procédés tyranniques, ils se trouvent impuissants contre les difficultés que crée fatalement l'état actuel des rapports entre l'Église et l'État.

Quels sont, en effet, les moyens qu'ils ont à leur disposition pour régler les différends et préparer les solutions? Un concordat muet sur des points importants, et sujet à des interprétations diverses; une législation incohérente, faite sous l'empire d'événements accomplis ou de passions et de besoins d'un jour; une jurisprudence administrative et judiciaire aussi contradictoire, aussi favorable à l'arbitraire que l'ont été les régimes politiques sous lesquels elle s'est formée depuis quatre-vingts ans.

Tel est donc l'état des choses. Mécontentements mutuels, menaces de part et d'autre, projets multiples sans autre lien qu'une idée plus ou moins avouée de destruction, terreurs simulées ou sincères chez les âmes croyantes, concessions gouvernementales jugées insuffisantes ou excessives : c'est la guerre, sans qu'on aperçoive de moyens de pacification sur lesquels les hommes raisonnables puissent s'accorder, puisque chaque parti trouve dans les lois des motifs plausibles d'invoquer en sa faveur le droit et la justice. Mauvais état dans lequel on ne peut laisser des intérêts aussi considérables. Mais pour en sortir il faut avoir une idée arrêtée sur ce que l'on veut : il faut savoir si l'on veut la guerre avec le dessein d'aboutir à la destruction de l'Église, ou si l'on veut la paix qui ne soit pas seulement l'assujettissement.

Que l'on trouve quelque part dans le monde politique la volonté arrêtée de poursuivre la destruction du catholicisme, du moins en France, cela est certain. Quelques-uns en conviennent hautement, et il faut les louer de leur franchise. D'autres sont moins sincères ou moins hardis. Mais le dessein existe néanmoins, et l'entreprise ne serait pas aussi impossible à réaliser que le croient les personnes qui se fient sur les effets ordinaires de la persécution. Il est d'autres armes que la violence, dont l'usage ne provoquerait pas les résistances invincibles que toute persécution religieuse, en effet, soulève inévitablement. Ce n'est donc pas parce qu'une telle tentative échouerait que la République doit s'en détourner, mais c'est parce que cette tentative serait injuste.

Aucun gouvernement, et la République moins que tout autre, n'a le droit de travailler sourdement ou avec éclat à la destruction d'une religion. Car toute religion abrite des consciences, et la République professe que la conscience humaine est supérieure aux pouvoirs établis ! Est-ce que son excellence ne consiste pas précisément à protéger mieux que tout autre régime les droits et les intérêts individuels ? La bonne politique non moins que la justice exige qu'on leur assure une entière protection ; et les intérêts religieux sont au premier rang de ceux qui méritent l'attention des pouvoirs publics. Quel intérêt plus grand en effet que celui qui touche à tout, à la paix des familles, au repos des personnes, à l'ordre général, et, quoi qu'en disent des philosophes qui font en cela une singulière application de leur méthode expérimentale, — qui touche à la moralité publique !

Ne serait-il pas d'ailleurs téméraire d'affirmer que la majorité des Français réclame la destruction du catholicisme ? C'est assurément le contraire qui serait vrai, si la question était posée dans ces termes. Et quel est donc le savant, le philosophe, le prophète assez infatué pour prétendre en savoir plus long sur ces matières que Jacques Bonhomme lui-même?

Si donc une action gouvernementale était dirigée dans le sens de la destruction de l'ordre religieux établi en France, elle serait injuste, elle serait impolitique, elle serait contraire au sentiment national. Le tenter ouvertement serait folie, et le faire sournoisement serait pis encore.

La République ne s'engagera pas dans cette voie qui serait périlleuse pour elle. Mais il ne serait pas moins périlleux de laisser se perpétuer le conflit. Il est urgent qu'elle en sorte en donnant à l'Église la sécurité et la liberté, en rendant au pays la paix intérieure.

L'auteur du travail soumis au public passe en revue les diverses solutions offertes par les uns ou par les autres pour terminer le différend.

La première consiste dans la suppression de tout: Concordat et budget des cultes.

Cette solution est simple : supprimer une des parties contendantes, c'est en effet supprimer le procès. Ceux qui la proposent invoquent le principe de la liberté de conscience, et ils disent que les forcer à payer les frais du culte d'une religion à laquelle ils n'appartiennent pas, c'est pure tyrannie; comme si ce n'était pas une autre tyrannie que d'enlever aux croyants les moyens d'entretenir leur culte. Est-ce qu'un quaker pourrait se refuser à payer l'impôt sous prétexte que l'impôt sert à fournir aux hommes le moyen de s'entre-tuer, et que sa conscience répugne à la guerre? C'est la négation de toute société, qui exige les sacrifices de tous au profit de chacun. C'est aussi faire bon marché du droit à l'indemnité consacré jusqu'à ce jour par le budget des cultes. Cette question de l'indemnité est traitée par l'auteur avec beaucoup de clarté et à l'aide de documents authentiques et législatifs, que personne n'est autorisé à négliger pour la résoudre.

La seconde solution consiste à dénoncer le Concordat, à supprimer le budget des cultes, sauf à régler à l'amiable l'indemnité due au clergé à titre de compensation.

Il est douteux que cette solution satisfasse personne. Si la société religieuse, abandonnée à ses seules forces, ne peut pas vivre librement et avec l'entière satisfaction de ses besoins, on peut prévoir quels troubles remueront tôt ou tard les populations attachées à leur culte, et quelles révoltes surgiront des consciences qui se sentiront mal à l'aise sous un tel régime. Si, au contraire, l'Église puise un renouvellement de puissance dans le zèle stimulé des fidèles, et en usant de l'influence qu'elle exerce sur des âmes dévotes ou non, croyantes ou crédules, sincères ou trouvant dans cette condition nouvelle un aliment à leurs ressentiments, l'État, après avoir abdiqué ses droits de contrôle et de commandement, se sentira menacé, et il aura recours à des moyens de défense qui ressembleront beaucoup à la persécution ou que l'on sera intéressé à représenter comme tels. Ni guerre ouverte ni paix assurée : ce serait mal préparer l'avenir.

L'auteur formule ainsi la troisième solution, à laquelle il se rattache : « Dénoncer le concordat de 1801 et poser les bases d'un nouveau contrat entre l'Église et l'État, qui, sans les séparer, les dégagerait autant que possible; supprimer le budget des cultes et le remplacer par une dotation spéciale et perpétuelle; appliquer à l'Église catholique le régime du droit commun sur les associations. »

C'est un arrangement nouveau à faire avec le Saint-Siège, sur les bases indiquées. L'auteur laisse en dehors des éléments du problème le maintien du *statu quo*.

Il a raison. C'est l'état actuel des choses qui donne lieu aux difficultés avec lesquelles nous sommes aux prises : c'est cet état qu'il faut changer. En vain accuse-t-on la faiblesse du gouvernement, qui, selon quelques-uns, a le tort de ne pas appliquer rigoureusement toutes les clauses du Concordat, et qui éviterait tous ces embarras s'il était plus vigilant et plus ferme. Ce ne sont pas des amis de la paix qui parlent ainsi : ce ne sont pas, en tout cas, des hommes éclairés sur les termes du problème. Le Concordat ne répond pas à tout, parce qu'il n'a pas tout prévu. Le monde a changé depuis 1801 : hommes et choses ne sont plus les mêmes; et le pacte conclu à cette époque n'est d'aucun secours pour résoudre les mille questions que le temps présent fait naître dans l'ordre religieux.

Sans doute, si le Concordat fait défaut, on a la ressource de légiférer ou de procéder par voie d'interprétation gouvernementale et de mesures administratives. Mais en employant ce dernier moyen, et en se substituant aux lois, le gouvernement fait de l'arbitraire. S'il se montre bienveillant dans les mesures qu'il prend, on l'accuse de faiblesse et de connivence avec le cléricalisme. Si, au contraire, il se sert du Concordat comme d'un instrument d'asservissement, et selon l'esprit qui avait présidé à cet acte politique, ce ne serait plus la conciliation qu'il chercherait, ce ne sera pas la paix qu'il obtiendra. Il n'y a pas à discuter de tels projets s'ils existent. La force et l'arbitraire peuvent tout aplanir, mais ils ne finissent rien.

Légiférer pour combler les lacunes du Concordat ! La matière ne manque pas, les auteurs de projets non plus. C'est un procédé séduisant tant il est commode ; mais il est presque aussi dangereux en matière politique que la planche aux assignats l'a été en finances. Il peut plaire à des majorités souveraines, parce qu'il fournit un moyen tout prêt de sortir d'embarras, et parce qu'il favorise le penchant qu'elles ont à croire qu'elles peuvent tout faire. C'est un des écueils de notre régime politique et social, dans lequel il faut que la sagesse des hommes remplace les digues que d'autres institutions et d'autres mœurs opposent aux passions.

La vérité est qu'en matière religieuse tout est à refaire, législation et jurisprudence. L'œuvre sera bonne et durable, ou mauvaise et éphémère, selon l'esprit dans lequel elle sera faite, et selon les moyens que l'on emploiera pour la faire. Or, s'il est vrai, comme je le pense, que la République se doit de vivre en paix avec l'Église et d'établir avec elle un accord sincère fondé sur le respect des droits respectifs des deux puissances, nous devons nous rappeler que les décisions des pouvoirs publics peuvent être tout à la fois légales, c'est-à-dire fondées sur des votes d'une majorité parlementaire, et oppressives, si elles sont en contradiction avec les principes supérieurs de la liberté et de la justice.

Il en est d'ailleurs de la question religieuse comme de beaucoup de questions qui s'élèvent de nos jours dans d'autres ordres d'idées. Les réformes ne seront sérieuses et efficaces qu'autant qu'on y procédera avec l'ensemble et avec l'unité de vues nécessaires à toute législation.

Il est devenu évident pour tout esprit réfléchi qu'il faut modifier nos institutions intérieures et les mettre plus en accord qu'elles ne sont avec les principes d'un État républicain. Certes, je suis fort éloigné de l'École où l'on professe que, de notre temps, une société nouvelle a surgi, et qu'il est nécessaire de l'organiser à nouveau. La vie nationale ne subit pas de temps d'arrêt : la France ne change point de physionomie ni de tempérament à chaque génération ; et il est malséant autant que peu sage à un peuple de renier ses aïeux. La société française vit des principes de la Révolution depuis cent ans ; elle s'en imprègne ; elle n'est grande et prospère que par eux. C'est là l'œuvre lente et continue de cette loi du progrès à laquelle tout être, société ou individu, obéit, sans que la volonté humaine y prenne une part apparente. Mais il n'en est pas moins vrai que nos divers régimes politiques, héritiers plus ou moins directs de l'organisatien impériale, ont accepté, et reconstitué tout un ensemble d'institutions dont le but était en contradiction avec les tendances de la nation, vivant mal à l'aise dans un moule mal fait pour elle et façonné de manière à arrêter sans cesse ses élans vers la liberté.

Lorsque l'Assemblée nationale de 1789 voulut constituer la France sur des bases nouvelles, elle organisa tout un système de législation et d'institutions en rapport avec les idées, fruit d'un long travail des siècles, qu'elle avait reçu mission de réaliser. Dans l'ordre religieux, elle tenta cette réforme; mais, pour l'avoir voulu faire seule, elle fit une œuvre mort-née, qui suscita des résistances que la République ne put vaincre : ce fut la constitution civile du clergé. L'Assemblée avait eu une vue juste de ce qui était à faire : elle eut le tort de se croire libre de tout régler sans appeler dans ses conseils la société religieuse avec laquelle elle désirait vivre, et qu'elle organisait sans son aveu.

Lorsque plus tard, à la suite des orages de la Révolution, le premier consul, obéissant à une nécessité sociale universellement ressentie, voulut réédifier l'Église de France, il fit une œuvre complète, et il l'adapta au régime autoritaire qui était le sien. Mais, cette fois, il s'assura le concours du clergé; il fit appel à l'autorité catholique la plus haute, qui seule était capable de plier les restes de l'ancien clergé français à l'obéissance et à l'acceptation du nouvel état de choses créé par la Révolution. Aussi l'œuvre a-t-elle réussi : mais, comme tant d'autres institutions de la même époque, elle a subi les effets du temps.

Aujourd'hui l'édifice est démantelé, et ce qui en reste ne sont que des débris qui gênent la marche de la nation dans la voie où elle s'avance. Il ne s'agit pas de le réédifier péniblement pièce à pièce, à l'aide d'ordres du jour émis par des chambres passionnées, de mesures prises par des ministères dont les intentions sont changeantes, de décisions rendues un peu au gré du jour par des juridictions diverses qui trouvent à leur disposition tout un arsenal de lois surannées et contestées par l'opinion publique. Si l'on veut sincèrement la paix dans le pays et la sécurité rendue à la religion catholique, il faut résolument aborder cette tâche gouvernementale, en hommes de gouvernement et non comme des hommes de partis : il faut se rendre compte des conditions dans lesquelles l'Église de France pourra vivre tranquille, obéissante et libre sous le régime républicain. Il faut que les majorités, qui sont les souveraines, apprennent à faire comme faisaient les empereurs et les rois quand ils avaient à traiter avec la puissance spirituelle qui, sans dominer, a sa part et sa place dans la vie nationale. Il faut enfin que la pacification se fasse sur des données acceptées de part et d'autre, et débattues par les deux parties dont il s'agit de concilier les obligations, les droits et les besoins.

Dans une affaire aussi importante, il eût été à désirer que, par une hypothèse favorable, le champ fût libre, et qu'aucune question n'eût été engagée. Malheureusement le terrain est déjà occupé; on s'y est même précipité, un peu à la manière d'un corps d'armée échauffé par la lutte, et qui s'escrime d'estoc et de taille, sans trop savoir où portent les coups; mais il est toujours temps de s'arrêter et de se demander s'il est sage non de revenir en arrière, mais de poursuivre plus loin l'aventure.

Je suppose donc que la Chambre élue le 21 août, étant réunie, se trouve en présence de la question religieuse. Son premier soin devrait être d'écarter les propositions plus ou moins radicales qui lui seront offertes par les empressés. Elle déterminerait les questions à résoudre ; elle fixerait les principes généraux, qui, à son sens, devront présider désormais aux rapports des deux parties en cause. Mais elle se garderait de prononcer elle-même et seule des décisions qui concernent non seulement la nation qu'elle représente, mais encore la société religieuse avec laquelle elle traite.

Elle ne ferait que suivre l'exemple de nos pères en remettant le soin de préparer un arrangement nouveau à un conseil formé d'ecclésiastiques et de laïques compétents, éclairés, animés d'un même esprit de justice et de concorde. Ces conseils ne sont point une nouveauté : ce sont des synodes qui ont de tous temps joué un grand rôle dans l'histoire religieuse et politique de l'Europe. Le gouvernement ferait le reste, dans des négociations avec le Saint-Siège et d'accord avec le Parlement, et la République aurait encore une fois bien mérité de la France.

Mais quoi ! Traiter d'égal à égal avec l'Église ! Cette idée peut offenser des esprits ombrageux, qui méconnaissent une vérité historique et sociale pourtant certaine. On ne peut supporter l'idée d'un État dans l'État : on a raison, mais est-il vraiment sérieux de feindre que les catholiques de France aspirent à former une nation dans la nation? Je présume qu'ils n'y songent guère, et qu'ils entendent rester de bons et fidèles citoyens français comme nous. Mais ils ont des intérêts moraux qui se rattachent à une puissance spirituelle, laquelle n'est ni dans le domaine ni dans les droits de l'État.

Qui ne sait que le catholicisme se distingue des religions antiques et de beaucoup d'Églises schismatiques ou protestantes par cette particularité qu'il a séparé les deux puissances, spiriritiuelle et temporelle? Dans la société catholique, la puissance spirituelle réside à Rome, dans la personne du Pape; la puissance temporelle appartient aux nations organisées politiquement comme elles l'entendent. Lors donc que l'on traite d'affaires concernant l'un et l'autre pouvoir, il faut une entente commune. C'est ainsi que, jusqu'à ce jour du moins, les rapports ont été établis. C'est également par ce moyen que les deux sociétés religieuse et civile ont pu être préservées de la domination de l'une sur l'autre.

On peut citer, il est vrai, des peuples chez lesquels les rapports se règlent différemment. Ces peuples sont relativement jeunes; et il n'est pas certain que, par l'expérience, ils ne seront pas conduits à user du même mode de vivre que celui qui a réussi à la France. Rien d'ailleurs n'est plus décevant et plus sujet à de fausses conséquences que ces comparaisons de peuple à peuple. Est-ce que les hommes qui se montrent les plus jaloux des droits de l'État ont encore à apprendre que c'est surtout dans les pays où les catholiques sont en majorité qu'il est utile à l'État de se prémunir par de solides pactes contre les envahissements? Et ne vaut-il pas mieux qu'il ait entre les mains l'arme d'un bon traité que l'arme de la tyrannie?

Pour ne parler que de nous, il paraît assuré que ce procédé d'entente est le meilleur, surtout à la suite de luttes vives, lorsque les partis sont trop disposés à employer tous les moyens pour asseoir leur domination, et lorsqu'on peut voir aux prises les principes politiques et les consciences. Après la Ligue comme après la Révolution française, après que des convulsions politiques et religieuses ont troublé la société, on a toujours ressenti le besoin de terminer par des concordats ou par des édits ces différends, dans lesquels on peut subir la violence, mais on n'accepte pas la subordination. Il serait sage de suivre cet exemple de nos pères.

Je souhaite que la Chambre comprenne ainsi son rôle de réformatrice, et que dans cette question religieuse si délicate, elle s'élève en quelque sorte au-dessus d'elle-même. Sa tâche, sur laquelle chacun disserte, consiste à modeler les institutions sur le nouveau régime. L'institution religieuse appelle, elle aussi, une réforme. Il est évident que l'Église ne peut plus jouer dans l'État le rôle qu'elle a eu sous les régimes monarchiques : il est nécessaire que le clergé participe plus qu'il ne l'a fait dans le passé aux charges communes; qu'il soit astreint d'une façon plus complète aux devoirs civiques; il est juste que la loi de l'égalité s'étende sur lui. Mais il n'est pas moins nécessaire et juste que la liberté de l'Église soit respectée, et que les exigences du culte, restreint dans son domaine légitime, soient satisfaites. C'est toute une législation nouvelle à codifier : elle ne peut être bonne qu'à la condition que les deux parties y auront contribué, et qu'elle sera consacrée par les deux puissances.

DE MARCÈRE,
Député du Nord.

Messei (Orne), 30 septembre 1881.

AVANT-PROPOS

Depuis dix ans il ne se fait pas une élection en France sans que la question de la *Séparation des Eglises et de l'Etat* n'apparaisse en tête de toutes les professions de foi républicaines, avec son premier sous-titre obligatoire : *Suppression du budget des cultes* (1).

Depuis dix ans, à part quelques discours échevelés, où se trouvent, égarées au milieu d'un amas de phrases creuses, bourrées çà et là de mots retentissants, quelques paroles sensées, rien n'a été écrit sur cette question de nature à éclairer le pays. La plupart des orateurs et des écrivains paraissent plus préoccupés de chauffer leur popularité et de s'assurer un siège au Parlement que d'instruire leurs concitoyens. Eux-mêmes ont assez de peine à dissimuler leur ignorance sous les fleurs de leur rhétorique cramoisie.

Leurs discours, d'ailleurs, sont d'une monotonie désespérante. La force du sacerdoce étant surtout une fôrce d'influence, ce n'est pas tant à corrompre ce corps qu'ils s'appliquent qu'à lui ravir cette influence.

Pour cela ils ont tous la même tactique. Ils travaillent tous à rendre le clergé odieux aux populations.

Dans ce but, toutes les calomnies élaborées par l'impiété des siècles passés sont exhumées, ravivées, enrichies même.

(1) Le second sous-titre est : *Dénonciation du Concordat*. Nous nous proposons d'étudier cette question du Concordat dans un autre travail qui sera le complément de celui-ci.

Auprès des habitants des campagnes que l'on sait plus accessibles aux considérations pécuniaires, ils représentent le clergé, pour le mieux discréditer, comme une sangsue qui épuise les populations par les charges pécuniaires qu'il impose ; comme un corps qui, sous prétexte du bien religieux et public, ne sert que ses intérêts.

Le prêtre se sent au-dessus de ces mensonges intéressés. Mais le peuple, qu'ils induisent en erreur, retire chaque jour à ses pasteurs la confiance et l'estime qu'ils leur avait vouées. Et comment en serait-il autrement? Les journaux, les livres, la propagande orale ne lui répètent-ils pas sur tous les tons que le clergé est un chancre qui use et dévore la France, que si l'on paye de si lourdes contributions, c'est parce qu'il faut pourvoir à l'entretien des évêques et des prêtres que si l'on n'avait plus à allouer ce salaire, chacun pourrait mettre la poule au pot tous les jours?

Les pauvres eux-mêmes, les ouvriers, des gens qui ne payent pas un centime de contributions, pensent que tout serait gagné pour eux, si les prêtres cessaient d'avoir une part au budget.

Au reste, ce langage est celui que les hommes affamés de popularité ont toujours tenu au peuple.

Que lui disaient-ils, en 93, en lui montrant les propriétés seigneuriales et monacales? « Voyez-vous ces châteaux, ces abbayes, ces terres? Ils sont à vous s'il n'y a plus de nobles et de moines. » .

Et encore j'excuse le peuple de cette époque : il y avait sujet à se laisser tromper. L'appât était séduisant. Mais aujourd'hui n'est-il pas évident qu'on se joue de sa crédulité ?

Le clergé paroissial, en effet, est pauvre (1). Quand il sera réduit à la mendicité, l'ouvrier en sera-t-il plus riche ? Les malheureux qui venaient frapper à sa porte seront-ils mieux soulagés ?

(1) Voir Appendice I à la fin de l'ouvrage.

Non, ce n'est ni l'intérêt du contribuable, ni l'honneur du pays, ni le respect de la religion qu'on a en vue, en excitant les convoitises du peuple contre le clergé. Ce qu'on veut, c'est l'amener à n'estimer plus les prêtres, à les mépriser, à les haïr, parce que ce mépris et cette haine rejaillissant sur l'idée religieuse hâteront sa destruction.

Malheureusement « il est des choses, comme l'a écrit Portalis, que l'on dit toujours, parce qu'elles ont été dites une fois. » La suppression du budget des cultes est une de ces choses. On a tant crié qu'il fallait supprimer le budget des cultes que cette suppression est inévitable. Je plains ceux pour lesquels sonnera ce quart d'heure de Rabelais d'un nouveau genre ! Ils comprendront, mais trop tard, ce qu'il en coûte d'amuser le peuple avec la question cléricale. Malheureusement, quand la coupe est si près des lèvres, il faut avaler le breuvage jusqu'à la lie.

Ce qui s'est passé à la Chambre, dans la séance du 23 juin dernier, porte avec soi son enseignement :

83 députés se sont prononcés pour l'abolition du Concordat et la suppression complète du budget des cultes.

145 ont voté l'amendement de M. Ballue tendant à supprimer le crédit affecté aux traitements des chanoines.

149 ont soutenu l'amendement de M. Naquet supprimant le chapitre de Saint-Denis.

284 ont adopté un amendement de M. Camille Sée qui tend à la suppression de ce même chapitre par annulations de crédits au fur et à mesure des extinctions.

La suppression de l'ambassade du Vatican qui, en 1876, n'était votée que par 85 membres, a obtenu depuis 112 voix, et le 7 juillet 1881, elle recueillait 186 voix appartenant à tous les groupes de la majorité.

C'est la première fois qu'une chambre française affirme aussi bruyamment ses opinions anticléricales. Ce n'est un secret pour personne que la prochaine chambre sera plus bruyante, plus affirmative, plus résolue que celle qui disparaît.

L'Église a trop connu les vicissitudes de la politique pour que ce coup nouveau l'amoindrisse. Qu'on rapporte le Concordat, qu'on vote la séparation de l'Église et de l'État, qu'on supprime le budget des cultes; l'Église en souffrira, mais elle n'en mourra pas. Elle sortira victorieuse de cette épreuve et peut-être rajeunie. Mais à côté de l'Église, il y a la France, et dans mes joies comme dans mes tristesses, je ne sépare jamais l'une de l'autre. Or je vois pour mon pays un grave danger dans la lutte qui se prépare, parce que je crains que cette suppression du budget des cultes ne se fasse brutalement, maladroitement, parce que je prévois qu'on prendra des mesures dans le genre des décrets du 29 mars, mesures qu'on sera forcé d'abandonner, mais après qu'elles auront semé l'inquiétude dans le pays.

« Il pourrait, s'est écrié M. Talandier dans la séance du 23 juin dernier, il pourrait arriver — ceci n'est qu'une hypothèse et n'a d'autre valeur actuellement que celle d'une hypothèse, mais on a vu se réaliser des choses plus impossibles que celles-là — il pourrait arriver qu'un jour, lorsque nous reproduirons devant vous cette motion annuelle du budget des cultes, nous fussions par hasard en majorité ou plutôt non! pas par hasard, mais parce que le pays l'aurait voulu.

« Et je crois que ceux qui ont l'oreille fine, et qui ne sont pas des sourds volontaires, peuvent entendre déjà la voix du pays et savoir que le pays désire la suppression du budget des cultes. Eh bien, — cela, malgré la coalition involontaire, je le veux, mais très réelle, du ministère avec la droite sur cette question religieuse — il peut arriver qu'un jour nous ayons la majorité pour refuser au mi istère les crédits qu'il demande pour le service des cultes, et je me permets de faire observer au ministère qu'il se trouverait alors fort embarrassé.

« Oui, ces choses-là peuvent arriver. Ainsi la Chambre a refusé je ne sais combien de fois l'amnistie, et il s'est trouvé que, du soir au lendemain, cette question s'est imposée à tout le monde, et que le ministère lui-même a été forcé de se rendre à ce désir du public; il pourrait arriver également qu'il se trouvât un jour en présence d'une volonté populaire assez énergique pour exiger à la fois et l'abrogation du Concordat et la suppression du budget des cultes.

« J'appelle l'attention de MM. les ministres sur cette question, parce que je ne crois pas qu'ils veuillent être jetés pa surprise dans une position difficile, à laquelle ils n'auraient pas pensé.

« Or je crois pouvoir leur affirmer que cette possibilité n'est pas très éloignée; qu'un jour ou l'autre, elle se réalisera, et MM. les ministres doivent songer aux moyens qu'il leur faudra employer pour faire face aux difficultés qu'elle leur créera (1). »

« Il y a, selon nous, écrivait, en 1877, Mgr Guilbert, évêque d'Amiens, beaucoup de malentendu sur le fond de cette question, et beaucoup d'ignorance sur la vraie situation qui est faite, en France au clergé depuis le commencement de ce siècle.

« Nous croyons donc très utile d'y jeter le plus de jour possible, non pas tant pour nos sénateurs et nos députés que pour les électeurs qui les nomment, que pour nos populations que tous ces débats ne peuvent qu'inquiéter et passionner d'une manière fâcheuse.

« Eh bien, cet important sujet, nous nous proposons de le traiter avec tout le calme et la modération dont nous sommes capable, évitant tout ce qui serait de nature à blesser personne » (2).

C'est aussi dans ces pensées que j'ai entrepris cette étude.

« Je ne suis pas un politique, je n'ai pas de parti à ménager, je puis dire nettement leur fait aux hommes qui passent; et si l'on m'accusait de frapper sur la République en frappant sur les gens qui la salissent ou qui la mangent, je répondrais qu'elle se portera mieux lorsque chaque matin elle se débarbouillera et se donnera un coup de peigne (3). »

(1) *Journal officiel*, 24 juin 1881, p. 1353, col. 1, 2.
(2) La *Question du budget des cultes*, p. 1.
(3) Emile Zola, *Figaro*, 22 septembre 1881.

J'ose espérer que cette fera quelque impression sur le public qui réfléchit.

C'est là ma seule ambition, et je me croirai suffisamment récompensé de mes peines si je peux, dans la mesure de mes faibles moyens, aider à la pacification religieuse de mon pays.

LA QUESTION CLÉRICALE

LE BUDGET DES CULTES

CHAPITRE I

ORIGINE DU BUDGET DES CULTES

Le budget des cultes date du 22 avril 1790. Chaque année le pouvoir législatif vote une certaine somme destinée à pourvoir aux besoins des ministres des différents cultes, et à entretenir les édifices religieux (1). Suivant la bonne ou mauvaise volonté de ce pouvoir, suivant son degré de religiosité, sa tendresse ou sa malveillance à l'égard du clergé, suivant les services qu'il en attend, il se montre plus ou moins généreux.

De 13 millions à peine en 1802 (2), de 33 millions déjà en 1825, le budget, pour le culte catholique, se monte aujourd'hui à plus de 51 millions. Ce n'est pas que le pouvoir républicain de 1881 soit plus tendre pour le clergé que les pouvoirs monarchiques. Dernièrement, après avoir voté la suppression de la collégiale de Sainte-

(1) Les cultes subventionnés par l'État sont : le *culte catholique*, le *culte protestant*, sous les deux formes d'*églises réformées* et de *confession d'Augsbourg*, d'après la loi du 18 germinal an X, et le *culte israélite*, d'après le décret du 17 mars 1808.

(2) Ces 13 millions se réduisaient en réalité à 2.600.000 francs, puisque l'État faisait 10 millions de pensions aux ecclésiastiques dont il avait pris les biens.

Geneviève, il a enterré le chapitre de Saint-Denis, et ce n'est la faute ni de M. Ballue ni de M. Talandier, si le budget tout entier n'a pas eu le même sort.

La discussion du budget des cultes fournit, en outre, l'occasion à quelques orateurs en mal de réélection de causer plus ou moins agréablement des choses religieuses et de cingler d'importance le clergé, et le bon Dieu. C'est, en particulier, une occasion de facile triomphe pour M. Madier de Montjau, sous les éclats de voix duquel tremble la tribune quand il évoque « l'*hydre du cléricalisme*, ou la *pieuvre aux tentacules multiples qui enserre le pays* (1) ».

En ces jours donc, nos législateurs exhalent leur bonne ou mauvaise humeur à l'endroit de la religion, et les prétrophobes déchargent leur bile anticléricale à bouche que veux-tu.

Mais le pouvoir législatif *pourrait-il* ne pas voter le budget des cultes ? — Assurément oui, puisqu'il a la force en mains et que c'est lui qui détient la clef de la caisse. — *En a-t-il le droit?* — C'est une autre question.

ARTICLE I

NECKER ET DE CALONNE

Avant 1789 l'Église possédait en France de grands biens. Ces biens étaient divisés en deux fractions : la *dîme*, les *propriétés immobilières*.

« La dîme était un droit féodal qui prélevait au profit de l'Église une part du revenu foncier de la France. Son taux, élevé à l'origine jusqu'au dixième des récoltes, avait été successivement abaissé bien au-dessous de ce chiffre. La dîme rendait 80 millions, selon quelques-uns, d'autres disent 133 millions. Le comité des contributions publiques de l'Assemblée constituante estima que le produit annuel des dîmes ecclésiastiques s'élevait à 123 millions (2). »

Les propriétés immobilières, fruit de donations légalement accumulées depuis l'origine du moyen âge, comprenaient une notable partie du territoire français.

Au moment où éclata la Révolution, la nation réclamait de nombreuses réformes. Parmi toutes ces réformes, celle des finances était la plus impérieuse.

« Personne n'ignore, en effet, que le mauvais état des finances

(1) Séance du 16 mars 1880 à la Chambre des députés.
(2) Granier de Cassagnac, *Histoire des causes de la Révolution*, t. I, p. 198-224.

fut le prétexte de la Révolution française. Écrasée par les grandeurs de Louis XIV, énervée par les bassesses de Louis XV, la France se voyait en face de la banqueroute ou de nouveaux impôts. Depuis un siècle, le pouvoir multipliait sans succès les expédients même les moins avouables. Les ventes d'offices, le rachat des libertés communales, l'extension arbitraire des impôts déjà si lourds se succédaient avec une persistance et une inutilité effrayantes. On comptait par milliers les offices vénaux décorés de la noblesse héréditaire, dont l'appât stimulait les ambitions paresseuses. Les villes, pour racheter leurs franchises et subvenir aux contributions extraordinaires, s'obéraient à tel point que Lyon seul avait pour cet objet contracté une dette de 38 millions dans le cours du XVIIIe siècle. Les accessoires de la taille atteignaient presque le chiffre de la taille elle-même. Malgré tout cela, la rapidité avec laquelle augmentait de jour en jour la détresse de l'État rendait évidente la nécessité d'un prompt secours (1). »

Necker avait bien inauguré sur une vaste échelle le système des emprunts. Mais ce système, qui aidait à combler le déficit dans le présent, engageait malheureusement l'avenir. En outre, Necker avait dégrevé certains impôts, pour satisfaire aux exigences de la Nation, en sorte que, chaque année, l'État obérait son budget en payant toujours, et en dépensant plus qu'il ne percevait.

De Calonne, qui succéda à Necker, l'imita dans ses combinaisons. Lui aussi, il eut recours aux emprunts et, pour les rendre populaires, il imagina de nouvelles exemptions en faveur de ceux qui y participeraient, en sorte que l'État grossissait chaque jour sa dette consolidée et sa dette flottante. Pour payer ses créanciers, il était obligé de contracter de nouveaux emprunts, les derniers plus onéreux que les premiers, en diminuant chaque fois les impôts pour allécher les preneurs.

Ce fut de Calonne qui, acculé au pied du mur, dans l'impossibilité de contracter de nouveaux emprunts, parce que le crédit de l'État baissait tous les jours, et n'ayant plus dans les impôts un rendement suffisant, ce fut lui qui, imprudemment, ouvrit au peuple un horizon nouveau, en s'écriant, le 22 février 1787, à l'Assemblée des notables : « Que reste-t-il pour la réformation des finances? *Les abus*. Oui, c'est dans les abus mêmes que se trouve un fonds de richesses que l'*État a le droit de réclamer!* » Talleyrand, Thouret, Treilhard ne devaient pas parler autrement. En temps ordinaire,

(1) De Poncins, *les Cahiers de* 89, p. 201.

cet aveu pouvait passer inaperçu; en ces temps troublés, c'était l'excitation officielle au pillage. Les abus! Mais n'étaient-ils pas partout? et les indiquer comme un moyen normal, de rétablir l'ordre dans les finances, n'était-ce pas préparer le désordre légal dans la société? Cette phrase tomba malheureusement sur une terre préparée, et rendit cent pour un.

Quelques jours après, le 16 juillet, le Parlement donna à cette parole de de Calonne une autorité nouvelle en affirmant son impuissance à arrêter le déficit toujours croissant, et à l'occasion de l'édit du timbre, il déclara « que la *Nation*, représentée par les états généraux, était seule en droit d'octroyer au roi les subsides dont le besoin serait évidemment démontré. »

On a dit de cet arrêt que ce fut celui du Destin, qu'il fut le premier tintement de la cloche qui allait sonner la Révolution. On a dit vrai. En proclamant que *la Nation* avait seule le droit de s'imposer, on lui révélait une force qu'elle n'avait pas soupçonnée, on l'émancipait et, en lui suggérant qu'elle n'arriverait à user de sa force qu'en secouant les *abus*, on l'autorisait à élever la voix au point de ne plus entendre les leçons de la prudence et de l'équité. C'est ce qui arriva.

Il faut néanmoins avouer que ses premiers accents furent dignes. S'ils retentissent bruyamment dans ces *fameux cahiers de* 89, qui sont le témoignage authentique de l'esprit de nos pères au moment où éclata la Révolution, ils ne sont pas sanguinaires. L'idée révolutionnaire y coule à pleins bords, mais jamais l'anarchie ni l'injustice. Beaucoup de personnes se représentent encore l'histoire de 89 comme celle de la lutte d'un peuple exaspéré par d'horribles abus contre leurs inexorables possesseurs. C'est exagéré. Les électeurs de 89 étaient des révolutionnaires, mais non des démagogues. Aujourd'hui on les rangerait parmi les républicains conservateurs. Aussi les réformes qu'ils proposent sont-elles sages, pratiques; elles ne sont, disent-ils eux-mêmes, dans presque tous leurs cahiers, que l'expression du désir, presque de l'ordre royal. Or l'ordre royal était formel. La première question que les états généraux devaient étudier était la répartition de l'impôt d'une manière *équitable* et *profitable* au trésor royal.

Comme cette question de l'impôt tient une place importante à cette époque de la Révolution, je prie le lecteur de vouloir bien lire avec attention ce qui suit, s'il veut comprendre les mesures de l'Assemblée constituante relatives aux biens du clergé.

Personne n'ignore qu'avant 1789, non seulement le prêtre et le gentilhomme ne payaient pas à l'Etat certains impôts, mais encore qu'ils en percevaient eux-mêmes plusieurs sous le nom de *droits féodaux*. Ces droits féodaux, très nombreux et très variables, atteignaient la terre dans presque toutes ses jouissances; mais ce que beaucoup ignorent, c'est que ces droits féodaux n'avaient pas le caractère de sauvagerie, d'arbitraire, d'immoralité, que nous sommes tentés de leur attribuer.

Sur ces droits féodaux trois vérités sont incontestables.

La première, c'est qu'ils étaient le résultat d'un *contrat aussi légal* que ceux que nous passons aujourd'hui devant nos officiers ministériels et que, par conséquent, ils entraînaient avec eux un *droit de possession* rigoureux et inviolable. Quand l'avènement du christianisme, en effet, eut apporté sur la terre la liberté et l'égalité morales, le peuple, qui jusqu'alors n'avait guère connu que l'esclavage, commença à s'acheminer vers l'indépendance individuelle; mais dans cette évolution il sentit qu'il avait besoin de protecteurs pour le secourir au milieu des invasions perpétuelles des Barbares. Or, au milieu des forêts et des plaines toujours retentissantes des combats des conquérants et des bandits, s'élevaient des donjons et des monastères, renfermant, les uns, l'épée capable de frapper ou de protéger, les autres, la croix prête à prononcer la bénédiction ou l'anathème. Que pouvaient faire de mieux dans cette société vigoureuse et brutale, formée d'éléments contraires aux prises avec une lente fusion, à la merci de ces dominations mobiles et ennemies, que pouvaient faire de mieux le laboureur dont l'ennemi ravageait les champs, le vétéran dont le bras affaibli se refusait à porter les armes, le chef de famille dont la femme et les enfants risquaient d'être outragés ou traînés en esclavage, que d'aller trouver le seigneur du donjon ou l'abbé du monastère et de passer avec eux un contrat, d'après lequel, en échange de leur protection, ils se soumettaient à leur justice et s'engageaient à leur payer une redevance? On s'amuse de nos jours à raconter que ce sont les seigneurs ou les abbés qui de force imposaient leur autorité tyrannique. Et avec *qui?* et avec *quoi?* ces seigneurs et ces abbés auraient-ils réduit tout ce monde et fait en même temps travailler leurs terres? La vérité est qu'en échange, non de leur liberté, mais de leur travail libre, les paysans, les ouvriers, les bourgeois, les petits obtenaient un refuge auprès du grand et du puissant. Les droits féodaux ne reposent donc pas sur le brigandage, mais sur un véritable contrat synallagmatique.

Donc supprimer les droits féodaux sans compensation, et sans l'autorisation des deux contractants, eût été porter au droit de propriété une grave atteinte, et nos pères de 89 avaient trop le sentiment de la justice pour commettre une pareille iniquité. Aussi les cahiers des trois ordres sont unanimes, tout en demandant l'abolition des droits féodaux, à reconnaître qu'on ne doit le faire que par voie de *rachat*, sauf pour les droits dont l'immoralité ou l'inutilité ne méritent autre chose qu'une suppression sans indemnité. Quelle indemnité, par exemple, allouer en 1789 au gentilhomme qui n'aurait plus eu le droit de se faire donner une armure par ses vassaux, lorsqu'il partait pour la croisade? Tout ce qui constitue une possession légale, et les droits féodaux avaient ce caractère, tout ce qui rapporte un revenu utile, comme le cens, le champart, les lods, même au nom de l'intérêt public, ne peut être supprimé sans indemnité. On s'en rapportait aux états généraux pour fixer le taux du rachat. « Le droit de propriété devant être sacré, on demandera qu'un citoyen ne soit privé d'aucune partie de la sienne, même à raison d'intérêt public, qu'il n'en soit dédommagé sans délai, à dire d'experts choisis par les parties intéressées (1). » Si tous sont d'accord que les privilèges doivent disparaître, tous déclarent qu'on doit admettre dans cette exécution certains tempéraments. « S'il est juste (2) que les usurpations et prétentions manifestement préjudiciables à l'intérêt général soient constatées et réprimées, il faut que les prérogatives et possessions légitimes des deux premiers ordres soient *inviolables.* » Et inviolables, dans la pensée de tous, ne signifie pas le respect aveugle des possessions existantes, mais la *suppression avec indemnité*, ce que nous appellerions aujourd'hui l'*expropriation forcée* des propriétés légales reconnues contraires à l'intérêt public. Or ce principe de l'expropriation forcée, telle que nous la comprenons aujourd'hui, est nettement formulé dans beaucoup de cahiers. Aucun ne le contredit.

La deuxième vérité, c'est que ces droits féodaux ne s'exerçaient pas sans surveillance. Il ne faut pas croire, en effet, que la dépendance du vassal ne fût pas réglementée et modérée par aucun frein matériel ou moral. Chaque seigneur avait son suzerain, autorisé à le réprimander et à le punir. Les rois de France, suzerains de tous les nobles, n'ont cessé de châtier leurs excès ou par la loi ou par les armes. Qui ne se rappelle ce trait de la vie de Louis le Jeune faisant trois cents lieues pour venir lui-même au fond du Velay châtier les brigandages du vicomte de Polignac ? Et les grands jours

(1) Tiers état de Rennes, *passim.*
(2) Tiers état de Riom, art. 27.

d'Auvergne sous Louis XIV, qui réprima avec une sévérité draconienne les méfaits des gentilhommes auvergnats? Au-dessus de tous les seigneurs et souverains, trônait l'Eglise. N'est-ce pas elle qui établit la trêve de Dieu, et fonda les ordres de chevalerie?

Cessons donc, sous prétexte que, parce que cette hiérarchie de protection a quelquefois dégénéré en échelle de servitude, que parce que les crimes, à une époque où les hommes étaient plus ignorants et plus grossiers qu'aujourd'hui, étaient peut-être plus nombreux qu'à notre époque, de trouver abominable l'organisation féodale, que les gens du moyen âge, qui ont vécu dix siècles sous son égide, ont trouvée suffisante, appropriée à leurs besoins, *opportune* comme nous dirions aujourd'hui, et qu'ils n'ont remplacée par une autre, que parce que celle-ci succombait d'elle-même sous le poids d'abus, que le courant d'idées nouvelles, qui depuis cinquante ans circulait dans la société, grossissait et rendait plus intolérables. Or les abus sont le fait non des institutions, mais des hommes. Et, de fait, le clergé et la noblesse avaient fini par oublier que le peuple les avait choisis non pour l'étrangler, mais pour le protéger. Malheureusement, en 1789, c'était trop le système de l'étranglement du peuple par le clergé et la noblesse qui prévalait. L'Église, le roi, les suzerains avaient transformé leur protectorat en véritable tyrannie. Voilà pourquoi la secousse fut si violente, et pourquoi 93 succéda à 89. Néanmoins, malgré tous ces abus, les cahiers de 89 sont unanimes à constater que les droits féodaux étaient la condition d'un bienfait librement accepté, et que, si, par un triste concours d'événements, ces droits avaient engendré des abus, qui devaient entraîner la ruine du système, ils n'en constituaient pas moins une propriété légale, dont la suppression ne pouvait avoir lieu que par la voie du rachat.

Ainsi, en ouvrant les cahiers de 89, on se trouve en face d'un état de choses jadis nécessaire, maintenant anormal, dont la conservation n'est sollicitée par personne, mais dont la modification commande des ménagements. Le clergé et la noblesse sollicitent eux-mêmes un ordre de choses nouveau, et si le langage d'un certain nombre de cahiers de la noblesse, de celui de Lille, par exemple, qui réclame la faculté « de conserver la jouissance pleine et entière de toutes les perceptions et droits utiles, fixes ou casuels, autorisés soit par les coutumes, soit par des titres authentiques, soit par une possession légale » semblent laisser supposer que les deux premiers ordres ne sont pas favorables à des changements, c'est parce qu'on ne sait pas les comprendre. Ce que réclament ces gentilshommes, c'est bien plus le respect de leur droit de propriété que le revenu de ces mêmes propriétés. « Le maintien de la propriété, disent-ils, est l'objet direct de l'institution de tous les gouvernements, et en particulier celui des lois fondamentales de la monarchie.» En conséquence, ils veulent qu'on proscrive toute demande tendant à les dépouiller d'aucun desdits droits, même à en faire le rachat *sans leur consentement.* »

La troisième vérité, c'est que les abus en matière de finances étaient devenus tels qu'on ne pouvait plus, comme l'avait dit de Calonne, remettre un peu d'ordre dans le Trésor qu'en les faisant disparaître. Il fallait donc supprimer les abus du côté des impôts, du côté des droits féodaux, du côté de la répartition des emplois. Il fallait faire une révolution complète. Or c'est dans l'exécution que commencèrent les difficultés. La suppression d'un certain nombre d'impôts perçus sur les objets de consommation, en particulier le vin et le sel, connus sous le nom d'aides et de gabelles ; la suppression des impôts *distinctifs d'ordres,* comme la taille, la corvée, la capitation, les vingtièmes ; la suppression des contrôles comme attentatoires à la liberté individuelle ; la suppression des loteries, comme immorales et de nature à exciter la cupidité et la paresse, et l'établissement d'un impôt unique portant également sur toutes les propriétés foncières du royaume, étaient d'excellentes mesures. Elles pouvaient bien résoudre une partie de la question sociale; mais on s'aperçut vite que loin de procurer de l'argent au Trésor, elles l'appauvrissaient, et cependant cette nouvelle théorie de l'impôt était la seule possible, la seule libérale, la seule à laquelle on dût s'arrêter, la seule que les trois ordres acceptaient à l'unanimité. Malheureusement, en supprimant à la fois trop d'impôts, on avait tellement appauvri le Trésor qu'il fallut pour l'alimenter tourner résolument les regards du côté des droits féodaux.

ARTICLE II

LA NUIT DU 4 AOUT 1789

Ce fut le duc d'Aiguillon, fils du célèbre et impopulaire ministre de Louis XV, qui eut l'idée de proposer le rachat des droits féodaux onéreux. Il lut au club breton de Versailles un projet, pour lequel les nobles s'enthousiasmèrent.

Le 4 août, à la séance du soir, le vicomte de Noailles proposa de déclarer trois choses : « Que les charges publiques seraient supportées par tout le monde; que tous les droits pécuniaires seraient rachetables, et que la servitude personnelle serait abolie. »

Il fut acclamé, et l'enthousiasme devint aussi excessif que contagieux. Les offres de sacrifices enchérirent les unes sur les autres.

Les nobles offrirent tous leurs privilèges, quels qu'ils fussent, financiers, honorifiques ou autres.

Beaumarchais proposa de décréter l'égalité des peines et l'admissibilité égale de tous les Français à tous les emplois.

Le clergé offrit l'abandon de ses dîmes, laissant à l'assemblée le soin de pourvoir d'une autre manière aux services auxquels elles étaient destinées.

Un curé offrit d'abandonner son casuel.

Les députés du tiers état, entraînés à leur tour, offrirent le sacrifice des privilèges des provinces, des villes, des corporations. L'holocauste fut complet. Mirabeau, absent, blâma énergiquement ce *tourbillon électrique.*

Ce fut, en effet, un véritable tourbillon. On décréta à la hâte et séance tenante l'abolition de toute servitude et mainmorte, la faculté de rembourser les droits seigneuriaux, l'abolition des justices seigneuriales, celle du droit nobiliaire de la chasse, celle des colombiers et des garennes, celle de tous privilèges et immunités pécuniaires, le rachat des dîmes, l'égalité des impôts, l'admission de tous les citoyens aux emplois civils et militaires, la suppression de la pluralité des bénéfices, celle des pensions obtenues sans titres, la réformation des jurandes.

Il y avait malheureusement dans cet élan plus de générosité que de sagesse. On supprimait d'un trait de plume dix siècles d'organisation sans avoir quoi que ce soit sous la main pour la remplacer. Il fallait au moins plusieurs mois pour mettre quelque chose à la place de ce qu'on voulait détruire.

Pendant les huit jours qui suivirent et qui furent consacrés à la rédaction du décret que l'on devait soumettre au roi, l'Assemblée discuta les résolutions de la séance du 4 août. Ces discussions furent entremêlées de scènes violentes et de semblants de regrets vers le passé, qui produisirent la plus fâcheuse impression; car, lorsqu'il fallut expliquer tous ces votes inconsidérés, les députés des trois ordres furent obligés d'en atténuer les conséquences par quelques restrictions. L'effet produit par ces restrictions, même les mieux justifiées, fut déplorable. On fit circuler dans le pays que les nobles et les prêtres regrettaient déjà leur premier mouvement, et que rien ne serait changé. Aussi, bien loin de leur savoir gré de leur générosité, on les déclara coupables, et le reproche de *traîtres à la patrie* circula dans les groupes. L'exaspération était d'autant plus vive que les paysans avaient déjà interprété la suppression du droit seigneurial de chasse dans le sens de la liberté de braconnage, et qu'à la suite de la discussion sur la dîme et les droits féodaux, ils s'étaient déjà cru autorisés à ne plus rien payer. Aussi, quand l'Assemblée nationale publia des instructions pour faire savoir que rien ne serait changé, jusqu'à ce qu'on eût remplacé l'ancien ordre de choses par un ordre nouveau, ils se moquèrent de l'instruction et se disposèrent à la résistance. C'est ainsi que cette séance du 4 août, qui devait être un titre de gloire pour la noblesse et le clergé, devint une des principales causes de leur perte.

C'est à cette occasion que Sieyes et Maury combattirent avec force la suppression des dîmes ecclésiastiques et voulurent lui substituer un rachat facultatif; Sieyes surtout prouva par des raisonnements serrés, irréfutables, que la dîme était une redevance ancienne, dont l'Etat n'avait aucun droit de disposer, qu'il devait même conserver; que sa suppression serait onéreuse, puisqu'il faudrait à sa place constituer une *dotation* pour le clergé. Il s'appuyait d'ailleurs sur les cahiers de 89, dont la doctrine sur ce point était aussi claire que constante.

Le peuple, en effet, ne s'élevait pas d'une manière absolue contre la dîme. Les cahiers de Bretagne sont à peu près les seuls qui exigent sa suppression pure et simple (1).

Les autres se contentent le plus souvent de demander « le rachat de toutes les dîmes (2) », « un règlement sur les dîmes (3) », « la perception uniforme des dîmes sur un taux modéré (4) », « que si les dîmes sont conservées, elles soient payables dans les champs et en raisin au pied des vignes (5) », « que les grains de semence soient prélevés sur le total du produit... avant de percevoir la dîme (6) », « que la dîme soit réduite pour tous à la trentième partie...; que tous les biens sans distinction y soient assujettis..., qu'elle ne porte que sur le vin et le blé.... qu'elle soit *affectée à l'entretien des prêtres et aux besoins du culte* (7) ». L'obligation d'em-

(1) Nantes, art. 64,
(2) Tiers de Saint-Quentin, 18,
(3) Tiers de Quercy, de Cotentin, de Rodez.
(4) Tiers de Vannes, 24..
(5) Tiers d'Auxerre, 19.
(6) Tiers de Bayonne, 25.
(7) Tiers du haut Vivarais, 18.

ployer le produit de la dîme à des œuvres pieuses et charitables es sévèrement imposée par tous. Le tiers état de Metz exige (1) « que *les dîmes soient employées aux besoins du culte et des curés* ». Celui de Bigorre (2), « qu'on renouvelle les anciennes lois qui ont divisé les dîmes ecclésiastiques en quatre portions, afin que l'une soit destinée à l'*entretien des ecclésiastiques, la deuxième aux curés, la troisième aux églises et la quatrième aux pauvres* »; celui de Toul (3), « qu'on rappelle les dîmes à leur institution qui en fait le patrimoine de chaque église; en conséquence, les réparations et reconstructions des églises, paroisses, annexes et succursales et des maisons de cure seront à la charge des décimateurs, en sorte que les paroissiens ne puissent être tenus d'y subvenir... qu'après l'épuisement des dîmes et des fabriques ».

La noblesse, de son côté, autorise le remboursement des dîme ou leur échange; si on les conserve, elle impose aux décimateurs l'obligation d'en employer tout ou partie pour le bien des prêtres et des pauvres.

« Les dîmes ecclésiastiques pourront... être remboursées par les propriétaires des héritages. Le remboursement se fera... au denier vingt de leur produit effectif (4) ». « Les dîmes... pourront être échangées, d'après une convention faite de gré à gré entre le décimateur et la communauté entière qui serait grevée de la dîme (5) ». On pourra « traiter du rachat des dîmes ecclésiastiques (6) ». Les dîmes ne sont autre chose qu'une prestation pieuse accordée par les fidèles, pour subvenir à toutes les dépenses nécessaires du culte divin. « En conséquence les propriétaires qui la payent ont le droit d'exiger que les dîmes ecclésiastiques soient spécialement affectées à ces objets; tellement que les propriétaires et habitants ne puissent y contribuer qu'en cas d'insuffisance de dîmes (7). »

Le clergé ne s'opposait pas plus que le tiers et la noblesse au rachat de la dîme, seulement, comme eux, il sollicitait un règlement qui « maintienne d'un côté le décimateur dans sa propriété et de l'autre n'impose aucun obstacle à la liberté du cultivateur. Une pareille loi aurait tout à la fois l'avantage de conserver sa propriété

(1) Tiers de Metz, 14.
(2) Tiers de Bigorre, 9; de Toul, 25; de Nemours, t. II, 180; de Bourg en Bresse, ch, IV.
(3) Tiers de Toul.
(4) Tiers de Ponthieu, Noblesse, 24.
(5) Tiers de Dourdan, Noblesse, 15.
(6) Vermandois, Noblesse, p. 34.
(7) Gien, Noblesse, 34, 35; Lunéville.

et de le débarrasser, par une uniformité de principes, de la gêne qu'a introduite, dans la perception, la diversité de jurisprudence des tribunaux (1) ».

L'esprit des cahiers se retrouve dans le décret de l'Assemblée nationale des 4, 6, 7, 8, 11 août 1789, qui est le premier sur cette matière :

« Art. I. — L'Assemblée nationale détruit entièrement le régime féodal (2), et décrète que dans les droits et devoirs tant féodaux que censuels ceux qui tiennent à la mainmorte réelle ou personnelle et à la servitude personnelle, et ceux qui les représentent, ont abolis sans indemnité, *et tous les autres déclarés rachetables*, et le prix et le mode des rachats seront fixés par l'Assemblée nationale...

« Art. V. — Les dîmes de toute nature... sont abolies, *sauf à aviser au moyen de subvenir d'une autre manière à la dépense* du culte divin, à l'entretien des ministres des autels, au soulagement des pauvres, aux réparations et reconstructions des églises et presbytères, et à tous les établissements, séminaires, écoles, collèges, hôpitaux, communautés et autres, à l'entretien desquels elles sont actuellement affectées.

« Art. XIII. — Les déports, droits de cote-morte, dépouilles, vacat, droits censaux, deniers de saint Pierre, et autres du même genre établis, en faveur des évêques, archidiacres, archiprêtres, chapitres, curés primitifs, et tous autres, *sous quelque nom que ce soit*, sont abolis, sauf à pourvoir, ainsi qu'il appartiendra, à la *dotation* des archidiaconés et des archiprêtrés, qui ne seraient pas suffisamment *dotés*. »

Il y a loin entre ce décret, le premier sur la matière, qui assure au clergé une existence indépendante, et ce qui se passera dans quelques mois.

On sent qu'il n'est encore venu en pensée à personne que, même pour cause d'utilité publique, l'Etat a le droit de dépouiller un propriétaire de sa propriété, sans son consentement, ou au moins sans qu'une loi ait réglé le mode d'indemnité à laquelle il a droit. Ce mode d'indemnité d'ailleurs, l'Assemblée le fixe tout de suite en indiquant qu'on devra *doter* le clergé. C'est en effet le mode le plus sage, le plus équitable, celui qui assure le mieux la stabilité, la permanence qui sont l'essence même de la propriété. La propriété

(1) Meaux, 26 ; Lyon, 29 ; Auxerre, 7 ; Vitry-le-Français.

(2) Les lois subséquentes des 28 mars et 9 mai 1790 expliquent ce qu'il faut entendre par régime féodal.

peut changer d'aspect, d'immobilière devenir mobilière; mais, dans aucun cas, elle ne doit être exposée aux fluctuations de la politique, et la nation, dans la personne de l'Assemblée, assurait au clergé l'inviolabilité de sa propriété, sous cette forme nouvelle, en posant sa signature sur les billets à ordre qu'elle lui donnait en échange de l'abandon qu'il faisait. C'était bien un échange et rien autre, et l'Assemblée le comprenait ainsi. Malheureusement le flot montant de la démagogie la jeta sur des écueils où, perdant de vue ces idées d'ordre et de justice, elle se laissa entraîner dans la voie de l'arbitraire le plus odieux, d'autant plus que les embarras financiers du Trésor devenaient chaque jour plus criants.

Sans doute c'était louable d'avoir coupé le mal dans sa racine, en supprimant la plus grande partie des impôts, et en rétablissant sur des bases équitables la perception des dîmes et l'acquittement des droits féodaux; mais il eût fallu, pour que l'œuvre vécût, qu'en même temps qu'on diminuait les charges des citoyens, on comblât le déficit du Trésor. Or on avait mal calculé et, à la faveur de toutes ces suppressions, l'Etat s'appauvrissait chaque jour davantage. On le savait, on le disait, on l'écrivait. De là, une irritation sourde que les meneurs entretenaient habilement, jusqu'au jour où ils devaient la faire éclater à leur profit. Les impôts qui restaient se percevaient mal. Une partie des agents de finances étaient en fuite, la plupart des registres étaient détruits, des bureaux d'octroi, des bâtiments de douane avaient été démolis. La fièvre d'émancipation qui brûlait ce que nous appelons aujourd'hui les *prolétaires*, jetait les orateurs dans des excès de langage et de conduite dont ils étaient à peine responsables. C'était du délire. L'Assemblée avait bien promulgué un décret pour charger les municipalités de veiller à l'ordre public. Mais le public n'en voulait plus; il voulait la liberté absolue. Il brisait ses derniers liens. Que lui faisaient les décrets? D'ailleurs ce décret rédigé avec ambiguïté, laissait entendre que les fauteurs de troubles étaient les aristocrates qui, furieux du régime nouveau, cherchaient à le déconsidérer en ameutant le peuple. C'est ainsi que sous l'Empire nous avons eu les échauffourées des blouses blanches. La police impériale déguisait ses agents en ouvriers, et c'étaient eux qui donnaient le mot d'ordre au peuple, qui le lançaient, pour provoquer la levée des casse-têtes de la rue de Jérusalem. En quelques jours la France fut en ébullition. C'était un échange de regrets, de colères, de mots blessants, d'espérances déçues, de projets d'avenir renversés, qui surexcitaient les gens les plus calmes et les mieux intentionnés. C'est alors que Necker demanda un vote d'urgence pour contracter un nouvel emprunt de 30 millions, puis un autre de 80 millions. Ces deux emprunts ne se souscrivirent pas, et le 24 septembre Necker dut l'annoncer à l'Assemblée, en lui demandant de voter une *contribution extraordinaire du quart du revenu.* Cette nouvelle frappa les députés de stupeur. Ils sentaient que la confiance quittait l'Etat, et puis, comment eux, qui s'efforçaient de diminuer les impôts, qui, la veille encore, avaient voté une importante réforme sur l'impôt du sel, oseraient-ils voter l'impôt qu'exigeait le surintendant des finances ? Il est vrai que refuser ce vote, c'était amener les disettes et les troubles et précipiter un bouleversement. Mais pouvaient-ils se déjuger? Une discussion confuse s'engagea. Nul moyen ne se présentait d'échapper au terrible dilemme. L'Assemblée était sur le point de faiblir, et de refuser de voter l'impôt demandé de crainte de l'impopularité, lorsque le 26 septembre Mirabeau s'élançant à la tribune fit de la hideuse banqueroute un tableau si saisissant que l'Assemblée se leva frémissante et vota de confiance le projet de Necker, à l'unanimité.

Ce vote fut très mal interprété par le peuple. Il vit dans cet impôt nouveau une sorte de revanche de la nuit du 4 août, et s'affermit dans cette idée que ses plus cruels ennemis étaient le clergé et la noblesse. Peut-être même se trouva-t-il déjà, comme il s'en est trouvé depuis, quelque avocat doué d'audace et d'une voix de stentor, habile à flatter les passions populaires, qui sut crier à temps : « *Le clergé c'est l'ennemi! La noblesse, c'est l'ennemi!* » Toujours est-il, que le peuple n'attendait déjà plus que le moment de prendre sa revanche, et qu'il manifestait hautement ses projets de vengeance. On sent, quand on lit les journaux de l'époque, qu'une crise est imminente et que le temps est proche où la force primera le droit.

ARTICLE III

LE DÉCRET DU 4 NOVEMBRE 1789

A la suite du décret des 4, 6, 7, 8, 11 août 1789, l'Assemblée avait nommé une commission des finances.

Cette commission, comme toutes les commissions, se laissa entraîner par l'opinion publique. La démagogie hurlait, elle lui fit écho et hurla avec elle. Le droit de propriété, qu'à la suite du 4 août elle avait reconnu sacré, inviolable, lui parut moins authentique. Elle ne le nia point, mais elle essaya de l'*interpréter*. Elle le reconnaissait incontestable, mais *modifiable*. On eut recours à des subtilités de jurisconsultes pour appuyer la nouvelle théorie qui commençait à poindre. De nos jours nous avons vu la loi de 1833, celle de 1850, et d'autres, complètement subtilisées par des arguties d'avocats plus sectaires que jurisconsultes.

Talleyrand déposa son rapport sur les biens du clergé le 10 octobre. Il l'aurait déposé le 10 août qu'il eût été tout autre.

Talleyrand déclara d'abord que le clergé n'était pas propriétaire dans le sens strict du mot, qu'il n'était qu'*usufruitier*, que les dons qu'on lui avait faits dans la suite des siècles avaient un caractère particulier. C'était à la nation qu'on les avait faits. Le clergé n'en était que l'administrateur. La vraie, l'unique propriétaire était la nation. Elle seule, par conséquent, avait le droit de revendiquer ce qui lui appartenait, et de déclarer ce qu'elle entendait faire de sa fortune. Jusqu'à ce jour elle avait laissé le clergé jouir en paix de ce qu'il croyait sa propriété, parce que les circonstances ne réclamaient pas son intervention, aujourd'hui, elle pouvait, si elle le jugeait convenable, lui retirer cet usufruit. Néanmoins, comme un usufruit de dix siècles ne s'éteint pas sans que l'usufruitier ait droit à des égards, il convenait que la nation étudiât ce qu'elle comptait faire pour indemniser le clergé, dont elle ne pouvait méconnaître les services rendus.

Ce rapport, qui est tout à la fois un chef-d'œuvre de rouerie parlementaire, de finasserie de palais, de bonhomie cruelle, a servi de modèle à ceux qui, dans la suite, se sont cru appelés à donner raison quand même à l'Etat et à justifier tous ses empiétements. C'est l'éternelle histoire d'Achab et de Naboth. Le pauvre Naboth avait une maisonnette qui gênait le roi Achab. Celui-ci voulut expulser celui-là. Naboth résista. Le roi trouva des jurisconsultes qui lui assurèrent que Naboth n'avait pas le droit de lui résister, et qu'un roi étant le maître absolu de ses sujets comme de leurs biens, il ne devait être contrarié en rien. Achab au 10 octobre 1789 s'appelle la nation; à la place de Naboth nous trouvons le clergé. Les noms seuls sont changés, l'iniquité est restée la même.

Talleyrand, qui posait pour le législateur intègre, indiquait que les droits du clergé seraient suffisamment respectés si l'on adoptait les résolutions suivantes :

« Il proposait que l'Assemblée réservât au clergé *le revenu du tiers de ses biens*, qu'elle le lui abandonnât en toute jouissance et propriété. Les deux autres tiers revenaient de droit à la nation, à la condition que celle-ci prît à sa charge les dettes de l'ordre, et qu'elle assurât aux curés un minimum de traitement. »

On voit que, malgré le progrès des mœurs, l'idée de la spoliation complète ne s'était pas encore fait jour. Talleyrand est forcé d'avouer, à la suite de sa théorie sur l'usufruit, que le clergé a des droits, et qu'il faut lui assurer une existence honorable et indépendante. Sur quoi se basait-il pour fixer que l'indemnité sera suffisante si on lui abandonnait le tiers de ses revenus? Il nous le dit lui-même. D'après ses calculs, l'Etat en procédant de la sorte pouvait faire un gain annuel de 50 et même de 70 millions. Ce gain lui servirait à compenser les diminutions d'impôts, à rembourser les offices qu'on supprimait et à former une caisse d'amortissement pour la dette publique. Dans les calculs de Talleyrand, le clergé n'y entrait que pour mettre à la masse et pour retirer le moins possible. Je ne dis pas que ce système n'est pas ingénieux, et que l'Etat n'avait pas à y gagner; mais, sans être ni malin ni profond, on ne peut pas ne pas faire les deux remarques suivantes : la première, qu'il ne repose que sur deux hypothèses absolument vierges de preuves, l'une que le clergé n'était que l'usufruitier de la nation, et l'autre qu'il n'avait droit comme indemnité qu'au tiers de son revenu; la seconde, c'est que si l'État devait généraliser cette théorie, il serait plus lucratif de s'expatrier et d'aller vivre au milieu des sauvages, où fleurissent les anthropophages, mais où du moins les jurisconsultes courtisans n'ont pas encore droit de cité, plutôt que de demeurer en pays civilisé.

Avec le rapport de Talleyrand, nous nous éloignons de l'esprit et de la lettre des cahiers de 1789.

Ceux-ci exprimaient bien le vœu que le clergé devait payer une part de contributions plus forte que les autres ordres, que ses revenus devaient être mieux répartis, que plusieurs devaient être modifiés; mais tous étaient unanimes à reconnaître que ces revenus étaient sa propriété, et qu'on ne devait pas l'en dépouiller, mais les lui racheter; aucun ne faisait cette arbitraire distinction du tiers et du quart. Il faut avouer d'ailleurs que si le temps avait suivi son cours régulier depuis le 4 août, les événements, eux, avaient marché avec une effrayante rapidité. C'est ce qui explique ce changement de front si inattendu.

Depuis le 4 août, en effet, trois faits caractéristiques s'étaient manifestés :

On cherchait des ressources à tous prix;
Les passions révolutionnaires s'étaient déchaînées;
Les passions antireligieuses commençaient à percer.

« Le peuple, dit Ferrières, se montrait jaloux des richesses qu'il ne possédait pas. Les révolutionnaires eurent peu de peine à l'ameuter contre celles du clergé. » Le *Charles IX* de Chénier, qu'on jouait au Théâtre-Français, donnait lieu tous les soirs à des manifestations bruyantes et significatives. Le flot de la Révolution montait; encore un peu de temps, et la spoliation sera un fait accompli.

Les propositions de Talleyrand soulevèrent de véritables tempêtes au sein de l'Assemblée.

Thouret et d'autres orateurs appuyèrent Talleyrand. Ils soutinrent que la propriété des corps n'était pas soumise aux mêmes lois que celles des particuliers; que le clergé avait cessé d'exister comme corps, et que la nation était d'autant mieux fondée à réclamer la propriété de ses biens qu'elle était toujours intervenue pour en régler l'emploi.

Les abbés Sieyes, Grégoire, Maury rejetèrent cette étrange distinction entre les biens des corps et ceux des particuliers. Et en admettant que les bénéficiers ne fussent que des usufruitiers, le clergé, comme corps, était en réalité propriétaire, et la perte de ses propriétés n'entraînait nullement sa dissolution, que la nation d'ailleurs n'avait pas le pouvoir de prononcer. Ils repoussaient l'idée *d'un traitement ou d'un salaire.*

La discussion menaçait de s'éterniser. Mirabeau trouva un moyen terme qui leva les scrupules des esprits flottants. Il imagina que *les biens ecclésiastiques étaient à la disposition de la nation,* sauf *l'assurance d'un minimum de dotation pour les curés.* Ce fut encore lui qui mit fin à la discussion, et le 4 novembre 1789, l'Assemblée nationale décréta :

1° Que tous les biens ecclésiastiques *étaient à la disposition de la nation,* à la charge de pourvoir d'une manière convenable aux frais du culte, à l'entretien de ses ministres et au logement des pauvres, sous la surveillance et d'après les institutions des provinces;

2° Que dans les dispositions à faire pour subvenir à l'entretien des ministres de la religion, il ne pouvait être assuré à la *dotation* d'aucun curé moins de 1,200 livres par année, non compris le logement et les jardins en dépendant. Cette dotation était évaluée à 82 millions.

Le clergé n'était pas encore sacrifié, mais le règne de l'arbitraire était inauguré, et ce qui va suivre est la conséquence de ce qui précède. Nous allons voir maintenant les fautes se succéder aux fautes, et ces hommes qui, selon le mot de Sieyes, *voulaient être libres et ne savaient pas être justes*, commettre, le sourire aux lèvres, l'air inspiré, affectant des poses de demi-dieux, des infamies que le *Bulletin des lois* enregistrera comme des oracles. Triste et décevante époque ! sur les hontes de laquelle on serait heureux de jeter un voile, si ce voile pouvait étouffer les révélations de l'histoire, et si ces révélations elles-mêmes n'emportaient pas avec elles un enseignement que nos contemporains feraient sagement de méditer.

« L'*Assemblée constituante*, fixant ses premiers regards sur les abus de l'Eglise, voulut ramener les prêtres à la doctrine de l'Evangile. Une immense quantité de bénéfices affectés à des ministres sans fonctions servait d'aliment aux vices qu'eux-mêmes condamnaient dans les autres, tandis que le prêtre des champs vivait à peine de l'autel qu'il desservait; ces bénéfices furent supprimés. Des ordres monastiques nombreux dévoraient sans avantage la substance des peuples : ils disparurent. Ces ordres, dont on conçoit l'existence, lorsque les premiers chrétiens, persécutés dans le Bas-Empire, étaient réduits à fuir les hommes pour rester fidèles à leur Dieu, ne servaient, dans les Etats modernes, qu'à y entretenir un esprit étranger et funeste; aussi leur réforme fut souverainement nationale.

« *Pourquoi donc l'Assemblée constituante n'a-t-elle pas atteint son but?* Pourquoi, n'ayant fait, en matière de religion, que des choses utiles et presque semblables à celles qu'avait entreprises Joseph II, a-t-elle rencontré des obstacles qu'elle n'a pu surmonter? C'est que, sous Joseph II, les chefs de l'Eglise germanique se prêtèrent à ses desseins, et que ceux de l'Eglise gallicane s'opposèrent aux premières tentatives des réformateurs. Soit que, sous les dehors d'un zèle affecté, ils ne regrettassent que les richesses et les privilèges dont ils jouissaient à l'ombre du trône, soit qu'ils eussent entrevu l'athéisme qui, caché derrière quelques hommes de bonne foi, essayait déjà ses forces, l'étendard de la révolte fut arboré, et l'on vit la majorité des prêtres, des mœurs les plus pures, nés au sein du tiers état, les plus intéressés à détruire les abus du haut clergé, se laisser entraîner par la force de la dépendance, et embrasser sincèrement une cause qui, peut-être dans leurs chefs, n'avaient que des vues temporelles. Une grande partie des prêtres crut sa foi intéressée, et le mal s'aigrit sans retour. Ainsi *les mesures de la Constituante, parce qu'on négligea de les prendre avec la prudence néces-*

saire, firent dans la suite répandre plus de sang, nous engagèrent dans des erreurs plus longues à réparer que ne l'ont fait les diverses factions politiques (1). »

ARTICLE IV

LE DÉCRET DES 17-22 AVRIL 1790

Avec son décret du 4 novembre 1789, l'Assemblée constituante avait franchi son Rubicon.

Elle avait mis trois mois à décréter que les biens du clergé étaient à la disposition de la nation; elle en mettra six à les lui prendre sans autre forme de procès; mais une fois ce dernier obstacle franchi, nous la verrons s'élancer à pas de géant dans la voie de l'arbitaire, dont l'issue est sans fin. Décréter que les biens ecclésiastiques étaient à la disposition de l'Assemblée, c'était dire que désormais l'Assemblée seule en réglerait l'emploi. Des deux intéressés, l'Etat et le clergé, celui-ci était mis de côté d'un trait de plume, et quand il voulut réclamer, on sut bien lui faire comprendre qu'il ne comptait plus.

Le comité des finances, en effet, émit plusieurs projets relatifs à l'emploi de ces biens. Ce fut celui de Treilhard qui eut les faveurs de l'Assemblée, et le 19 décembre 1789 on décréta la vente de 400 millions de biens du clergé, destinés à former une caisse extraordinaire. On émettait pour 400 millions de valeurs, dont les biens du clergé étaient la garantie hypothécaire. Mais où trouver des acquéreurs? Ce que l'Assemblée décrétait était peut-être légal, mais cette légalité ne rassurait personne; aussi personne ne se risquait à apporter son argent à l'Etat. On redoutait les revendications du clergé. On avait beau dire que sa fortune appartenait à l'Etat, les particuliers refusaient d'y croire. Cette *Saint-Barthélemy des propriétés*, selon le mot de Rivarol, paraissait un brigandage odieux, et déjà l'on se demandait avec anxiété si l'Etat n'allait pas, généralisant sa théorie, et sous prétexte d'utilité publique, prendre tout ce qui était à sa convenance. D'ailleurs la sanction du roi manquait à ce décret, et puis il fallait savoir sur quelles propriétés ecclésiastiques l'autorité s'abattrait. On or-

(1) Lucien Bonaparte, Discours au corps législatif, 8 avril 1802.

donna donc par un décret des 16-24 janvier 1790 le recensement des biens ecclésiastiques, et l'on donna le 1er mars comme délai extrême pour cette déclaration.

Le 17 mars, Bailly vint présenter, au nom de la commune de Paris, un projet pour la vente des biens ecclésiastiques. La commune offrait d'en acheter 150 ou 200 millions, en échelonnant les termes des payements. Elle émettait des obligations hypothécaires, avec un intérêt fixe, un remboursement à long terme, des primes et des lots. C'est le système de nos emprunts actuels. Les autres grandes villes pourraient se charger des 200 millions restants, en tentant une opération analogue.

L'archevêque d'Aix protesta énergiquement contre cette violation du droit de propriété. « L'Assemblée, dit-il, en mettant les biens ecclésiastiques à la disposition de la nation, n'a jamais eu l'idée de s'en attribuer la propriété. La nation, dites-vous, a besoin d'argent, soit; il vous faut 400 millions, d'accord; nous ne refusons pas de vous les prêter; mais nous repoussons énergiquement la proposition du député Chollet, qui conclut que les biens du clergé doivent être régis par les administrations des départements ou des districts. *Vous pouvez nous ravir nos biens, nous ne vous les donnons pas.* »

Thouret répondit que la disposition entraînait la propriété, que l'Assemblée l'avait entendu ainsi; qu'il n'y avait point d'équivoque, et qu'on ne pouvait revenir sur une chose jugée.

Le 22 avril 1790, le décret fut sanctionné par le roi, décret concernant l'administration des biens déclarés à la disposition de la nation, l'abolition des dîmes, excepté pour l'année 1790, et la manière de pourvoir aux frais du culte, à l'entretien, aux pensions des ecclésiastiques et au soulagement des pauvres.

Le même jour, le roi sanctionna le décret qui réputait nationales les dettes du clergé et qui ordonnait que les biens ecclésiastiques seraient vendus libres de l'hypothèque légale du clergé, c'est-à-dire que le clergé n'avait plus de droits sur eux.

Décret des 17-22 *avril* 1790.

« Art. 1er. L'administration des biens déclarés, par le décret du 2 novembre dernier, être à la disposition de la nation, sera et demeurera, dès la présente année, confiée aux administrations de départements et de districts ou à leurs directoires, sous les règles, les exceptions et les modifications qui seront expliquées.

« Art. 2. Dorénavant, et à compter du 1er janvier de la présente année, le *traitement* des ecclésiastiques sera payé en argent, aux termes et sur le pied qui seront incessamment fixés.....

« Art. 5. *Dans l'état des dépenses publiques de chaque année*, il sera porté une somme suffisante pour fournir aux frais du culte de la religion catholique, apostolique et romaine, à l'entretien des ministres, des autels, etc.

« Art. 6. Il n'y aura aucune distinction entre cet objet de service public et les autres dépenses nationales.....

« C'est la première fois que le mot de *traitement* remplace dans un décret de ce genre le mot de dotation, et que l'indemnité due au clergé revêt le caractère *aléatoire d'un salaire que l'on peut donner ou refuser*, et que le prêtre apparaît comme un fonctionnaire que l'on peut ou non rémunérer suivant l'occurrence.

« Art. 6.... Les contributions publiques seront proportionnées de manière à y pourvoir, et la répartition en sera faite sur la généralité des contribuables du royaume, ainsi qu'il sera incessamment décrété par l'Assemblée. »

Les choses continuèrent ainsi jusqu'au décret du *deuxième jour des sans-culottides an II* (18 septembre 1794), qui débute ainsi :

« Art. 1er. La République française ne paye plus les frais ni les salaires d'aucun culte. »

Cette chute était inévitable. Du moment où, à la place d'un capital fixe, indépendant, on substituait un traitement annuel, voté avec les autres impôts, on mettait le clergé à la merci du peuple. et le peuple le lui fit bien voir.

Lorsque l'Assemblée décréta, le 24 avril 1790, *la constitution civile du clergé*, ce fut en supprimant le traitement des non-assermentés qu'elle essaya d'amener à elle le clergé. L'argent étant le nerf de la guerre, et le clergé recevant de l'Etat le salaire qui le faisait vivre, il était tout indiqué que l'Etat le prît par la faim.

L'Assemblée, en effet, fit des traitements aux évêques, aux curés, aux vicaires, mais ce fut à une condition : c'est qu'ils entreraient dans le rouage gouvernemental, et qu'ils seraient de dévoués fonctionnaires, « *de respectueux serviteurs du régime que la France s'était librement donné* », comme on dirait aujourd'hui (1). Les récal-

(1) Discours de M. Gambetta à Belleville, 12 août 1881.

citrants furent rayés des rôles d'émargement et vécurent comme ils purent.

Quand l'Etat jugea qu'il n'avait plus besoin de fonctionnaires ecclésiastiques, il décréta qu'il ne les payerait plus. Il les mit à la porte le *deuxième jour des sans-culottides an II.*

CHAPITRE II

SUPPRESSION DU BUDGET DES CULTES

L'État *peut-il* et *doit-il* supprimer le budget des cultes?

Cette double question, si souvent agitée dans ces dernières années, n'a pas encore reçu de solution pratique. Cela tient à un concours de circonstances que je regarde comme providentielles. Si l'orage avait éclaté de ce côté, c'était à désespérer de la République. Heureusement qu'en ces temps si féconds en hardiesses antireligieuses, nos législateurs ont hésité. Néanmoins, on peut pressentir que le moment n'est pas éloigné où ils se verront forcés d'agir. Peut-être même la suppression du budget des cultes n'est-elle plus, à l'heure présente, qu'une affaire, je ne dirai pas d'années, mais de mois, presque de semaines (1).

(1) Voici la note que publiait, à la date du 18 septembre dernier, le *Soleil:*

« L'affaire du Concordat prend, dès aujourd'hui, une tournure très vive. On annonce qu'aussitôt après la constitution de la nouvelle Chambre, une proposition d'abrogation du Concordat lui sera proposée. Le *Temps*, qui est très avant dans les confidences du pouvoir, loin de combattre le principe de cette proposition, indique au contraire quelle marche régulière devra être suivie pour aboutir à un résultat. Voici cette marche :

« Le Concordat, fait remarquer le *Temps* avec raison, est un traité de paix que le pouvoir exécutif a seul mission de conclure ou de dénoncer. La seule voie naturelle et légale, pour arriver à la séparation de l'Église et de l'État, serait donc une interpellation adressée au gouvernement sur leurs rapports.

« Dans le cas où la Chambre désirerait rompre ces rapports, un ordre du jour dans ce sens devrait être voté, et le gouvernement, s'il s'y ralliait; serait ainsi mis en demeure d'agir diplomatiquement auprès de la cour de Rome, sauf à informer ensuite le Parlement du résultat de ses négociations ou dénonciations.

« On voit que l'idée de la séparation de l'Église et de l'État, qui a pour but et qui aurait pour résultat la suppression du budget des cultes, a déjà fait du chemin. Nous avons prévu et nous avons dit qu'on en arriverait là. »

ARTICLE I

LA LÉGISLATION DEPUIS LE DEUXIÈME JOUR DES SANS-CULOTTIDES AN II

Comme le lecteur a pu s'en convaincre, l'organisation du budget des cultes, tel qu'il fonctionne aujourd'hui, est plutôt le résultat de circonstances malheureuses qu'un projet mûrement étudié.

Au début, en effet, quand les membres de l'Assemblée nationale s'efforçaient de créer des ressources nouvelles pour le Trésor, quels sentiments les animaient? Préoccupés de ne porter aucune atteinte à la propriété, ils cherchaient par quels moyens ils pourraient trouver de l'argent, sans se permettre quoi que ce soit de contraire à l'équité. Voilà pourquoi l'idée de supprimer les dîmes et les droits féodaux eut le rachat pour corollaire. L'Etat était dans la gêne. Il exigeait un sacrifice du clergé, mais il s'engageait à l'indemniser dans la mesure de ses ressources. C'est pourquoi l'Assemblée, dans le même décret qui supprimait les dîmes et les droits féodaux, se reconnaissait débitrice envers le clergé d'une somme qu'on devait apprécier ultérieurement. Le principe était accepté par tous. Malheureusement, quand on voulut arriver à l'application, on se heurta de part et d'autre à des exigences qui firent tout chavirer. Quelle somme, en effet, le clergé abandonnerait-il à l'Etat? Sous quelle forme l'Etat la lui rendrait-il? On s'arrêta bien à la pensée d'une dotation suffisante pour assurer aux ministres du culte un entretien convenable. Mais sur quoi porterait cette dotation? Quelle en serait la garantie? Qui règlerait la quotité? Nous savons par expérience combien les questions d'argent divisent les familles les mieux unies et rompent les liens de l'amitié la plus cordiale; qui de nous s'étonnera que cette question d'argent, après le sacrifice que le clergé et l'Etat étaient prêts à faire d'un commun accord, ait donné naissance à des débats irritants, provoqué des colères, des haines, des revendications, amené une rupture éclatante? Les uns et les autres défendirent avec trop d'âpreté leurs intérêts. On échangea des mots imprudents, on refusa de se faire des concessions. Pendant ce temps-là, le clergé voyait ses tenanciers s'affranchir des redevances. Le peuple, émancipé avant l'heure, se refusait à payer les dîmes, les droits féodaux. Ce fut en vain que l'Etat essaya de le faire rentrer dans la légalité. Quand le lion populaire est déchaîné, il n'est si habile dompteur qui puisse le calmer. Le clergé s'irrita de ces injustices. Il crut à la mauvaise volonté de l'Etat, alors qu'il n'y avait de sa part qu'une impuissance mal déguisée. Les passions antireligieuses vinrent grossir l'orage, qui finit par éclater avec les propositions de Talleyrand et de Treilhard. L'Etat commit la faute de trancher le nœud de la difficulté par une fiction, et comme il avait la force en mains, il imposa sa volonté. Est-ce que les fondations ecclésiastiques n'avaient pas toutes été faites dans un but *philanthropique*? Or, l'œuvre éminemment philanthropique en ce moment n'était-elle pas de sauver l'Etat de la banqueroute? Si le clergé ne le comprenait pas, il n'y avait qu'à passer outre, et à mettre ses biens *à la disposition de la nation*, en lui réservant cependant de quoi vivre honnêtement.

Il arriva en outre que, comme c'étaient les agents de l'Etat qui payaient annuellement au clergé le revenu qu'on lui avait alloué, l'Etat par une autre fiction laissa croire à la nation que l'indemnité qu'il servait aux ministres du culte était un salaire qu'il leur accordait généreusement. En ces temps troublés, où la moindre protestation était un arrêt de mort, il ne se trouva personne pour protester. Aussi, le jour où la religion catholique fut remplacée par le culte de l'Être suprême, son salaire lui fut supprimé sans autre forme de procès. C'est ainsi que l'Etat, à l'aide de deux fictions, de débiteur qu'il était, se créa le protecteur de ceux qu'il avait spoliés.

C'est triste à avouer, mais le budget des cultes ne repose en réalité que sur deux fictions, celle de Talleyrand et celle de Treilhard, et il ne s'est implanté dans le *Bulletin des lois* que grâce à la Terreur et à Bonaparte, en sorte que, si l'on voulait dresser son acte de naissance, on serait forcé de rappeler que *ce projet est né de deux mensonges, et qu'il n'a vécu que par le droit du plus fort.* Au reste, à peine ce décret avait-il vu le jour qu'il fut suivi d'autres décrets qui justifiaient pleinement les espérances qu'on pouvait fonder sur lui.

Décret du 2e *jour des sans-culottides an* II (18 septembre 1794).

« Art. 1er. La République française ne paye plus les frais ni les salaires d'aucun culte. »

Les autres décrets réclament sous des formes différentes et à l'occasion de détails nouveaux que désormais l'Etat ne salarie aucun culte. S'il consent à continuer de payer des pensions à ceux dont on a pris les biens, c'est parce qu'il prévoit que ces pensions expirant avec les pensionnaires, l'Etat au bout de quelques années sera complètement libéré vis-à-vis du clergé.

Décrets : *du 3 vendémiaire an* III (21 février 1795) :

« Art. 1er. Conformément à l'article 7 de la Déclaration des droits de l'homme et à l'article 122 de la Constitution, l'exercice d'aucun culte ne pourra être troublé.

« Art. 2. La République n'en salarie aucun.

« Art. 3. Elle ne fournit aucun local, ni pour l'exercice du culte, ni pour le logement des ministres.

« Art. 5. La loi ne reconnaît aucun ministre du culte...

« Art. 8. Les communes ou sections de commune, en nom collectif, ne pourront acquérir ni louer de local pour l'exercice des cultes.

« Art. 9. Il ne peut être formé aucune dotation perpétuelle ou viagère, ni établi aucune taxe pour en acquitter les dépenses. »

Du 11 prairial an III (30 mai 1795). — « Art. 2. Ces édifices seront remis à l'usage desdits citoyens, dans l'état où ils se trouvent, à la charge de les entretenir et réparer ainsi qu'ils verront, sans aucune contribution forcée. »

Du 7 vendémiaire an IV (29 septembre 1795). — La Convention nationale, après avoir entendu le rapport de son comité de législation :

« Considérant qu'aux termes de la Constitution nul ne peut être forcé de contribuer aux dépenses d'aucun culte, et que la République n'en salarie aucun;

« Considérant que les lois... doivent..... prévoir, arrêter ou punir tout ce qui tendrait à rendre un culte exclusif ou dominant et persécuteur, tels que des actes des communes en nom collectif, les dotations, les taxes forcées, les voies de fait, relativement aux frais des cultes... »

« Art. 9. Les communes ou sections de communes ne pourront, en nom collectif, acquérir ni louer de local pour l'exercice des cultes.

« Art. 10. Il ne peut être formé aucune dotation perpétuelle ou viagère, ni établi aucune taxe pour acquitter les dépenses d'aucun culte, ou le logement des ministres.

« Art. 11. Tous actes, contrats, délibérations, arrêtés, jugements ou rôles faits, pris ou rendus en contravention aux deux articles précédents, seront nuls et comme non avenus. Les fonctionnaires publics qui les signeront seront condamnés chacun à 500 livres d'amende, et à un emprisonnement qui ne pourra être moindre d'un mois, ni en excéder six.

« Art. 12. Ceux qui tenteront, par injures ou menaces, de contraindre un ou plusieurs individus à contribuer aux frais d'un culte, ou qui seront instigateurs desdites injures ou menaces, seront punis d'une amende qui ne pourra être moindre de 50 livres, ni excéder 500 livres. — S'il y a voies de fait ou violences, la peine sera portée au Code pénal. Si la voie de fait commise n'y est pas prévue, le coupable sera puni d'un emprisonnement qui ne pourra excéder deux ans, ni être moindre de six mois, et d'une amende qui ne pourra excéder 500 livres, ni être moindre de 100 livres. »

Ce fut Bonaparte qui mit fin à cet état de choses. Il ne pouvait reprendre l'idée de la dotation : les biens du clergé avaient passé en d'autres mains, et les finances de l'Etat étaient dans un trop triste état. Pour éviter tout conflit, le clergé consentit à abandonner purement et simplement ses droits, en échange desquels le gouvernement promit d'assurer un traitement convenable aux évêques et aux curés.

Articles 13 *et* 14 *du Concordat :*

« Art. 13. Sa Sainteté, pour le bien de la paix et l'heureux rétablissement de la religion catholique, déclare que ni elle ni ses successeurs ne troubleront en aucune manière les acquéreurs des biens ecclésiastiques aliénés, et qu'en conséquence la propriété de ces mêmes biens, les droits et revenus y attachés, demeureront incommutables entre leurs mains ou celles de leurs ayants cause. »

Comme c'est sur cet article 13 que repose toute la sécurité du clergé, il importe d'en étudier avec soin les moindres détails.

Cet article 13 est susceptible d'une triple interprétation.

Selon les uns, il suppose que le Pape reconnaît les acquéreurs des biens ecclésiastiques, légitimes possesseurs, en reconnaissant et en sanctionnant le droit de la nation de disposer à son gré de ces biens ; c'était l'interprétation du ministre des cultes en 1802, qui prétendait que le Pape, entièrement étranger au temporel des Etats, n'a rien à statuer sur ce qui le concerne, et que les biens ecclésiastiques étant le temporel de l'Etat, le gouvernement a pu légitimement en disposer.

Les autres prétendent que cet article 13 contient une déclaration de la légitime et tranquille possession des acquéreurs des biens ecclésiastiques, en vertu du don que leur fait le Souverain Pontife, pour le bien de la paix et l'heureux rétablissement de la religion.

Il s'agit, en effet, disent-ils, de tranquilliser les consciences sur des acquisitions faites en général de mauvaise foi. Deux peines atteignaient les acquéreurs des biens nationaux : *les censures* et *la restitution*. Non seulement le Pape lève les censures, mais pour procurer une paix plus complète, il déclare que les restitutions ne se feront pas. Il a voulu pourvoir au salut de l'âme des acquéreurs, en faisant cesser toute injustice, par le don qu'il leur a fait des biens ecclésiastiques qu'ils avaient acquis, et ce n'est que par ce moyen, qu'il a pu les garantir des censures, que ses successeurs, moins indulgents que lui, auraient eu le droit de lancer contre eux, s'ils avaient continué à être d'injustes détenteurs.

Si cette interprétation, ajoutent-ils, ne résulte pas clairement du premier membre de l'article, elle résulte évidemment du second, qui porte : « *Qu'en conséquence la propriété des biens aliénés, les droits et revenus y attachés demeureront incommutables entre les mains des acquéreurs, ou celles de leurs ayants cause.* »

Si le Pape n'avait voulu exprimer dans le premier membre de l'article que l'exemption des censures, qui laisse subsister l'obligation de restituer, aurait-il pu dire que la propriété incommutable, qu'il déclare dans le second membre, était une *conséquence* du premier? Rien, en effet, de plus contradictoire que l'incommutabilité de la propriété d'un bien et l'obligation de la restituer.

Une autre preuve que l'intention du Pape était de faire un don pur et simple des biens de l'Eglise de France aux acquéreurs, est l'exemple qu'il cite de ses prédécesseurs Jules III, Clément XI, Clément XII et Benoît XIV.

Selon d'autres enfin, l'article 13 ne contient qu'une simple déclaration par laquelle le Pape promet de ne porter aucune censure contre les détenteurs des biens ecclésiastiques, sans cependant dispenser de la restitution ceux qui y sont tenus. C'est alors que l'Etat, prenant la place de ces détenteurs injustes, et pour, de son côté, favoriser la paix, promit d'assurer au clergé une indemnité convenable; en sorte que le traitement que l'Etat fait au clergé est une véritable restitution.

On ne peut ignorer, disent-ils, les anathèmes portés contre les usurpateurs et les injustes détenteurs des biens de l'Eglise, par un grand nombre de Papes et de Conciles. Pie VII considérant, à l'exemple de ses prédécesseurs, que l'indulgence était le meilleur moyen pour faire rentrer dans les voies de la justice les acquéreurs des biens nationaux, s'engagea, en son nom, et au nom de ses successeurs, à ne point exercer la rigueur des censures contre un aussi grand nombre de coupables, et à ne pas troubler l'Etat par des démarches, qui se trouveraient en contradiction avec les décrets du gouvernement, mais il ne dispensait personne de la restitution.

Dans quel sens le Pape a-t-il signé l'article 13?

Il est impossible que le Pape ait reconnu et sanctionné la doctrine de ceux qui prétendent que les biens de l'Eglise sont un patrimoine de l'Etat, en sorte que celui-ci peut en disposer à son gré, comme le ferait un propriétaire.

Sans rappeler tout ce qu'ont dit avant 1789 les saints Pères, les Papes, les Conciles, Charlemagne, les rois ses successeurs, et la nation française elle-même, sur l'inaliénabilité des biens consacrés à Dieu, et sur le respect dû à ce genre de propriété, je dirai ce que prescrit l'ordre social, concernant le droit de propriété de tout légitime possesseur.

C'est un principe reconnu de toutes les nations qui vivent sous des gouvernements réguliers, que l'Etat possède, pour le bien général de la nation, un *domaine éminent* ou *haut domaine,* en vertu duquel il lève, sur les propriétés particulières, les contributions qu'il juge nécessaires.

Mais jamais, dans les Etats mêmes où l'on a donné le plus d'étendue à ce haut domaine, jamais aucun gouvernement n'a prétendu qu'il eût le droit de s'emparer, à son gré, d'aucun genre de propriété, ni de dépouiller de ses possessions aucune classe de propriétaires. Un gouvernement qui s'arrogerait et exercerait un tel droit, cesserait d'être un gouvernement. L'ordre social serait détruit et serait remplacé par l'anarchie. Il n'y aurait plus d'autre droit que la force, et la force livrée à elle-même n'enfante que l'injustice.

Quant à prétendre que, si l'on remonte à l'origine de la propriété ecclésiastique en France, on voit que les rois qui ont conquis les Gaules n'ont partagé son territoire, entre leurs sujets, qu'en conservant leurs droits de reprendre ce qu'ils jugeraient nécessaire : c'est absurde.

Conçoit-on une société possible avec un pareil système ? Pourquoi les individus se groupent-ils autour d'un chef ? N'est-ce pas pour mettre en sûreté leurs personnes et leurs biens ? et à qui fera-t-on croire que ce qui est donné par un chef ne l'est pas de la même manière que ce qui est donné par un particuliér? Ce qui est donné purement et simplement appartient purement et simplement à celui auquel on le donne. Les rois ont-ils fait une restriction pour les biens ecclésiastiques ? Non. Ces biens sont donc la propriété exclusive du clergé, et l'Etat ne conserve sur eux, comme sur les autres biens, que son droit de haut domaine.

Quant à prétendre que les besoins de l'Etat exigent quelquefois que le gouvernement s'empare des propriétés et en dispose à son gré, c'est prétendre qu'il faut détruire l'ordre social pour le conserver.

On ajoute que ces principes, qui prouvent l'inviolabiliié du droit de propriété en général, ne sont pas applicables aux biens ecclésiastiques, parce que le *clergé est un corps*, et que les corps ne sont pas susceptibles d'une propriété parfaite, puisqu'ils ne peuvent rien posséder sans le consentement du gouvernement.

Cette distinction est puérile, car si l'on considère ce corps en général, on lui trouvera toutes les qualités qui le rendent propre à posséder au même titre que les autres propriétaires.

Il est vrai que le consentement de la puissance, qui parle au nom de la nation, est nécessaire pour rendre parfait propriétaire un corps qui ne meurt pas, et dont les biens-fonds ne doivent plus rentrer dans la circulation générale. Mais lorsque cette puissance a donné son consentement, la propriété de ce corps devient aussi parfaite et aussi inviolable que celle des individus. Or ce consentement, accordé au clergé de France, de posséder en toute propriété les biens qui lui ont été donnés, est aussi notoire que la clarté du soleil (1).

Mais l'Etat, qui a permis que le corps se formât et qu'il possédât des biens, peut-il empêcher qu'il se perpétue, en défendant à ses sujets d'y entrer, et disposer alors de biens qui n'auraient plus de maître?

Assurément il le peut, puisqu'il a la force en mains. Mais il commet une iniquité et trompe les intentions des premiers donateurs, qui ne seront plus remplies.

Car quel est l'objet de la propriété du clergé? C'est l'entretien du culte, celui de ses ministres et le soulagement des pauvres. Dans l'origine, les rois, les grands et les simples particuliers ont donné des biens au clergé à ces intentions, et si cette propriété a été mise comme toutes les autres sous la sauvegarde des lois, jamais les donateurs n'ont eu la pensée d'en faire retour à l'Etat. C'est pour qu'elle jouisse à perpétuité de ses biens que les contrats de donation ou d'acquisition ont été faits en faveur de l'Eglise.

Il est donc hors de doute que le Pape, dans l'article 13, n'a pas eu l'intention d'approuver la doctrine qui donne à la nation la dis-

(1) Voir le Rapport de l'Assemblée du clergé de 1751.

position arbitraire des biens de l'Eglise. Ajouterais-je que si c'était là le sens que l'Etat lui-même avait attribué à cet article, on ne comprendrait pas qu'il ait fait intervenir le Souverain Pontife ?

Il est en outre inadmissible que le Pape ait dégagé de la restitution les acquéreurs des biens nationaux.

Les partisans de cette interprétation appuient leur argumentation sur trois preuves :

1° Sur la rédaction même de l'article 13 ;

2° Sur les exemples des prédécesseurs de Pie VII;

3° Sur les motifs de la paix et du bien de la religion invoqués dans l'article.

Or aucune de ces preuves n'a de valeur.

Il est bien vrai qu'à première vue, la rédaction de l'article 13 paraît favorable à cette interprétation, mais les remarques suivantes lui rendront son sens véritable.

D'abord, non seulement le Pape n'a pas été le seul rédacteur de l'article 13, mais même il n'a eu aucune liberté sur le choix des termes de la rédaction. Elle lui a été dictée par une volonté absolue. Or, si le Pape avait eu la pleine liberté du choix des expressions, il est hors de doute qu'il aurait été plus explicite. C'est ce que le gouvernement redoutait. Il ne voulait pas que le Pape pût contredire ses décrets, en disant aux acquéreurs qu'il fallait restituer, ni qu'il parût leur faire don des biens ecclésiastiques, pour ne pas reconnaître qu'il avait un droit sur des biens que le gouvernement revendiquait comme siens.

C'est pourquoi on inséra un mot de nature à jeter de l'obscurité dans la rédaction, ce fut le mot *en conséquence*.

Comment le second membre de phrase est-il la conséquence du premier? Par l'accord entre la loi civile et la loi ecclésiastique. La loi civile assurait aux acquéreurs la possession des biens du clergé. La loi ecclésiastique promet de ne pas troubler leur jouissance. Mais ni la loi civile ni la loi ecclésiastique, qui jugent utiles d'exprimer l'incommutabilité des biens ecclésiastiques en faveur des acquéreurs, n'ont l'intention d'en déclarer la légitimité. On peut être possesseur civilement incommutable, sans être possesseur légitime et sans cesser d'être obligé à restitution.

Est-ce que la prescription qui rend un possesseur *incommutable*, le rend *légitime*, s'il n'est pas de bonne foi? La loi de prescription suppose cette bonne foi, mais ne la donne pas.

Ainsi, les décrets du gouvernement ont pu rendre les biens ecclesiastiques incommutables entre les mains des acquéreurs, mais ils n'ont pu faire cesser la mauvaise foi de leurs acquisitions, ni par conséquent légitimer leur possession, et faire cesser leur obligation de restituer; Pie VII, en promettant de ne pas troubler les acquéreurs, les abandonne à leur conscience. Au *for extérieur*, ces acquéreurs ne seront troublés, ni par la loi civile, ni par la loi ecclésiastique. L'Etat ne les poursuivra pas comme des voleurs. L'Eglise ne troublera pas leur jouissance par ses censures, mais ni l'Etat ni l'Eglise, compétents au for extérieur, ne préjugent la sentence que chacun doit porter sur soi-même, dans le *for intérieur*. L'incommutabilité de la propriété n'est pas synonyme de la légitimité de cette propriété.

Pie VII, dans sa bulle, autorise sa conduite de l'exemple de ses prédécesseurs. Or, en rapprochant la conduite de Jules III, de Clément XI, de Clément XII et de Benoît XIV de celle de Pie VII, on voit qu'il n'y a entre elles aucune parité.

Dans le cas de Jules III, il s'agit de l'abandon de fruits indûment perçus et de l'exemption des censures.

Dans les cas de Clément XI et de Clément XII, de l'abandon de biens ecclésiastiques usurpés fait en faveur de personnes que l'on voulait convertir et ramener à l'unité de l'Eglise.

Dans le cas de Benoît XIV, de biens ecclésiastiques usurpés, que le Pape laisse aux évêques d'Albanie la mission de faire restituer ou d'abandonner, suivant ce que la prudence leur dictera.

Pie VII cite ses prédécesseurs, pour s'autoriser de ne pas porter des censures contre les acquéreurs des biens de l'Eglise. Il avait besoin de cet exemple de la tradition pour justifier son indulgence. Il ne s'agit donc que d'actes et de procédés extérieurs, injonctions, censures, etc. Il n'y a pas un mot qui concerne la conscience et le *for intérieur*. Il n'y a pas un mot qui légitime la possession, qui ratifie l'aliénation, de manière à exempter de toute satisfaction ou compensation équivalente.

Et quand même le Pape eût eu l'intention de faire disparaître l'obligation de restituer, en avait-il le pouvoir?

Quand Jésus-Christ confia à saint Pierre la direction de l'Eglise universelle, il lui donna la disposition des biens spirituels, mais où voit-on qu'il lui ait donné le domaine absolu des biens temporels, qu'elle pourrait posséder?

En outre, à qui ces biens ont-ils été donnés? Est-ce à l'Eglise universelle? N'est-ce pas aux églises particulières pour tel ou tel objet, à telle et telle condition, et voit-on nulle part que les donateurs, en transférant lèurs titres de propriété, aient eu l'intention d'en investir l'Eglise universelle? Ils les ont soumis sans doute aux lois générales qui ont été faites concernant leur administration, mais c'est parce qu'ils savaient que ces lois laissaient cette administration entre les mains des titulaires et non entre celles du Souverain Pontife.

Ces lois, en effet, sont très explicites.

De tous temps et dans tout le monde chrétien il a été reconnu que les biens consacrés à Dieu étaient inaliénables par leur nature même, et surtout par ceux qui, les possédant, avaient le droit le plus apparent d'en disposer, et la première condition, dans les cas d'aliénation prévus par ces lois, était l'autorisation des titulaires, des supérieurs ecclésiastiques, des fondateurs ou de leurs représentants, et dans le cas où l'autorisation du Pape était nécessaire, elle devait toujours se trouver jointe à celle des titulaires, des supérieurs et des fondateurs.

Comment, en effet, le Pape seul, à qui la propriété n'a jamais été donnée, pourrait-il ce que l'Eglise particulière, qui, par donation ou autrement, a reçu la parfaite propriété, ne peut pas sans observer les principes de droit et sans le concours de toutes les parties intéressées?

Il ne le peut qu'en vertu de sa suprême autorité ou par suite de circonstances exceptionnelles.

Or ni Jésus-Christ ni les conciles ne lui reconnaissent cette autorité.

Quant à croire que le Pape, dès qu'une puissance temporelle parle et qu'elle fait retentir les mots de paix publique, de bien de l'unité, de rétablissement de la religion, peut sacrifier à sa cupidité tous les biens d'une Eglise, sans consulter le corps épiscopal, ni entendre les titulaires des bénéfices, les donateurs, les fondateurs, ni aucune des parties intéressées, ce serait croire qu'il n'y a dans l'Eglise que le Pape, et que les évêques ne sont plus posés par le Saint-Esprit pour régir les Eglises.

Que les pouvoirs civils qui se sont succédé aux affaires depuis quatre-vingts ans, et qui tous ont violemment reproché à la cour de Rome ses empiétements, considèrent qu'ils les ont les premiers favorisés, et que si les Papes pénètrent dans les royaumes, c'est parce qu'on leur en ouvre les portes et qu'on les invite à y entrer.

Sans doute on ne le fait pas sans motif. C'est toujours le bien de la religion qui est mis en avant. Néanmoins, je trouve que ce pouvoir sans restriction, même provisoire, accordé au Pape, quelque bons motifs que l'on invoque, n'est pas sans danger pour un pays, et que tôt ou tard on s'en repent.

Il paraît donc incontestable que le Pape n'a ni voulu, ni pu dispenser de restituer ceux qui avaient acquis les biens nationaux.

La seule faveur qu'il pouvait leur accorder était de ne pas les inquiéter extérieurement.

Dès lors, l'article 14 qui suit immédiatement l'article 13 et qui le complète a un sens très déterminé.

D'une part, le Pape ne pouvant effacer l'obligation qui incombait à chaque acquéreur des biens ecclésiastiques de restituer à l'Eglise ce qu'il lui avait pris ;

D'autre part, le pouvoir civil voulant ramener la paix à tout prix, il fut convenu que l'Etat, *se substituant aux particuliers, restituerait à l'Eglise ses domaines et ses biens. Le mode de restitution, consenti de part d'autre, fut le traitement budgétaire.*

« Art. 14. Le gouvernement assurera un traitement convenable aux évêques et aux curés, dont les diocèses et les paroisses seront compris dans la circonscription nouvelle.

« Art. 64. *Des organiques.* Le traitement des archevêques sera de 15,000 francs.

« Art. 65. Le traitement des évêques sera de 10,000 francs.

« Art. 66. Les curés seront distribués en deux classes. — Le traitement des curés de la 1re classe sera porté à 1,500 francs ; celui des curés de la 2e classe, à 1,000 francs.

« Art. 67. Les pensions dont ils jouissent, en exécution des lois de l'Assemblée constituante, seront précomptées sur leur traitement. — Les conseils généraux des grandes communes pourront, sur leurs biens ruraux ou sur leurs octrois, leur accorder une augmentation de traitement, si les circonstances l'exigent.

« Art. 68. Les vicaires et desservants seront choisis parmi les ecclésiastiques pensionnés, en exécution des lois de l'Assemblée constituante. Le montant de ces pensions et le produit des oblations formeront leur traitement.

« Art. 69. Les évêques rédigeront les projets de règlement relatifs aux oblations que les ministres du culte sont autorisés à recevoir pour l'administration des sacrements. Les projets de règlement rédigés par les évêques ne pourront être publiés, ni autrement mis en exécution qu'après avoir été approuvés par le gouvernement.

« Art. 71. Les conseils généraux de département sont autorisés à procurer aux archevêques et évêques un logement convenable.

« Art. 72. Les presbytères et les jardins attenants, non aliénés, seront rendus aux curés et aux desservants des succursales. A défaut de ces presbytères, les conseils généraux des communes sont autorisés à leur procurer un logement et un jardin.

« Art. 73. Les fondations qui ont pour objet l'entretien des ministres du culte ne pourront consister qu'en rentes constituées sur l'Etat; elles seront acceptées par l'évêque diocésain, et ne pourront être exécutées qu'avec l'autorisation du gouvernement. »

Voici, d'ailleurs, la pensée de Bonaparte reproduite dans le Rapport du comte Siméon au Tribunat, à la séance du 7 avril 1802 :

« Chacun vit de son travail ou de ses fonctions; c'est le droit de tous les hommes : les prêtres ne sauraient en être exclus. De pieuses prodigalités avaient comblé de richesses le clergé de France, et lui avaient créé un immense patrimoine. L'Assemblée constituante l'appliqua aux besoins de l'Etat, mais *sous promesse* de salarier les fonctions ecclésiastiques. *Cette obligation trop négligée sera remplie avec justice, économie et intelligence.*

« Les pensions des ecclésiastiques établies par l'Assemblée constituante s'élèvent à environ 10 millions.

« On emploiera de préférence les ecclésiastiques pensionnés; on imputera leurs pensions à leurs traitements, et en y ajoutant 2,600,000 francs, tout le culte sera soldé. *Il n'en coûte pas au Trésor public la quinzième partie de ce que la nation a gagné à la réunion des biens du clergé.*

« L'ancien traitement des curés à portion congrue, qui étaient les plus nombreux, est amélioré.

« Distribués en deux classes, ils recevront les appointements de la première ou de la seconde, selon l'importance de leurs paroisses. Plus de cette scandaleuse différence entre le *simple congruiste* et le curé *gros décimateur*. Aucun ecclésiastique ne viendra dîner sur le champ qu'il n'a pas cultivé, et disputer au propriétaire une partie de sa récolte. Cette institution, à laquelle les députés du clergé renoncèrent dans la célèbre nuit du 4 août, ne reparaîtra plus; c'est de l'Etat seul que les ecclésiastiques, comme les autres fonctionnaires publics, recevront un honorable salaire. Quelques oblations légères et proportionnées seront seulement établies ou permises, à raison de l'administration des sacrements.

« La richesse des évêques est notablement diminuée. Ce n'est pas du faste que l'on attend d'eux, c'est l'exemple, et ils le promettent, de la modération et des vertus.

« Si les hommes pieux veulent établir des fondations et *redoter* le clergé, le gouvernement, auquel ces fondations seront soumises, en modérera l'excès. D'avance, il est pourvu à ce que les biens-fonds ne soient pas soustraits à la circulation des ventes, et ne tombent en mainmorte. Les fondations ne pourront être qu'en rentes constituées sur l'Etat. Ingénieuse conception, qui achève d'attacher les ecclésiastiques à la fortune de la République, qui les intéresse au maintien de son crédit et de sa postérité! »

C'était le résumé de ce qu'avait longuement développé Portalis dans la séance du 6 avril au Corps législatif.

« Après avoir réglé tout ce qui peut intéresser l'ordre public, on a pourvu dans les articles organiques à la subsistance de ceux qui se vouent au service de l'autel, à l'établissement et à l'entretien des édifices destinés à l'exercice de la religion.

« Il ne faut pas sans doute que la religion soit un impôt; mais il faut des temples où puissent se réunir ceux qui la professent. « Tous les peuples policés, dit un philosophe moderne, habitent « dans des maisons. De là est venue naturellement l'idée de bâtir « à Dieu une maison où ils puissent l'adorer et l'aller chercher dans « leurs craintes et leurs espérances. En effet, rien n'est plus consolant, pour les hommes, qu'un lieu où ils trouvent la Divinité « plus présente, et où, tous ensemble, ils font parler leurs faiblesses « et leurs misères (1). »

« D'autre part, une religion ne pouvant subsister sans ministres, il est juste que ces ministres soient assurés des choses nécessaires à la vie, si l'on veut qu'ils puissent exercer toutes leurs fonctions et en *remplir* les devoirs sans être distraits par le soin inquiet de leur conservation et de leur existence (2).

« En France, il y avait partout des temples consacrés au culte catholique. Ceux de ces temples qui sont aliénés le sont irrévocablement. S'il en est qui aient été consacrés à quelque usage public, il ne faut point changer la nouvelle destination qu'ils ont reçue; mais ce sera un acte de bonne administration de ne point aliéner ceux qui ne le sont point encore et de leur conserver leur destination primitive. Dans les lieux où il n'y aurait point d'édifices dispo-

(1) *Esprit des lois*, liv. XXV, chap. III.
(2) *Ibid.*, chap. IV.

nibles, les préfets, les administrateurs locaux pourront se concerter avec les évêques pour trouver un édifice convenable.

« Quant à la subsistance et à l'entretien des ministres, il y était pourvu dans la primitive Eglise par les oblations libres des chrétiens. Dans la suite, les églises furent richement dotées, et alors on ne s'occupa qu'à mettre des bornes aux biens et aux possessions du clergé. Ces grands biens ont disparu; et les ministres de la religion se trouvent de nouveau réduits à solliciter de la piété le nécessaire qui leur manque.

« Dans les premiers âges du christianisme, le désintéressement des ministres ne pouvait être soupçonné, et la ferveur des chrétiens était grande. On ne pouvait craindre que les ministres exigeassent trop, ou que les chrétiens donnassent trop peu; on pouvait s'en rapporter avec confiance aux vertus de tous. L'affaiblissement de la piété et le relâchement de la discipline donnèrent lieu à des taxations autrefois inusitées, et changèrent les rétributions volontaires en contributions forcées. De là les droits que les ecclésiastiques ont perçus sous le titre d'*honoraires* pour l'administration des sacrements. Ces droits, dit l'abbé Fleury qui ne se payent qu'après l'exercice des fonctions, ne présentent rien qui ne soit légitime, *pourvu que l'intention des ministres qui les reçoivent soit pure, et qu'ils ne les regardent pas comme un prix des sacrements ou des fonctions spirituelles, mais comme un moyen de subvenir à leurs nécessités temporelles.*

« Les ministres du culte pourront trouver une ressource dans les droits dont nous parlons, et qui ont toujours été maintenus sous le nom de *louables coutumes*. Mais la fixation de ces droits est une opération purement civile et temporelle, puisqu'elle se résout en une levée de deniers sur les citoyens. Il n'appartient donc qu'au magistrat politique de faire une telle fixation. Les évêques et les prêtres ne pourraient s'en arroger la faculté. Le gouvernement seul doit demeurer arbitre entre le ministre qui le reçoit et le particulier qui paye. Si les évêques statuaient autrefois sur ces matières par forme de règlement, c'est qu'ils y avaient été auistorés par les lois de l'Etat, et nullement par la suite et la conséquence d'un pouvoir inhérent à l'épiscopat. Cependant, comme ils peuvent éclairer sur ce point le magistrat politique, on a cru qu'ils pouvaient être invités à présenter les projets de règlements, en réservant au gouvernement la sanction et l'autorisation de ces projets.

« Les fondations particulières peuvent être une source de revenus pour les ministres du culte. Mais il est des précautions à prendre pour arrêter la vanité des fondateurs, pour prévenir les surprises qui pourraient leur être faites, et pour empêcher que les ecclésiastiques ne deviennent les héritiers de tous ceux qui n'en ont point ou qui ne veulent point en avoir. L'édit de 1749, intervenu sur les acquisitions de mainmorte, portait que toute fondation, quelque favorable qu'elle fût, ne pourrait être exécutée sans l'aveu du magistrat politique; il ne permettait d'appliquer aux fondations que des biens d'une certaine nature; il ne permettait pas que les familles fussent dépouillées de leurs immeubles, ou que l'on arrachât de la circulation des objets qui sont dans le commerce. Aujourd'hui, il était d'autant plus essentiel de se conformer aux sages vues de cette loi que cette faculté de donner des immeubles joindrait à tant d'autres inconvénients celui de devenir un prétexte de solliciter et d'obtenir, sous les apparences d'une fondation libre, la restitution souvent forcée des biens qui ont appartenu aux ecclésiastiques, et dont l'aliénation a été ordonnée par les lois.

« Cependant il a paru raisonnable de faire exception à la défense de donner des immeubles, dans les cas où la libéralité n'aurait pour objet qu'un édifice destiné à ménager un logement convenable à l'évêque ou au curé. Le logement fait partie de la subsistance et du nécessaire absolu; il a toujours été rangé par les lois dans la classe des choses qu'elles ont indéfiniment désignées sous le nom d'*aliments*. Au reste, le produit des fondations est trop éventuel pour garantir la subsistance actuelle des ministres; celui des oblations est étranger aux évêques, et il serait insuffisant pour le curé. Il faut pourtant que les uns et les autres puissent vivre avec décence et sans compromettre la dignité de leur ministère; il faut même, jusqu'à un certain point, que les ministres du culte puissent devenir des ministres de bienfaisance, et qu'ils aient quelques moyens de soulager la pauvreté et de consoler l'infortune.

« D'après la nouvelle circonscription des métropoles, des diocèses et des paroisses, on a pensé que l'on ne pouvait assigner aux archevêques ou métropolitains un revenu au-dessous de *quinze mille francs*, et aux évêques, au-dessous de *dix mille*.

« Les curés peuvent être distribués en deux classes. Le revenu des curés de la première classe sera fixé à *quinze cents francs*; celui de la seconde, à *mille francs*.

« Les pensions décrétées par l'Assemblée constituante en faveur des anciens ecclésiastiques seront payées en acquittement du traitement déterminé. Le produit des oblations et des fondations présente une autre ressource; en sorte qu'il ne s'agira jamais que de fournir le supplément nécessaire pour assurer la subsistance et l'entretien des ministres.

« Les ecclésiastiques pensionnaires de l'Etat ne doivent point avoir la liberté de refuser arbitrairement les fonctions qui pourront leur être confiées : ils seront privés de leurs pensions si des causes légitimes, telles que leur grand âge ou leurs infirmités, ne justifient leur refus.

« *En déclarant nationaux les biens du clergé catholique, on avait compris qu'il était juste d'assurer la subsistance des ministres à qui ces biens avaient été originairement donnés; on ne fera donc qu'exécuter ce principe de justice en assignant aux ministres catholiques des secours supplémentaires jusqu'à concurrence de la somme réglée pour le traitement de ces ministres.* »

Au fur et à mesure que la situation financière de l'Etat le permit, l'Etat modifia le budget en l'augmentant.

7 *ventôse an II* (26 février 1803). — Arrêté portant :

Art. 1er. Il sera donné à chaque cardinal français une somme de 45,000 francs pour subvenir aux frais de leur installation.

Art. 2. Il leur sera payé tous les ans 30,000 francs, indépendamment de tout autre traitement, pour les mettre à même de soutenir la dignité de leur état.

7 *ventôse an II* (26 février 1803). — Arrêté sur les formalités d'acquisitions, locations ou réparations des bâtiments destinés au cultes.

14 *ventôse an II* (5 mars 1803). — Arrêté qui fixe à 1,000 francs le traitement des chanoines, à 2,000 francs le traitement du premier vicaire général, et à 1,500 francs celui des autres.

18 *germinal an II* (8 avril 1803). — Arrêté relatif aux traitements des ministres du culte et autres dépenses accessoires.

« Art. 1. Les conseils généraux de département, conformément à la loi du 18 germinal an X, sont autorisés à voter une augmentation de traitement aux archevêques et évêques de leurs diocèses, si les circonstances l'exigent. — Ils détermineront, pour les vicaires généraux et chanoines, un traitement qui ne pourra être moindre que celui qu'a fixé l'arrêté du 14 *nivôse an* X. — Ils proposeront, en outre, les sommes qu'ils croiront convenable d'appliquer : 1° aux acquisitions, locations, réparations et ameublements des maisons épiscopales; 2° à l'entretien des réparations des églises cathédrales ; 3° à l'achat et entretien de tous les objets nécessaires au service du culte dans ces églises.

« Art. 2. Ces sommes seront imputées sur les centimes additionnels affectés chaque année aux dépenses variables de leurs départements.

« Art. 3. Les conseils municipaux, en exécution de l'article 67 de la loi du 18 germinal an X, délibéreront : 1° sur les augmentations de traitement à accorder sur les revenus de la commune, aux curés, vicaires et desservants ; 2° sur les frais d'achat et entretien de tous les objets nécessaires au service du culte dans les églises paroissiales et succursales.

« Art. 4. Les conseils municipaux indiqueront le mode qu'ils jugeront le plus convenable pour lever les sommes à fournir par la commune pour subvenir aux dépenses désignées en l'article précédent.

11 *fructidor an II* (29 août 1803). — Arrêté relatif au traitement des vicaires chapelains et aumôniers attachés à l'exercice du culte dans les établissements d'humanité, etc.

« Art. 1. Le traitement des vicaires, chapelains et aumôniers attachés à l'exercice du culte dans les établissements d'humanité, ensemble les frais du culte dans ces établissements, seront réglés par les préfets, sur la proposition des commissaires et l'avis des sous-préfets.

« Art. 2. Les arrêtés pris par les préfets ne seront exécutés qu'après avoir été soumis à l'arrêté du ministre de l'intérieur, qui est chargé de l'exécution du présent arrêté.

23 *prairial an XII* (12 juin 1804). — Décret portant que les fabriques des églises et des consistoires jouissent du droit de faire toutes les fournitures pour inhumations, et ce droit peut être affermé.

30 *septembre* 1807. — Décret qui augmente le nombre des succursales.

Ce simple aperçu historique indique assez l'esprit de la législation concordataire.

Au début, ce fut la nécessité qui poussa l'Etat à ravir au clergé sa fortune pour se l'approprier. Néanmoins, si la nécessité fut mauvaise conseillère, elle ne l'aveugla pas au point de lui faire oublier que le clergé conservait des droits, et qu'en dehors de toute idée de religion, il se devait à soi-même, sous peine de fouler aux pieds les notions les plus élémentaires de l'équité, de l'indemniser et d'acquitter sa dette envers lui dans la mesure du possible.

Plus tard, les passions antireligieuses entraînèrent l'Etat, sous prétexte de liberté de conscience, à laisser protester sa signature pendant huit années, de 1794 à 1802.

Quand le calme reparut, on comprit l'iniquité qui avait été commise, et l'on essaya de la réparer. Pie VII et Bonaparte firent de leur mieux. Celui-ci s'attacha à indemniser le clergé de la manière qui lui parut la plus équitable et la plus conforme à l'état de choses actuelles, et si son œuvre n'était pas parfaite, elle avait du moins l'avantage d'empêcher le retour de revendications blessantes et de mettre fin à la guerre civile. Qu'on pense ce qu'on voudra du Concordat, on ne peut lui refuser d'avoir calmé les justes susceptibilités des uns et des autres.

A quelle époque appartiennent ceux qui réclament la suppression du budget des cultes? Evidemment, pour eux, le monde ne commence qu'au *deuxième jour des sans-culottides an II.*

ARTICLE II

LES JOURNÉES DES 23 ET 25 JUIN 1881 A LA CHAMBRE DES DÉPUTÉS

Chaque année, au Sénat et à la Chambre, a lieu la discussion du budget des cultes. La discussion à la Chambre a été cette année particulièrement intéressante, parce que les orateurs qui ont réclamé la suppression du budget des cultes l'ont fait avec une franchise et une netteté de langage qui ne laissent plus de place à l'équivoque.

J'ai cru découvrir dans leurs discours sept raisons principales en faveur de la suppression du budget des cultes.

Première raison. — Une chambre républicaine qui entretient les ministres des cultes est infidèle à son *origine.* Elle est, en effet, fille de la Révolution, et à ce titre elle doit défendre *unguibus et rostro* les principes révolutionnaires. Or la lutte est aujourd'hui entre l'Eglise et la Révolution, lutte acharnée, décisive, et comme nul ne peut servir deux maîtres, il faut choisir. Ceux qui veulent le triomphe de la démocratie doivent travailler à la ruine de l'Eglise. Car, entre ces deux principes contradictoires, la conciliation est impossible.

En effet, les grands principes de la Révolution, principes lumineux et pacificateurs, sont l'indépendance des peuples, la liberté de conscience, la souveraineté de la raison et du droit inhérent à la personne humaine. Ce sont ces principes qui doivent être chers à la France moderne; ce sont les seuls auxquels soit dû, dans la mesure où elle peut le donner, le concours de ses efforts et de ses sacrifices, les seuls où il nous soit possible de voir le secret de sa grandeur morale. Or qu'enseigne l'Eglise sur ces questions, non l'Eglise d'autrefois, mais l'Eglise contemporaine, celle qu'on espère convertir, rendre patriote, nationale? Ce qu'elle a toujours enseigné: qu'elle seule possède la vérité, et que, par conséquent, elle seule a droit au respect, à la protection, à la sauvegarde des lois. Si en pratique elle fait des concessions, en théorie elle demeure absolue. Elle n'a qu'une maxime : Hors de l'Eglise point de salut, non seulement dans l'éternité, mais dans le présent. Elle seule a le secret de la vertu, du progrès, de la civilisation. Tout ce qui n'est pas elle est sans vie, sans force, sans vertu. Si en dehors d'elle on trouve quelques traces de bien, de beau, de vrai, c'est encore à elle qu'on le doit; c'est grâce à son rayonnement que le monde doit de ne pas être enseveli dans les ténèbres. Elle ne croit pas à la vertu humaine. Elle ne croit qu'à la vertu surnaturelle, et elle attribue toujours au culte une divine influence. Quant aux principes de la liberté de conscience, de l'indépendance des peuples, de la souveraineté de la raison humaine, des droits inhérents à l'individu, elle les regarde comme des principes pervers, immoraux, qu'il faut détruire, tout en observant vis-à-vis des personnes les égards que l'intérêt du moment commande. En réalité, le mouvement de 1789 n'a pas modifié un *iota* de sa doctrine. Elle est restée exclusive, convaincue qu'elle seule a la mission de régner sur les peuples et sur les individus.

D'ailleurs, ses représentants les plus autorisés ne se font aucune illusion et disent publiquement que la situation est si tendue qu'aucune conciliation de principes n'est possible, et que si la Révolution vient à triompher, l'Eglise pourrait bien succomber. Or la France est attachée aux principes de la Révolution. Ses mandataires, par conséquent, doivent s'inspirer de ses pensées, de ses espérances, et ne peut-on pas affirmer que toutes les fois qu'ils s'écartent du respect de la Révolution française, ils sont, qu'ils le veuillent ou non, à leur insu ou non, traîtres à cette même Révolution?

Deuxième raison. — Une chambre républicaine qui entretient les ministres des cultes, est en outre infidèle à son *mandat*. On dit, en effet, que le catholicisme doit être entretenu, qu'il mérite d'être conservé, d'être choyé, parce qu'il est la religion de la majorité des Français. Or c'est une grossière erreur, et cela pour deux raisons.

De quoi se compose en effet la majorité des Français? de gens qui partagent les doctrines philosophiques de la Révolution française. Sans doute, il y a encore en France des gens qui veulent une religion, qui croient en Dieu, en la vie future, qui ne réclament ni la fermeture des églises, ni le renvoi des prêtres, mais à une condition, c'est que la religion ne fera plus partie du rouage gouvernemental, et que le clergé ne sera plus un corps de l'Etat. L'immixtion du clergé dans les affaires publiques est un non-sens si l'on fait attention à l'ensemble des élections. Elles sont pour la plupart anticléricales dans les circonscriptions mêmes où la religion est en honneur. Ces votes sont une conséquence des principes de la Révolution. Sans doute, l'Etat ne doit pas être athée, comme le prétendait Odilon-Barrot, mais il doit être indifférent. Il est laïque. Or comprend-on un état laïque subventionnant les ministres des cultes? Comprend-on un parlement dont la majorité, qui vit de ces idées, vote le budget des cultes? Encore une fois ce budget des cultes est un non-sens politique. La majorité des électeurs, à en juger par ses votes, est antibudgétaire, comme elle est anticléricale.

Et d'ailleurs est-il vrai que la majorité des Français soit catholique?

Cette majorité n'est-elle pas le résultat d'une supercherie? Est-il catholique celui qui n'observe pas les lois de l'Eglise? Or la majorité de ceux qui s'intitulent catholiques pratique-t-elle au sens strict du mot? Le mariage et les enterrements religieux ne signifient rien. C'est la plupart du temps affaire d'habitude, de société, de convenance. Ce qui doit entrer en ligne de compte, ce sont les pratiques sérieuses, l'accomplissement du devoir pascal, l'assistance à la messe, l'observance du jeûne et de l'abstinence. Or la majorité des Français est-elle fidèle à ces pratiques? Assurément non. Eh bien, ne dites pas qu'elle est catholique, ou alors vous nous laisseriez soupçonner que vous admettez autant d'espèces de catholicisme que d'individus, et que votre religion n'est qu'une duperie. Encore une fois, nous ne tenons pas pour catholiques ceux qui se bornent à fréquenter l'église par respect de certaines prétendues convenances, et nous estimons qu'une chambre fidèle à l'opinion de la Révolution française contre le catholicisme et l'Eglise catholique doit, au moins, ne pas demander pour les cultes un budget si minime qu'il soit. Car, encore bien que nous soyons des libres-penseurs, de vils parpaillots, nous avons une conscience. Or cette conscience ne nous permet pas de voter des fonds quelconques pour l'entretien d'aucune espèce d'église, qu'elle soit catholique ou protestante, italienne ou gallicane. Nous avons, nous aussi, notre *non possumus*, et quand vous venez nous demander ces choses, nous ne pouvons vous répondre que par notre *non possumus :* c'est moralement impossible.

Troisième raison. — Mais, direz-vous, les minorités n'ont-elles pas droit à la protection de l'Etat? S'il est vrai que le culte catholique n'est pas le culte de la majorité des Français, on ne peut nier au moins qu'il est le culte d'une minorité encore imposante, et qu'à ce titre l'Etat lui doit aide et protection, car si l'Etat ferme ses caisses au clergé, que deviendront les desservants pauvres qui sont la majorité du clergé? Qui les fera vivre ? Qui les entretiendra ?

Eh, mon Dieu ! Ceux qui veulent de leur ministère. C'est là précisément ce que nous réclamons énergiquement, que désormais chaque culte entretienne ses ministres, et que l'Etat soit dégagé de cet impôt.

« Je sais bien que le cœur vous fault dans la poitrine à la pensée que cela peut atteindre quelques vieux curés, quelques desservants pauvres, etc. Mais, gens de peu de foi, n'avez-vous donc jamais lu le *Figaro ?* Si vous lisez le *Figaro*, vous devez vous souvenir qu'il y a quelques années, lorsque le conseil municipal de Paris, conseil d'incrédules, il est vrai, refusa certains crédits pour les établissements religieux de la capitale, le *Figaro* se hâta d'ouvrir une souscription dont le succès dépassa toutes les espérances.

« Eh bien, cela doit vous rassurer ! Je suppose que nous arrivions un jour à refuser le budget des cultes, le *Figaro* ouvrira une souscription, et les belles dames et les messieurs qui font des annonces libidineuses dans ses colonnes, s'associeront pour souscrire. L'*Univers*, la *Défense*, l'*Union*, le *Gaulois* et une foule de journaux plus religieux les uns que les autres s'associeront au *Figaro*, et bientôt on verra tomber dans l'escarcelle le gros sou du pauvre avec le louis d'or du riche, et ainsi vous verrez se recomposer le budget que vous nous demandez de voter, et que nous sommes obligés de vous refuser (1). »

Nous ne faisons, en effet, aucune difficulté d'avouer que, si dans les grands centres, le clergé trouvera des ressources ; dans la plupart des campagnes il mourra de faim, mais cette extrémité sera conjurée si les grands journaux ouvrent des souscriptions et forment ainsi une caisse centrale, où chaque évêque viendra puiser pour les besoins de son diocèse. Puisque ces souscriptions ont réussi jusqu'à ce jour, il n'y a pas à craindre que le clergé se trouve dans l'embarras.

(1) Talandier, *Journal officiel*, 24 juin 1881, p. 135, 3e col.

Mais, disent les partisans du budget des cultes, vous n'avez pas le droit de supprimer ce budget tant que le Concordat ne sera pas rapporté. Le Concordat est la base des opérations communes de l'Eglise et de l'Etat. C'est un contrat synallagmatique qui ne peut être déchiré que du consentement des deux parties. Or, tant que le Pape ne consentira pas à la rupture, vous êtes lié par la foi des traités.

Cette objection est grave, mais elle n'embarrasse pas les intransigeants qui la réfutent d'ailleurs d'une manière assez spécieuse.

Le Concordat, disent-ils, vous paraît respectable, parce qu'il est à vos yeux un instrument de paix. Or rien n'est plus faux ; nous déclarons au contraire que ni dans son origine, ni dans ses conséquences, cette loi n'a le caractère que vous lui prêtez. Nous le considérons, au contraire, comme une loi néfaste, néfaste en elle-même, néfaste dans ses conséquences, comme une loi qui est la source et l'origine de la plupart des difficultés et des embarras que nous trouvons aujourd'hui sur notre route.

Quatrième raison.—Où le Concordat, en effet, prend-il naissance? Dans la volonté de Bonaparte.

C'est donc avant tout une institution monarchique.

Si Bonaparte attache l'Eglise à son char, c'est pour s'en faire un instrument de pouvoir. S'il lui promet de l'argent, c'est pour la mieux plier à ses exigences. Il est bien vrai que Bonaparte a pris des engagements avec l'Eglise, mais ç'a été pour en faire sa complice. Il est bien vrai qu'il a repoussé le conseil de ceux qui l'engageaient à se créer Pape en même temps que César ; on a prétendu que c'était par piété, et l'on nous demande de respecter ce grand acte de religion. Mais c'est puéril. Bonaparte voulait ressusciter la monarchie à son profit. Or une monarchie sans noblesse et sans clergé ne se comprend pas. Voilà pourquoi il a signé le Concordat. Il promettait à l'Eglise de la protéger, mais c'était à la condition que l'Eglise serait sa très humble servante et son plus fidèle soutien (1).

(1) Cette pensée de Bonaparte se trouve reproduite dans toutes les protestations des évêques émigrés. Le lecteur lira avec intérêt celle de Mgr Jean-François de la Marche, évêque de Saint-Pol de Léon : « Il n'y a pas un seul article du Concordat qui ne porte la douleur dans l'âme de tout homme sincèrement attaché à l'Église en général, et à celle de France en particulier. Il n'y a pas, en effet, un seul de ces articles qui n'ait été insidieusement combiné pour détruire la religion sous prétexte de la rétablir.

« Dès que le gouvernement français est parvenu à faire adopter la voie d'une négociation politique pour traiter des plus grands intérêts de l'Église, il n'a plus douté du succès de son entreprise. Il a senti toute la force de ses moyens, et tout l'avantage que lui donnait la forme diplomatique. Aux

L'Eglise promit tout ce qu'il voulut. Elle accepta le rôle secondaire qu'il lui imposait, parce qu'elle espérait escompter sa protection, et s'emparer encore une fois de la France, remettre la main sur elle, et la conduire à sa guise comme par le passé. Le Concordat n'est pas autre chose que l'alliance de la monarchie et du cléricalisme. C'est la négation de la Révolution française.

Et l'histoire n'est-elle pas là pour nous prouver comment l'Eglise a exécuté ses desseins ?

A partir du jour où le Concordat a été signé qu'a-t-elle fait? Forte de cette protection que l'Etat lui avait accordée, elle s'en est servie pour se glisser dans les conseils du pouvoir, pour remettre la main sur la législation et sur l'instruction publique, pour former toute une génération d'hommes dévoués à ses idées, pour s'emparer de toutes nos administrations publiques, et pour reprendre dans l'ombre, dans le mystère, sans que le peuple vît le danger, sans que le gouvernement l'aperçût, pour reprendre une à une toutes les conquêtes de la Révolution française.

Et quand la France, éclairée par le malheur, a voulu, il y a dix ans, rentrer en possession d'elle-même, quand elle a voulu substituer la forme républicaine à la forme monarchique, faire de profondes réformes dans son organisation politique et sociale, qu'a-t-elle trouvé sur son chemin? L'Eglise, qui avait rallié autour de sa bannière les anciens partis et qui les encourageait de ses conseils et de ses prières, qui les aurait menés à l'assaut, si elle n'avait pas craint de trop se compromettre, l'Eglise, qui, lorsque nous voulons l'atteindre pour l'empêcher de nous nuire, se dérobe majestueusement derrière cet instrument fatal, forgé contre la France par Bonaparte, et qui s'appelle le Concordat. Et, aujourd'hui que nous sommes maîtres de nous-mêmes, aujourd'hui que nous voulons enfin faire du gouvernement de la République un gouvernement ré-

moyens de terreur, il a su mêler adroitement ceux de séduction. Il était nécessaire de se rendre favorable la cour de Rome, et quel moyen plus sûr que de lui présenter le moyen d'exercer un pouvoir sans bornes sur une Église qui, appuyée sur les anciens canons, avait toujours opposé des obstacles insurmontables aux attaques faites à ses libertés ?

« *C'est donc par tous les genres d'artifices, en écartant le soupçon des uns, et déguisant ses desseins sous les apparences du bien*, que le gouvernement est parvenu à faire adopter au Pape une convention en vertu de laquelle il s'établit en France une Église nouvelle, sur les ruines de l'ancienne; nouvelle Église qui, par le régime qu'elle reçoit de la puissance temporelle, et par la dépendance de ses ministres dans l'exercice de leurs fonctions purement spirituelles, devient, sous des rapports essentiels, différente de l'Église de J.-C. - (*Dissertation sur l'article XIII du Concordat.* Londres, 1806.)

publicain, qui trouvons-nous devant nous? Encore l'Eglise, et l'Eglise toujours armée du Concordat.

Voulons-nous appliquer le principe républicain de l'indifférence de l'Etat en matière religieuse, ou plutôt voulons-nous que l'Etat cesse enfin d'intervenir en matière de dogme? Voulons-nous créer l'école véritablement neutre et laïque? Nous trouvons encore l'Eglise qui, armée du Concordat, soit ici, soit au Sénat, vient nous demander d'enlever un jour de la semaine au travail, pour le donner à l'instruction religieuse; au Sénat, vient nous demander une partie des enfants qu'elle enlève à l'instruction de l'Etat et à ses écoles!

Si nous voulons appliquer ce grand principe républicain de l'égalité de tous les citoyens devant la loi; si nous voulons que sans distinction de classes, à quelque rang de la société qu'ils appartiennent, tous les Français aillent servir la patrie sous les drapeaux, nous trouvons l'Eglise qui, au nom du Concordat, nous demande de faire une exception en faveur des séminaristes et des prêtres, et nous sommes obligés de lui accorder cette exception.

Et maintenant, si nous recherchons dans le budget des ressources pour alléger les charges fiscales qui pèsent si lourdement sur les populations des villes et des campagnes, si nous recherchons des ressources pour la création d'institutions utiles, pour la création de caisses de retraite pour les ouvriers, qui en travaillant pour leur industrie ont travaillé pour la prospérité nationale, si dans ce but nous voulons aliéner une partie inutile de la fortune de l'Etat, nous retrouvons encore l'Eglise, qui armée d'ordonnances royales, de décrets, de lois ayant leur source dans le Concordat, vient nous signifier que nous ne pouvons pas toucher aux 67 millions d'immeubles qu'elle occupe.

Si maintenant, nous retournant d'un autre côté, nous cherchons des ressources budgétaires, nous retrouvons encore l'Eglise, qui vient exiger les 51 millions qu'en vertu du Concordat l'Etat doit donner pour l'entretien du clergé.

Et l'on veut que nous, les fils de la Révolution, nous respections un pareil instrument, véritable machine infernale, qui éclate à chaque instant sous nos pas et nous réduit à l'impuissance? Et l'on nous fait un crime de le dénoncer comme antifrançais, comme antirépublicain? Mais n'est-ce pas le cas ou jamais de s'écrier: Eh quoi! l'ennemi est à nos portes et nous délibérons! Cet ennemi, tout le monde le connaît, nous le voyons à l'œuvre tous les jours et, non content de le tolérer, nous l'entretenons, nous lui jetons des armes, des vivres, nous l'installons chez nous. Mais c'est la plus perfide, la plus odieuse des trahisons ! Croit-on que si l'on consultait aujourd'hui la nation, elle signerait un pareil contrat ? Je sais bien qu'en 1801, elle n'a guère été consultée !

Il s'est créé, en effet, une légende autour du Concordat.

On a feint de croire que le Concordat avait donné la paix religieuse à notre pays, qu'au sortir de la tourmente révolutionnaire il avait été une œuvre de conciliation. C'est une erreur.

Le pays, en effet, venait, avec la Révolution, de reconquérir la liberté religieuse, il venait de rentrer en possession de la liberté de conscience. La lutte avait été longue, sanglante, mais elle était terminée, et le pays allait jouir de cette liberté qu'il avait mis dix ans à conquérir, quand Bonaparte eut la malencontreuse idée de la recommencer en signant le Concordat, et ce qui prouve bien que ce contrat est son œuvre personnelle, non celle de la nation, c'est que quand il voulut la réaliser, il se heurta à l'hostilité de son entourage et à l'indifférence du pays tout entier. Est-ce qu'en 1801 la France était le moins du monde agitée par les passions religieuses ? Est-ce que les grands orages de la Révolution n'étaient pas apaisés ? Est-ce que la Vendée n'était pas pacifiée ? Est-ce que la querelle entre les prêtres assermentés et les prêtres inassermentés n'était pas éteinte ? Est-ce que ceux-ci ne tenaient pas de la bienveillance, et l'on peut dire de la sagesse du gouvernement d'alors, l'autorisation de substituer au serment prêté à la Constitution une simple promesse d'obéir aux lois ? Est-ce que cette simple promesse le gouvernement ne s'en contentait pas, pour les laisser remplir en paix leur ministère ?

La France ne demandait qu'une chose, c'était de vivre à l'ombre des conquêtes qu'elle venait de remporter, c'était que chacun fût libre de croire ce qu'il voulait, sans autre préoccupation que de se conformer aux lois. Mais le retour au culte catholique personne ne le réclamait, si ce n'est l'homme qui, parvenu au comble de la puissance et de la gloire, rêvait de ressusciter à son profit l'ancienne monarchie, et pour y arriver plus sûrement tentait de ressusciter le culte catholique.

Car, que personne ne s'y trompe, cette tentative ne se fit pas sans résistance. Dans les corps constitués, dans l'armée, jusque dans sa famille, Bonaparte trouva des résistances terribles.

Qui de nous n'a présent à l'esprit les luttes que le premier consul dut engager avec le Tribunat, avec le Corps législatif, avec les hommes de son entourage même les plus modérés, comme par exemple Rœderer, avec ceux qui étaient les plus attachés aux institutions anciennes, pour renouer avec l'Eglise catholique des traditions que la France répudiait? A-t-on oublié cette séance si curieuse, si extraordinaire, où Bonaparte expose pour la première fois ses visées au Conseil d'Etat, et où, pour la première fois peut-être de sa vie, il ne reçoit de ce corps ni un bravo, ni même une marque d'approbation? Et cette démarche que fit Augereau auprès du général Bonaparte, au nom de ses anciens compagnons d'armes des armées du Rhin et d'Italie, non pour le prier, mais pour le sommer de renoncer à ses projets, n'est-elle pas significative? Et cette parole du général Delmas disant au premier consul, à propos de la cérémonie qui devait avoir lieu quelques jours plus tard à Notre-Dame : « Oui, il manquera à cette cérémonie quelque chose, il y manquera le million d'hommes qui s'est fait tuer pour que la France ne revoie pas un pareil spectacle », ne retentit-elle pas à nos oreilles comme un reproche et un avertissement?

Mais non, le grand jour s'est levé, tout Paris est à Notre-Dame pour assister au *Te Deum* que le premier consul a ordonné en l'honneur de son triomphe sur l'Eglise. Suivons la foule, franchissons avec elles les portiques, traversons les nefs, arrivons jusqu'au chœur. Quel spectacle s'offre à nos regards? Des généraux sont là, riant ouvertement, et interrompant par leurs ironies le service divin. Des femmes, qui font partie de la cour du premier consul, sont venues à cette fête religieuse parées comme pour un bal, les bras nus, décolletées, chuchotant derrière leurs éventails. Les corps constitués affectent une attitude irritée, mécontente; ils sont là, taciturnes, humiliés, honteux du rôle qu'on leur fait jouer. Il faut que Bonaparte, seul devant le maître-autel, se retourne à plusieurs reprises pour contenir du regard et du geste tout le monde officiel qui s'indigne de la comédie à laquelle on l'a convié, et qui n'ose éclater, dominé qu'il est par l'autorité morale du despote qu'il s'est choisi.

Quant à la foule, qui au dehors, sur la place, contemple ces mystères, plutôt comme une représentation théâtrale que comme une cérémonie religieuse, elle témoigne à la vue de ces prêtres en surplis et coiffés de la mitre qui lui apparaissent, après les grandes scènes de la Révolution et de la Convention, comme des revenants, elle témoigne non son enthousiasme, mais son inquiétude et son anxiété profondes. Elle sent que c'est la France du passé qui ressuscite, et que la lutte va recommencer.

Il n'y eut donc d'enthousiasme ni en France ni même à Rome. De ce côté, nous savons combien de fois ce traité faillit se rompre, tant les exigences du premier consul étaient despotiques. Et ce furent ces tiraillements eux-mêmes qui inquiétèrent les hommes politiques de cette époque. Cette soumission apparente de Rome les faisait trembler. Il fallait que Rome fût bien sûre de regagner le terrain perdu pour se courber si docilement sous les fourches caudines de son étrange protecteur! Ne lui avait-il pas imposé, chose unique dans l'histoire de l'Eglise! la démission de tous les évêques, la reconstitution des diocèses et, dans les nouveaux choix, l'acceptation de douze évêques pris parmi les prêtres constitutionnels? et vingt autres choses contradictoires avec sa législation canonique?

Prenez le Concordat dans son origine, prenez-le dans ses conséquences, et dites-moi si cet instrument n'est pas la cause des conflits qui chaque jour surgissent parmi nous, et accentuent nos divisions. On aurait laissé les choses suivre leur cours régulier, la religion catholique aurait repris sa place comme elle le faisait, et aujourd'hui nous n'aurions pas l'air, pour revenir au droit commun, de la persécuter.

Cinquième raison. — Je sais bien qu'on prétend que grâce à ce Concordat l'Eglise a les mains liées par l'Etat, et qu'il serait par conséquent impolitique de le dénoncer en ce moment. Si imparfait qu'il soit, il vaut mieux que rien. Il empêche au moins l'émancipation de l'Eglise, et protége le pays contre des coups d'Etat possibles.

C'est encore là une erreur. La seule personne qui soit liée en réalité par le Concordat, c'est l'Etat; car c'est la seule qui tienne ses engagements. Quant à l'Eglise, elle ne se croit liée envers l'Etat que par les lois qui lui conviennent et qui sont conformes à sa doctrine; aussi fait-elle bon marché de ses engagements.

Et que signifient les réclamations de Pie VII contre la loi de germinal an X? Plusieurs fois, et solennellement le 24 mai 1802, le 18 août 1803, en 1809, en 1817, à Savone et à Fontainebleau, n'a-t-il pas protesté contre ce qu'il appelait la *Constitution organique;* n'a-t-il pas exigé le changement ou la modification de ses articles, comme ayant été rédigés sans sa participation, et comme étant opposés à la discipline de l'Eglise? Est-ce que l'Eglise se croit liée envers l'Etat? Est-ce qu'on enseigne dans les séminaires la doctrine de 1682? Est-ce que les évêques se préoccupent de l'autorisation du Conseil d'Etat pour publier les lettres du Pape? Est-ce qu'ils demandent aux préfets l'autorisation de quitter leurs diocèses? Est-ce qu'ils se font scrupule d'attaquer le gouvernement de la République, d'injurier les ministres, de faire cause commune avec les ennemis de la France? Et cependant la nécessité de ces garanties est évidente. Ce n'est pas seulement Napoléon Ier, c'est Louis XIV, c'est François Ier, c'est Charles VII, c'est saint Louis qui avaient cru devoir prendre des garanties contre les empiétements de l'Eglise de Rome. Tous les gouvernements l'ont fait. Bonaparte était donc dans la tradition française en complétant le Concordat par la loi organique. Et qui mieux que l'Etat savait de quelles garanties il devait s'entourer? L'Eglise se plaint qu'on ne l'ait pas consultée. Mais avait-on à la consulter?

Ceci nous prouve que l'Eglise veut bien qu'on la protège, mais à la condition qu'on lui laisse ses coudées franches. Elle accepte tout, mais ne rend rien.

Or n'est-il pas de droit naturel qu'un contrat est résilié par le fait même qu'une des parties contractantes est infidèle à sa parole?

Sixième raison. — Chose plus grave et à laquelle on n'a pas assez fait attention : ce Concordat a été passé avec une personne qui n'existe plus moralement, et qui, par conséquent, ne peut nous offrir aucune espèce de garantie.

La papauté, en effet, depuis 1870, n'est plus ce qu'elle était en 1801. Le concile du Vatican lui a créé une situation exceptionnelle, qui la fait indépendante, et doit encore la rendre plus redoutable. Cette autorité infaillible dont on arme le Pape en fait un autocrate, que nous avons le droit de trouver très dangereux. En tous cas, l'institution a été si profondément bouleversée par ce dogme nouveau que nous avons le droit de demander de nouvelles garanties.

Septième raison. — Eh bien, puisqu'il faut subir le Concordat, tenons-nous-en au Concordat, et ne votons que les dépenses indiquées par ce traité.

S'il est vrai, en effet, que *le budget des cultes*, comme l'a dit M. Deluns-Moutand, *est le prix de la soumission de l'Eglise*, si c'est dans un intérêt gouvernemental, avec la volonté ouvertement et franchement affirmée de maintenir l'autorité de l'Etat sur l'Eglise qu'on repousse l'abrogation du Concordat et qu'on maintient le budget des cultes, ne semble-t-il pas que toutes les fois qu'à ce budget, tel qu'il ressort des dispositions premières du Concordat, on ajoute une obligation nouvelle, on a le droit de demander qu'on nous montre en même temps l'acte nouveau de soumission de l'Eglise, à laquelle l'Etat paye plus qu'il ne doit?

Or plus nous allons, plus les actes de soumission de l'Eglise deviennent rares.

Le Concordat ne dote pas les chapitres; nous les dotons. MM. les chanoines sont-ils les amis du gouvernement républicain? Les *Semaines religieuses*, dont ils sont en général les rédacteurs, sont-elles tendres pour nos institutions?...

Le Concordat ne dote pas les séminaires; nous les dotons. Comment sont élevés les séminaristes? Leur apprend-on à aimer leur pays et le régime que la France s'est librement donné?

Le Concordat fixe le traitement d'un certain nombre d'ecclésiastiques. Nous les avons augmentés, et nous avons doté des catégories de prêtres dont le Concordat n'avait pas fait mention.

Ces prélats et ces prêtres nous sont-ils reconnaissants de nos générosités?

ARTICLE III

LA VÉRITÉ SUR LA SUPPRESSION DU BUDGET DES CULTES

Je crois avoir loyalement exposé les raisons en faveur de la suppression du budget des cultes. Ces objections sont spécieuses. Il s'en faut qu'elles soient insolubles.

Pour l'intelligence de la réponse, je les résume en quelques lignes.

Le gouvernement de la République doit supprimer le budget des cultes :

1° Parce que le catholicisme est l'ennemi de la Révolution et des principes républicains, ainsi l'ont compris nos pères lorsqu'ils ont publié les décrets du *deuxième jour des sans-culottides an II et suivants;*

2° Parce que le catholicisme n'est plus la religion de la majorité des Français. La majorité est républicaine, c'est-à-dire antireligieuse, et de plus, le nombre des pratiquants sincères est tellement restreint que les catholiques sont en minorité;

3° Parce qu'il n'y a pas à craindre que le clergé meure de faim. La presse catholique saura lui créer des ressources à l'aide de souscriptions;

4° Parce que le Concordat, base unique du budget des cultes, est un traité :

1° Que le gouvernement de la République doit dénoncer comme antifrançais. Il est d'origine monarchique et ne sert qu'à entretenir des traditions que les principes républicains réprouvent;

2° Que l'Église viole sans cesse, et que le gouvernement est impuissant à faire respecter;

3° Dont le signataire depuis le concile du Vatican a disparu.

Dans ma réponse, que je divise en deux paragraphes, je m'efforcerai : 1° de dissiper les équivoques de mots; — 2° de réfuter les erreurs historiques qui servent d'échafaudage à l'édifice construit par nos adversaires.

§ 1. — *Les équivoques de mots.*

Il est inouï comme les équivoques de mots éternisent les discussions. A combien de personnes arrive-t-il, en effet, lorsqu'elles lisent un ouvrage, de se préoccuper beaucoup moins de savoir ce que veut dire l'auteur, que de lui faire dire ce qu'elles veulent? Aujourd'hui on ne pense plus par soi-même. On s'inféode à un parti, et l'on accepte comme parole d'Evangile ce que les têtes du parti enseignent. On ne cherche pas, si elles ont ou non raison. On les croit sur parole. Ainsi, à combien d'injures, par exemple, de la part du *parti catholique*, n'a pas donné naissance cette épithète de *libéral*, que plusieurs d'entre nous ont acceptée, comme mot de ralliement? Les adversaires de nos idées y ont découvert la source de toutes les hérésies, de toutes les apostasies, et fût-il Léon XIII. celui qui se dit libéral est voué à toutes les infamies. Le mot *clérical* a subi le même sort. Qu'est-ce qu'un clérical? Personne ne le sait au juste. Qu'est-ce un ultramontain? un gallican? un républicain? Autant de mots que personne n'entend de la même manière, et dont le sens est loin d'être fixé. La faiblesse des études philosophiques, l'activité dévorante qui fait qu'on veut se produire avant d'être mûr, les publications hâtives, l'outrecuidance qui fait qu'on se croit apte à parler de tout sans préparation, sont autant de causes de faiblesse dans les discussions. On ne cherche pas à pénétrer l'idée que cachent les mots, on s'arrête à la surface. Et plus on juge vite, plus on s'entête. En outre, la rage de grossir le parti auquel on appartient, de gagner des recrues, de se dire *Légion*, fait qu'on traite avec le dernier mépris ceux qui semblent hésitants. Souvent il ne s'agit que de nuances. L'abus des principes est comme l'abus des liqueurs fortes. Or il y a des gens qui en voient partout, qui se grisent de principes, comme d'autres de *gin* ou d'*absinthe*. On ne se figure pas comme cette discipline des partis est féroce. Il faut être tout d'une pièce à sa place, emboîter le pas derrière les chefs, sous peine d'être chassé des rangs, et ne rien dire, ne rien penser en dehors du programme, et si malheureusement, tout en restant ferme sur les vrais principes, on se permet, sur des questions de détails, des remarques que l'on croit justes, c'est un *tolle* de malédictions sous lequel il faut se courber, sous peine d'être brisé. On ne se figure pas comme dans tous les camps la consigne est de se taire.

Qu'un républicain se dise chrétien, c'est un clérical, c'est un faux frère. Qu'un prêtre, qu'un laïque propose certaines réformes dans l'Eglise, qu'il indique des remèdes aux maux de notre époque, qu'il se refuse à maudire la société à laquelle il appartient : c'est un radical! c'est un renégat! Et si par malheur il expose ses idées avec chaleur et si, dans le feu de son exposition il lui échappe un mot vif, une expression triviale, on déversera sur lui les plus grossières injures. Quel langage! Quelle honte! etc..... Que dis-je? Plus on trouvera qu'il a raison, plus on sera impitoyable. Qu'avait-il besoin de faire ces aveux, de découvrir nos misères? Croupissons! mais que personne ne s'en aperçoive.

Dans la discussion qui nous occupe, l'équivoque roule particulièrement sur deux expressions :

1° L'alliance entre la Révolution et le Catholicisme est impossible;

2° On n'est catholique que quand on est pratiquant parfait.

Qu'entend-on par la Révolution? Qu'entend-on par le Catholicisme?

La Révolution est ce nouvel ordre de choses qui a pris naissance en 1789. Cet ordre de choses réclame l'égalité des citoyens devant la loi, l'abolition des privilèges, la liberté de conscience, celle de parler, d'écrire, de se réunir et l'indépendance absolue du pouvoir civil.

Le Catholicisme, c'est la religion de Celui qui a dit ou inspiré ces paroles : « Je ne vous appellerai plus des esclaves, mais mes amis »; « Il n'y a plus ni Grec, ni Barbare, il n'y a que des âmes toutes rachetées avec le même sang. » « Si l'on vous reçoit mal dans une ville, secouez la poussière de vos sandales pour ne rien emporter de cette ville, et allez dans une autre. » « Ne vous imposez pas par la violence : Celui qui se servira de l'épée périra par l'épée. » « Obéissez à vos maîtres, à vos chefs, aux puissances établies. » « Rendez à César ce qui est à César. » « Soyez charitables, vendez ce que vous avez, donnez-le aux pauvres, etc. (1) »

Les principes du catholicisme ne sont donc nullement antipathiques aux principes de 1789, et l'alliance entre ce que l'on appelle l'idée révolutionnaire et l'idée chrétienne est faite depuis longtemps. Ce qui rompt cette alliance, c'est que la Révolution comme le Catholicisme sont depuis longtemps confisqués par deux partis

(1) *Evang. Acta Apost. Epist. passim.*

adverses, qui voulant expliquer, chacun à sa manière, ce qu'ils entendent, l'un par les principes de la Révolution, l'autre par les principes du Christ, entretiennent la division.

« Dans son essence, la Révolution n'est pas satanique, comme l'a affirmé Joseph de Maistre, elle est la réalisation sociale et politique de l'idée évangélique. Dans son enseignement l'Eglise n'est pas l'ennemie de la justice et de la démocratie, comme l'a soutenu Proudhon ; elle est une belle école de justice, et c'est elle qui nous a enseigné par la pratique l'égalité humaine d'où découle la démocratie. Ceux qui ont brouillé ces deux forces n'y ont réussi qu'en demandant le mot de la Révolution ou la loi de l'Eglise à des exagérations individuelles ou à des accidents criminels. Je ne saurais préciser à qui incombe la plus lourde part de responsabilité dans ce lamentable malentendu. Les défenseurs de la Révolution ont parfois été bien superficiels, ils ont tranché avec la désinvolture et la précipitation du parti pris des problèmes délicats mêlés à la tradition, aux intérêts les plus graves, et dont la solution équitable eût exigé une longue étude, beaucoup de mesure et d'ouverture d'esprit. Certains meneurs du parti catholique n'ont pas été moins répréhensibles ; souvent ils ont poussé les doctrines théologiques jusqu'aux conséquences les plus extravagantes, comme s'ils prenaient plaisir à effaroucher la raison humaine et à la jeter hors d'elle-même. Un jour, un monseigneur, croyant être agréable à Pie IX, se déchaînait devant lui contre les idées de 89. « Il y a du « bon, riposta le Pape ; l'égalité de tous devant la loi par exemple. » Pour les catholiques à outrance, tout est mauvais dans ce mouvement auquel la France reste passionnément attachée (1). »

Que ceux qui se donnent comme les fils de la Révolution, que nos républicains soient sincères. Le triomphe des vrais principes de 89 est-il leur seule ambition ? et dans leurs revendications la haine du sectaire ne les pousse-t-elle pas plus loin qu'ils ne le voudraient eux-mêmes ? S'ils mettent tant d'habileté, tant d'acharnement à publier les fautes de l'Eglise, est-ce pour que l'Église se réforme, n'est-ce pas plutôt pour qu'elle succombe ? L'alliance de la Révolution et du Catholicisme n'est-elle pas leur cauchemar ? et ne peut-on pas affirmer qu'ils seraient au désespoir si elle se consommait ? Sur quoi portent, en effet, les critiques qu'ils élèvent contre l'Eglise pour laisser croire que cette alliance est impossible ? Sur quelques faits qu'ils généralisent, sur quelques

(1) *L'Eglise et l'Etat au concile du Vatican*, Emile Ollivier, préface.

paroles imprudentes qu'ils déclarent être la doctrine catholique. Le peuple, qui est ignorant et très superficiel, se laisse prendre et s'indigne contre l'Eglise. Il a soif de liberté, d'égalité, de fraternité. On comprend qu'il s'acharne contre une institution qui lui est signalée comme ennemie de ce qu'il aime passionnément, et qu'il réclame impérieurement sa suppression. Si le peuple était plus réfléchi, il comprendrait qu'on l'égare. Mais non, ce dont il garde le souvenir, ce sont les récits très fantaisistes de la rébellion de quelques ecclésiastiques contre des mesures quelquefois odieuses, les turpitudes qu'on nous prête dans d'immondes romans, et surtout les conclusions qu'on en tire. Les francs-maçons ont juré de détruire l'idée religieuse. Or, la France est aujourd'hui gouvernée par la franc-maçonnerie. Les principes disent ce qu'on leur fait dire. Les républicains actuels font dire aux principes de 89 ce que les conventionnels, les jacobins, les sans-culottes leur ont fait dire. Leur rêve n'est pas d'assurer le triomphe de la République, c'est d'enterrer l'idée religieuse.

Ils peuvent prouver que des prêtres, des laïques pris séparément ne sont pas républicains, que ces individus, les uns par calcul, les autres par conviction, regrettent un passé qui assurait à l'Eglise une meilleure place dans la société, mais nullement que l'Eglise rêve de ressusciter ce passé et qu'elle maudit le présent.

Il est vrai que parmi nous on ne se fait pas faute de critiquer les républicains, mais ces critiques portent sur des personnes, sur des actes; les principes ne sont pas en cause. En tout cas, si certains journaux légitimistes touchent à ces questions de principes, c'est l'affaire de ces journaux, et non de l'Eglise. On affecte de prétendre que l'*Univers*, que l'*Union*, que les *Semaines religieuses* sont les organes de l'Eglise. Rien n'est plus faux. Le Pape, les évêques, les prêtres ont seuls le droit d'enseigner la doctrine de l'Eglise, et si l'on veut prendre les choses au pied de la lettre, en dehors du *Credo*, il n'y a pas d'enseignement catholique. Il y a des interprétations qui sont plus ou moins exactes. Lorsqu'on veut savoir ce que l'Eglise enseigne, qu'on ouvre le *Bullaire*, le *Recueil des décisions conciliaires*, mais, pour l'amour de Dieu! qu'on ne le demande pas à des journalistes, ni à des romanciers.

On ne prouvera jamais que le catholicisme est l'ennemi de la révolution de 1789. Il en est au contraire, le précurseur, le vulgarisateur. Il est l'ennemi de l'anarchie, de l'arbitraire, mais il aime tout ce qui est vrai, tout ce qui est honnête, tout ce qui favorise la vertu. Aussi bien, suis-je en droit d'affirmer que les discours de

MM. Talandier, Lockroy et Ballue reposent en partie sur une équivoque.

Voici d'ailleurs ce que pensait du catholicisme Portalis, dans son *Exposé des motifs* pour la présentation au Corps législatif du projet de Concordat (1) :

« Il est des choses que l'on dit toujours, parce qu'elles ont été dites une fois. De là le mot si souvent répété que le catholicisme est la religion des monarchies, qu'il ne saurait convenir aux républiques.

« Ce mot est fondé sur l'observation faite par l'auteur de l'*Esprit des Lois*, qu'à l'époque de la grande scission opérée dans l'Eglise par les nouvelles doctrines de Luther et de Calvin, la religion catholique se maintint dans les monarchies absolues, tandis que la religion protestante se réfugia dans les gouvernements libres.

« Mais tout cela ne s'accorde point avec les faits. La religion protestante est professée en Prusse, en Suède et en Danemark, lorsque l'on voit que la religion catholique est la religion dominante des cantons démocratiques de la Suisse et de toutes les républiques d'Italie.

« Sans doute, la scission qui s'opéra dans le christianisme influa beaucoup sur les affaires politiques, mais indirectement. La Hollande et l'Angleterre ne doivent pas précisément leur révolution à tel système religieux plutôt qu'à tel autre, mais à l'énergie que les querelles religieuses rendirent, et au fanatisme qu'elles inspirèrent.

« Jamais, dit un historien célèbre, M. Hume, sans le zèle et l'enthousiasme qu'elles firent naître, l'Angleterre ne fût venue à bout d'établir la nouvelle forme de son gouvernement.

« Ce que dit cet historien de l'Angleterre s'applique à la Hollande, qui n'eût jamais tenté de se soustraire à la domination espagnole, si elle n'eût craint qu'on ne lui laisserait pas la faculté de professer sa nouvelle doctrine.

« Tant qu'en Bohême et en Hongrie les esprits ont été échauffés par les querelles de religion, ces deux Etats ont été libres ; cependant ils combattaient pour le catholicisme. Sans ces mêmes querelles, l'Allemagne n'aurait peut-être pas conservé son gouvernement. C'est le trône qui a protégé le luthéranisme en Suède, c'est la liberté qui a protégé le catholicisme ailleurs ; mais l'exaltation des âmes, qui accompagne toujours les disputes de religion, quel que soit le fond de la doctrine que l'on soutient ou que l'on combat,

(1) Séance du 15 germinal an X.

a contribué à rendre libres des peuples qui, sans un grand intérêt religieux, n'eussent eu ni la force ni le projet de le devenir.

« Sur cette matière, le système de Montesquieu est donc démenti par l'histoire.

« La plupart de ceux qui ont embrassé ce système, c'est-à-dire qui ont pensé que *le catholicisme est la religion favorite des monarchies absolues*, croient pouvoir le motiver sur les fausses doctrines de la prétendue infaillibilité du Pape, et du pouvoir arbitraire que les théologiens ultramontains lui attribuent. Mais il n'est pas plus raisonnable d'argumenter de ses doctrines, pour établir que le despotisme est dans l'esprit de la religion catholique, qu'il ne le serait d'argumenter des doctrines exagérées des anabaptistes sur la liberté et sur l'égalité, pour établir que le protestantisme en général est l'ami en général de l'anarchie, et qu'il est inconciliable avec tout gouvernement bien ordonné.

« D'après les vrais principes catholiques, le pouvoir souverain en matière spirituelle réside dans l'Eglise et non dans le Pape, comme, d'après les principes de notre ordre politique, la souveraineté en matière temporelle réside dans la nation et non dans un magistrat particulier. *Rien n'est arbitraire dans l'administration ecclésiastique, tout doit s'y faire par conseil.* L'autorité du Pape n'est que celle d'un chef, d'un premier administrateur qui exécute, et non celle d'un maître qui veut, et qui impose ses volontés comme des lois.

« Rien n'est moins propre à favoriser et à naturaliser les idées de servitude et de despotisme que les maximes d'une religion qui interdit toute domination à ses ministres, qui nous fait un devoir de ne rien admettre sans examen, qui n'exige des hommes qu'une obéissance raisonnable, et qui ne veut les régir que dans l'ordre du mérite et de la liberté.

« On ne peut voir, dans l'autorité réglée que les pasteurs de l'Eglise catholique exercent séparément ou en corps, qu'un moyen non d'asservir les esprits, mais d'empêcher qu'ils ne s'égarent sur des points abstraits et contentieux de doctrine, et de prévenir ou de terminer des dissensions orageuses et des disputes qui n'auraient pas de terme.

« Les gouvernements ont un si grand besoin de savoir à quoi s'en tenir sur les doctrines religieuses que, dans les communions qui reconnaissent dans chaque individu le droit d'expliquer les Ecritures, on se lie en corps par des professions publiques qui ne varient point ou qui ne peuvent varier sans l'observation de certaines formes capables de rassurer les gouvernements contre toute innovation nuisible à la société.

« Enfin, un des grands reproches que l'on fait au catholicisme consiste à dire qu'il maudit tous ceux qui sont hors de son sein et qu'il devient par là intolérant et insociable.

« Nous n'avons point à parler en théologien du principe des catholiques sur le sort de ceux qui sont hors de leur église. Montesquieu n'a vu dans ce principe qu'un motif de plus d'être attaché à la religion qui l'établit et qui l'enseigne. *Car*, dit-il, *quand une religion nous donne l'idée d'un choix fait par la Divinité et d'une distinction de ceux qui la professent d'avec ceux qui ne la professent pas, cela nous attache beaucoup à cette religion.*

« Nous ajouterons avec le même auteur que, pour juger si un dogme est inutile ou pernicieux dans l'ordre civil, il faut moins examiner ce dogme en lui-même que dans les conséquences que l'on est autorisé à en déduire, et qui en déterminent l'usage et l'abus que l'on en fait.

« Les dogmes les plus vrais et les plus saints peuvent avoir de très mauvaises conséquences, lorsqu'on ne les lie pas avec les principes de la société; et, au contraire, les dogmes les plus faux en peuvent avoir d'admirables lorsqu'on sait qu'ils se rapportent aux mêmes principes.

« La religion de *Confucius* nie l'immortalité de l'âme, et la secte de *Zénon* ne la croyait pas. Qui le dirait? ces deux sectes ont tiré de leurs mauvais principes des conséquences non pas justes, mais admirables pour la société : la religion des *Tao* et des *Foë* croit l'immortalité de l'âme, mais de ce dogme si saint, ils ont tiré des conséquences affreuses.

« Presque par tout le monde et dans tous les temps l'opinion de l'immortalité de l'âme, mal prise, a engagé les femmes, les esclaves, les sujets, les amis, à se tuer pour aller servir dans l'autre monde l'objet de leur respect ou de leur amour.

« Ce n'est point assez pour une religion d'établir un dogme, il faut encore qu'elle dirige.

« C'est ce qu'a fait la religion catholique pour tous les dogmes qu'elle enseigne, en ne séparant pas ces dogmes de la morale pure et sage qui doit en régler l'influence et l'application.

« Ainsi des prêtres ont abusé et pourront abuser encore du dogme catholique sur l'unité de l'Eglise pour maudire leurs semblables et pour se montrer durs et intolérants : mais ces prêtres sont alors coupables aux yeux de la religion, de l'humanité et de la patrie.

« Les ministres du culte catholique ne pourraient prêcher l'intolérance sans offenser la raison, sans violer les principes de la charité universelle, sans être rebelles aux lois de la République, et sans mettre leur doctrine en opposition avec la conduite de la Providence; car, si la Providence eût raisonné comme les fanatiques, elle eût, après avoir choisi son peuple, exterminé tous les autres. Elle souffre pourtant que la terre se peuple de nations qui ne professent pas toutes le même culte, et dont quelques-unes sont même encore plongées dans les ténèbres de l'idolâtrie, ceux-là seraient-ils sages qui annonceraient la prétention de vouloir être plus sages que la Providence même?

« La doctrine catholique, bien entendue, n'offre donc rien qui puisse alarmer une saine philosophie. »

Il n'est pas difficile d'ailleurs de prouver à ceux qui veulent déchirer le Concordat en haine de la religion, que le Concordat est une des plus belles pages de l'histoire contemporaine, et que ce traité est une éclatante reconnaissance des principes de 1789, une réconciliation aussi sincère que durable entre l'esprit moderne et le culte catholique. Quelles sont, en effet, les innovations que la Révolution de 1789 a amenées?

Elles sont de deux sortes.

Dans l'ordre politique 89 a proclamé la déchéance de la dynastie des Bourbons.

Dans l'ordre religieux il a inscrit en tête de ses principes, la destruction d'une religion dominante, la sécularisation de l'Etat, l'expropriation des biens du clergé, l'abolition des corporations religieuses, le renversement de l'ancienne circonscription ecclésiastique, toutes choses que le clergé désapprouvait hautement. Le clergé, en effet, n'était pas moins attaché à la monarchie qu'à son immense fortune et à son organisation intérieure.

Ceux qui crient si fort aujourd'hui contre le Concordat ne se rendent pas compte que c'est la plus belle formule d'*oubli* qui ait été jamais prononcée, et que cette formule ce fut le Pape qui la prononça le premier, enjoignant à tous les fidèles, non seulement de la prononcer avec lui, mais de la graver si profondément dans leurs cœurs qu'elle devînt désormais la règle de leur conduite. Aussi je regarde comme certain que le Concordat a plus fait pour implanter en France les idées nouvelles que ne le feront jamais toutes les déclamations des libres-penseurs et des intransigeants.

On raconte qu'au jour où Clovis reçut le baptême des mains de saint Remi, celui-ci se tournant vers le monarque, lui adressa ces paroles : « *Fier Sicambre, brûle ce que tu as adoré; adore ce que tu as brûlé* »; et que Clovis, docile à la voix du représentant de Dieu sur terre, se courba sous sa main et jura d'obéir à la loi nouvelle qu'il embrassait.

Pie VII signant le Concordat n'a pas adressé au clergé de France une parole moins ferme et moins impérieuse. Cette aristocratie si hautaine, ce clergé si puissant, le Pape les a obligés à se courber devant le fait accompli et à tendre la main à des hommes qu'ils regardaient comme des spoliateurs, il les y a forcés sous peine de les retrancher du sein de l'Eglise. A mon sens, cet acte de soumission est un des plus beaux triomphes de la foi.

89 *avait proclamé la déchéance de la dynastie des Bourbons.*

Que dit l'article 16 du Concordat?

« *Sa Sainteté reconnaît dans le premier consul de la République française les mêmes droits et prérogatives dont jouissait près d'Elle l'ancien gouvernement.* »

Et pour préciser, pour qu'il n'y ait ni malentendu ni arrière-pensée, on consacre *sept* articles à bien établir ces droits et ces prérogatives.

« Art. 1er..... le culte sera public, en se conformant aux règlements de police que le *gouvernement* jugera nécessaires pour la tranquillité de la France.

« Art. 4. Le *premier consul*... nommera... aux archevêchés de la circonscription nouvelle.

Art. 5. Les nominations aux évêchés... seront également faites par le *premier consul.*

Art. 6. Les évêques... prêteront... entre les mains du *premier consul* le serment de fidélité qui était en usage avant le changement de gouvernement.

« Art. 7. Les ecclésiastiques du second ordre prêteront le même serment entre les mains des *autorités civiles* désignées par le gouvernement.

« Art. 8. La formule des prières suivantes sera récitée à la fin de l'office divin dans toutes les églises catholiques de France :

« *Domine, salvam fac Rempublicam.*

« *Domine, salvos fac consules.*

« Art. 9. Les évêques feront une nouvelle circonscription des paroisses de leurs diocèses, qui n'aura d'effet que d'après le *consentement du gouvernement.* »

Pouvait-on proclamer plus solennellement la légitimité de ce pouvoir issu du suffrage populaire? On lui reconnaît tous les droits de l'ancien gouvernement sans restriction. Le premier consul nomme les archevêques et les évêques ; ceux-ci sont obligés de lui prêter serment de fidélité, de prier pour lui et de ne rien faire d'important que de concert avec lui.

Si l'Eglise, comme on affecte de le publier, enseignait la théorie du droit divin en matière de gouvernement, Pie VII aurait-il pu reconnaître à *ce gouvernement de fait* une existence incontestable?

Si, par impossible, la Commune en 1871 avait essayé de nouer des relations avec Pie IX, croit-on que le Pape s'y serait prêté? Et ce qui prouve combien les sentiments de Pie VII étaient sincères à l'égard du nouvel état des choses, c'est la démarche qu'il consentit à faire, de venir en personne sacrer Napoléon Ier.

Du reste, si l'on s'en rapporte aux documents de l'époque, on est frappé de l'unanimité de vues de ceux qui donnent au Concordat et au sacre de Napoléon la signification que nous leur trouvons.

Qu'on lise les mandements des évêques de la fin de l'année 1802, ils contiennent presque tous cette phrase : « *La religion consacre par une sanction solennelle les vœux de la nation.* » Cette sanction n'est autre que le Concordat, œuvre de la religion, qui consacre ce que la nation a décidé et qui affirme que le clergé et les fidèles sont tenus d'obéir aux nouveaux chefs que le peuple s'est choisis, encore bien que ces chefs n'aient pas les sympathies de tous et que leur apparition au pouvoir ressemble à une usurpation. Le Concordat est le commentaire du vieil adage : « *Vox populi, vox Dei.* » Les évêques, à la suite du Pape, veulent que tous en général, et chacun en particulier imposent silence à leurs convictions personnelles et se montrent bons citoyens, prêts à rendre au nouveau César ce qu'ils rendaient à l'ancien, le tribut et l'obéissance qui sont dus à César.

Les évêques émigrés disent la même chose, non, sur le ton de la résignation, mais sur celui d'une indignation qu'ils ont peine à contenir : « Sa Sainteté, disent-ils, aurait-elle pu reconnaître dans le premier consul... ces droits et ces privilèges eux-mêmes, si elle croyait que l'héritier de saint Louis en est investi, si elle pensait que ce prince conserve encore quelque droit à la couronne à laquelle ces droits et ces privilèges appartiennent? » Et quand Joseph de Maistre apprend que Pie VII vient à Paris sacrer Napoléon, il ne sait comment exprimer sa douleur. Il lui semble que c'en est fini du passé et que toute espérance est perdue. Les cloches qui sonnent l'entrée du nouvel empereur à Notre-Dame lui paraissent tinter le glas de la légitimité : « Je n'ai point de termes, écrit-il, pour vous peindre le chagrin que me cause la démarche que va faire le Pape. S'il doit l'accomplir, je lui souhaite de bon cœur la mort de la manière et par la même raison que je la souhaiterais aujourd'hui à mon père s'il devait se déshonorer demain (1). »

On n'a pas idée des luttes que Pie VII eut à soutenir avec les fidèles de France pour les amener à la soumission. Il ne fallut rien moins que son autorité morale pour mettre fin à l'anarchie, réhabiliter aux yeux de tous l'ordre de choses que la Révolution avait créé. Je ne sais pas ce qui serait arrivé si le Pape avait refusé de signer le Concordat, mais on peut affimer que son refus aurait d'autant retardé l'apaisement des esprits que son concours en a hâté la pacification.

89 *avait inscrit en tête de ses principes la destruction d'une religion dominante et la sécularisation de l'Etat.*

Que dit le préambule du Concordat?

Il parle de la religion catholique comme étant celle *de la majorité des Français, celle des consuls,* nullement comme étant celle de l'Etat. L'Etat est neutre. Les individus seuls professent un culte. Le gouvernement n'en professe aucun : dès lors, on ne peut lui demander l'appui de son bras pour protéger une législation qui n'a rien de commun avec la sienne.

89 *avait exproprié les biens du clergé.*

Que dit l'article 13 du Concordat?

« Sa Sainteté, pour le bien de la paix... déclare que ni elle ni ses successeurs ne troubleront en aucune manière les acquéreurs des biens ecclésiastiques aliénés : et qu'en conséquence, la propriété de ces mêmes biens, les droits et revenus y attachés demeureront incommutables entre leurs mains ou celles de leurs ayants cause. »

Peut-on exprimer en termes plus clairs, plus affirmatifs que toutes les fondations faites avant 89 sont anéanties et que l'expropriation des biens du clergé est désormais ratifiée? Avant le Concordat chaque fidèle pouvait en sûreté de conscience tout mettre en œuvre pour recouvrer un patrimoine qu'une loi brutale lui avait ravie ; après le Concordat il aurait manqué à son devoir de chrétien, s'il en avait seulement eu la pensée.

Nos ennemis n'ont pas assez de voix pour exprimer les senti-

(1) *Corresp. diplom.*, p. 138-139.

ments d'indignation que leur inspire l'intrusion du Pape dans les affaires de la France. Il leur semble abominable que des Français aillent à Rome demander un mot d'ordre qu'ils ne devraient chercher qu'en France. Si nos ennemis n'agissaient pas en toute occasion sous l'empire du préjugé, ce fait de Pie VII obtenant du clergé et des fidèles de France l'abandon complet de leurs espérances, ne serait-il pas de nature à leur prouver qu'au moins dans certaines circonstances cette intervention du Pape est une heureuse chose ?

S'il y avait, en effet, une question irritante à cette époque, c'était sans contredit celle des biens nationaux.

Qui songerait à reprocher sérieusement à ces émigrés, à ces prêtres, à ces moines, dont on avait pris les biens, qui songerait à leur reprocher d'avoir désiré vivement rentrer en possession de ce qu'ils jugeaient n'avoir jamais cessé de leur appartenir?

Malheureusement, si légitimes que fussent leurs revendications, elles étaient de nature à engendrer des conflits. Le premier consul le comprenait bien. Mais il sentait son impuissance à calmer des hommes qui le détestaient, et sur lesquels il n'avait aucune influence. Ce fut pour suppléer à sa faiblesse qu'il eut recours au Pape, et qu'il le pria d'user de sa haute autorité en faveur de la paix générale.

« Sa voix retentit doucement dans les consciences et apaisa le remords que les décrets du gouvernement n'avaient pas pu dissiper (1). »

« C'est un contrat avec un souverain qui n'est pas redoutable par ses armes, disait en parlant du Concordat le comte Siméon, mais qui est révéré par une grande partie de l'Europe, comme le chef de la croyance qu'elle professe, et que les monarques mêmes qui sont séparés de sa communion ménagent et recherchent avec soin.

« L'influence que l'ancienne Rome exerça sur l'univers par ses forces, Rome moderne l'a obtenue par la politique et par la religion. Ennemie dangereuse, amie utile, elle peut consacrer l'autorité, faciliter l'obéissance, fournir un des moyens les plus puissants et les plus doux de gouverner les hommes. »

Le Pape se laissa convaincre, et le monde assista à ce merveilleux spectacle du calme se rétablissant comme par enchantement à la voix de Pie VII. C'était le cas de répéter comme au temps d'Augustin ce mot célèbre : *Roma locuta est, causa finita est!*

(1) Extrait d'une circulaire du ministre des cultes, 1802.

Mais nos ennemis ont des yeux pour ne pas voir, des oreilles pour ne pas entendre. Ils ne sont occupés qu'à relever des misères, des fautes, des hontes individuelles, qu'ils se plaisent sans scrupule à généraliser, et dont ils rendent faussement la religion responsable. Ils paraissent n'avoir aucun souci de la vérité ni de la justice. Aussi, qu'un fait considérable comme celui de cette soumission des âmes à la parole du Pape soit enregistré par l'histoire, que ce fait soit le résultat incontestable de la foi, ils affectent de le laisser dans l'oubli.

89 *avait exigé l'abolition des corporations religieuses.*

Que disent les articles 11, 12, 15 du Concordat?

Ils ne considèrent comme indispensables au culte que les évêchés, les cures, les chapitres, les séminaires, les fondations en faveur des églises.

On ne fait aucune mention des congrégations religieuses, et cette omission est intentionnelle : « Le Pape, explique Portalis, avait autrefois dans les ordres religieux une milice qui lui prêtait obéissance, qui avait écrasé les vrais pasteurs, et qui était toujours disposée à propager les doctrines ultramontaines. Nos lois ont licencié cette milice.... Désormais nous n'aurons plus qu'un clergé séculier, c'est-à-dire des évêques et des prêtres (1). »

89 *avait décidé le renversement de l'ancienne circonscription ecclésiastique*, l'article 9 du Concordat prescrit une nouvelle circonscription.

L'œuvre du Concordat est donc une œuvre éminemment patriotique; aussi, il ne faut rien moins que la haine aveugle de nos ennemis pour en dénaturer l'esprit et les résultats.

Les résultats sont palpables, évidents comme la clarté du soleil. La parole du Pape a courbé des volontés dont les baïonnettes du premier consul n'auraient jamais eu raison : elle a préparé, elle a achevé un apaisement dont, à quatre-vingts ans de distance, nos ennemis ne savent pas apprécier l'importance, mais qu'apprécient ceux pour lesquels l'histoire n'est pas une lettre morte.

L'esprit du Concordat est l'esprit chrétien.

L'Eglise recommande l'obéissance aux pouvoirs établis.

Elle n'a qu'une doctrine, qu'un enseignement: *Tout pouvoir vient de Dieu. Rendez à César ce qui lui est dû.* Elle n'examine pas l'origine du pouvoir. S'il plaît aux peuples de se donner tel chef qui leur convient, cela plaît à l'Eglise.

(1) Corps législatif, 15 germinal an X.

Jamais elle n'a prêché la révolte :

Soyez soumis aux puissances établies.

Priez pour ceux qui gouvernent, ils ont besoin du secours d'en haut, à cause des responsabilités qui pèsent sur eux; adoucissez leur charge par votre volonté et votre obéissance.

« Les principes de Rome, a dit encore le comte Siméon, sont ceux d'une religion qui, loin d'appesantir le joug de l'autorité sur les hommes, leur apprit qu'ils ont une origine, des droits communs, et qu'ils sont frères; elle allégea l'esclavage, adoucit les tyrans, civilisa l'Europe. Combien de fois ses ministres ne réclamèrent-ils pas les droits des peuples? Obéir aux puissances, reconnaître tous les gouvernements, est sa maxime et son précepte (1). »

M. Talandier déclare en outre qu'on n'est catholique qu'à la condition d'être pratiquant, c'est-à-dire d'observer scrupuleusement les commandements de Dieu et de l'Eglise. A ce compte-là, dit-il, le nombre des catholiques est l'infime minorité en France, par conséquent il ne faut plus salarier les ministres de ce culte.

J'avoue que mon premier mouvement en lisant ce paragraphe a été un mouvement d'indignation. Eh quoi! nous sommes en présence d'une religion qui ne compte plus qu'un noyau d'adeptes, et l'on n'aurait pas la générosité de la laisser mourir de sa belle mort! Les juges s'efforcent d'adoucir les derniers moments du condamné, et nous n'aurions pas la magnanimité de laisser la religion catholique descendre dans le tombe, sans faire ressentir à ses ministres les cruelles angoisses de la faim! Ce n'est ni généreux ni même habile. Car je me prends maintenant à douter que la religion soit aussi anémique qu'on le prétend.

Et de fait, l'idée chrétienne a de profondes racines dans le pays. Si le nombre des pratiquants *parfaits* est relativement restreint, la majorité des Français est encore assez chrétienne pour n'avoir pas rompu avec toute pratique religieuse, et n'en déplaise à M. Talandier, cela est plus que suffisant pour assurer que la majorité des Français veut le maintien de la religion catholique. J'habite un petit village où les gens ne sont pas ce qu'on appelle *églisiers*. Ils laissent peut-être à désirer dans la pratique de certaines observances de l'Eglise, et cependant je déclare qu'ils s'opposeraient de toutes leurs forces à ce que leur église fût fermée. A peu près tous font baptiser leurs enfants, leur font faire leur première communion, se marient

(1) Rapport sur le Concordat et les articles organiques, séance du 7 avril 1802, au Tribunat.

et sont enterrés chrétiennement. Pourquoi déclarer que ces pratiques ne signifient rien? et que ceux qui y sont fidèles ne doivent pas être rangés parmi les catholiques? Ce qu'on aime peu c'est le prêtre. On est à notre époque plus *prêtrophobe* qu'*impie*, et ceux qui crient le plus après la religion le font plus en haine de la caste sacerdotale que de l'idée chrétienne. On en veut aux hommes, mais on respecte le principe, et dire que la majorité des Français n'est pas chrétienne, parce que beaucoup ne pratiquent qu'*imparfaitement* leur religion, c'est jouer sur les mots.

«Malgré les cruelles divisions politiques qui nous agitent si tristement, écrivait Mgr Guibert en 1877, nous sommes encore heureux de le constater, combien d'hommes honnêtes, dans tous les partis, qui, loin d'être hostiles à la religion, l'estiment et la respectent, alors même qu'ils ne la pratiquent pas comme ils le devraient, mais qui tiennent à sa conservation et seraient prêts à la défendre ! Oui, *l'immense majorité en France est chrétienne et catholique. L'immense majorité veut la religion.*

« Elle en sent le besoin social pour asseoir dans la vérité et dans la justice nos constitutions et nos lois, pour assurer à l'autorité son prestige légitime et à l'obéissance sa dignité; pour inspirer à tous l'amour du sacrifice et les nobles dévouements du vrai patriotisme.

« Elle en sent le besoin domestique et individuel pour faire naître et développer au sein de la famille les mâles vertus qui en sont la force et l'honneur ; pour baptiser l'enfant et lui verser plus tard les joies de la première communion, pour protéger l'adolescent, pour bénir l'union des jeunes époux, pour soutenir l'homme dans toutes ses détresses, pour le consoler dans la mort, pour pleurer et prier sur son cercueil ! La France catholique sent cela et veut cela (1). »

« Il y a plus de sentiment religieux dans la population parisienne qu'on ne veut bien le dire ; à certains jours, on ne trouverait pas une chaise dans les plus obscures églises des quartiers excentriques.

« Si vous recherchez ces impressions consolantes et douces qui reposent des misères humaines, des veilles laborieuses, des soucis de chaque jour, allez un matin à la messe « parisienne ». Non pas à la Madeleine, paroisse des millionnaires, à Sainte-Clotide, paroisse des seize ducs, à Saint-Sulpice ou à Saint-Roch.

« Allez à Saint-Médard, paroisse des tanneurs, corroyeurs, ou-

(1) *La Question du budget des cultes*, p. 6.

vriers d'usines, tout près de la rue Mouffetard et des Gobelins, non loin de la barrière d'Italie. Allez à Saint-Pierre de Montrouge, à Grenelle, au fond des ruches populeuses où le travail est l'unique souverain, et vous verrez que ce peuple qui fait des révolutions et qui chante *la Marseillaise* sait aussi chanter des psaumes et saluer Dieu (1). »

Dès lors, j'estime que M. Talandier et M. Lockroy ont appuyé une partie de leur thèse sur deux équivoques. Ils n'ont pas défini les mots qu'ils employaient. Ils leur ont laissé un sens vague, indéterminé. Aussi leur argumentation est demeurée flottante, indécise. Leur thèse reste à prouver.

§ 2. — *Erreurs historiques.*

Aux équivoques de mots se joignent trois erreurs historiques :

1° Le salaire que reçoivent les ministres du culte catholique n'est pas une dette contractée par l'Etat, mais le prix de la soumisson de l'Eglise ;

2° L'Eglise ne cesse de violer le Concordat et ne tient pas ses engagements, ce qui rend à l'Etat sa liberté ;

3° La personne morale qui s'appelle la papauté et qui a signé le Concordat n'est plus la même depuis le concile du Vatican ; donc, un des signatures du Concordat ayant disparu, le contrat se trouve résilié.

Dans le premier chapitre je crois avoir montré quelles sont les relations d'intérêt qui unissent l'Eglise à l'Etat.

L'Etat, dans un moment de grande détresse, à la veille de faire banqueroute, s'est attribué le droit de s'emparer des biens de l'Eglise, en lui promettant toutefois de lui assurer, sinon une existence confortable comme par le passé, du moins une situation honnête et convenable. A ce compte, le prêtre catholique n'est pas payé comme fonctionnaire, mais comme créancier de l'Etat. L'Etat a promis à l'Eglise de l'indemniser, dans la mesure de ses moyens, du capital qu'il lui a pris. Personne ne croit aux fictions qui furent imaginées dans la suite. L'Eglise avait acquis des biens soit par des donations, soit par son travail. Ceux qui lui venaient par des donations portaient bien cette clause, qu'ils ne devraient être employés que pour des œuvres pies et chari-

(1) Buet, *Figaro*, 29 août 1881.

tables, ce que l'Assemblée traduisit par *œuvres philanthropiques*, expliquant que l'œuvre philanthropique par excellence était le salut de l'Etat; mais ce que l'Eglise avait acquis par son travail, par ses économies, à quel titre l'Etat pouvait-il se l'approprier? Quand bien même l'Etat aurait eu le droit de gérer les donations en interprétant la pensée des donateurs, pouvait-il arguer du même droit pour s'attribuer le produit du travail et des économies? D'ailleurs l'Etat sentait que l'Eglise dépouillée avait des droits. Voilà pourquoi il l'inscrivit parmi ses créanciers. Ce ne fut qu'aux plus mauvais jours de la Terreur qu'il la raya, en maintenant cependant les pensions aux ci-devant ecclésiastiques.

Quand Bonaparte signa le Concordat cette question des biens du clergé fut agitée. Il était de bonne politique de la résoudre pacifiquement. Le Pape promit au premier consul que le clergé n'élèverait jamais de revendications sur les biens qu'on lui avait ravis, comme il promit d'obtenir la démission des évêques. En échange Bonaparte promit au Pape qu'on assurerait au clergé une existence honorable (1) au fur et à mesure que les finances de l'Etat le permettraient. Voilà pourquoi aux premières largesses du Concordat vinrent s'ajouter d'année en année des largesses nouvelles.

Il est bien évident que ces largesses étaient un moyen de gagner le clergé à l'Empire, et que l'empereur dut faire valoir au clergé ce qu'il faisait pour lui.

Après tout, le clergé avait raison d'être reconnaissant envers Bonaparte, car Bonaparte aurait pu ne pas signer le Concordat et, tout en le signant, déclarer que les finances de l'Etat ne lui permettaient pas de venir en aide au clergé. Bonaparte rapporta donc les décrets de la Convention et ratifia ceux de la Constituante. Quant à l'idée d'une dotation perpétuelle, elle n'était pas possible à cette époque. La dotation du clergé dut donc subir les fluctua-

(1) « Ce caractère essentiel d'indemnité, l'Église elle-même l'a toujours reconnu, en assimilant le traitement budgétaire du clergé aux anciens bénéfices ecclésiastiques, dont elle lui applique rigoureusement toutes les conséquences onéreuses.

« On sait que le revenu d'un bénéfice ecclésiastique n'appartient pas absolument au titulaire. Celui-ci n'a droit de prendre pour lui, sur ce revenu, que ce qui est nécessaire à son entretien, selon son rang et sa dignité; et le reste doit être employé au soulagement des pauvres et en œuvres pies. C'est pour le bénéficier une obligation de stricte justice. Or la doctrine universellement professée aujourd'hui dans nos séminaires déclare qu'il en est de même du traitement fait au clergé par le gouvernement. C'est l'enseignement formel du Saint-Siège, toutes les fois qu'il a été consulté à cet égard. (Voir les décrets de la Sacrée-Pénitencerie du 19 janvier 1819 et du 19 août 1821). (*La Question du budget des cultes*, par Mgr Guilbert, p. 12.)

tions de l'impôt et le vote annuel des Chambres. Mais de là à considérer cette dotation comme un salaire que l'on peut lui supprimer *pro arbitrio suo*, il y a un abîme. Que le traitement fait au clergé par l'Etat s'appelle un salaire, je n'y vois, pour ma part, rien de blessant. La dîme et les droits féodaux avaient ce caractère, mais prétendre que ce salaire n'est pas dû aussi longtemps que l'Etat n'aura pas traité à nouveau avec l'Eglise, et ne se sera pas mis d'accord avec elle pour acquitter sa dette, il y a un déni de justice aussi odieux que si l'Etat brûlait le Grand-Livre et se déclarait quitte envers les porteurs de rentes.

Donc ni le Concordat ni les lois subséquentes qui favorisent le clergé ne sont le prix de la soumission de l'Eglise, mais l'acte authentique de ses droits inviolables. Sans doute, l'Etat peut méconnaître de nouveau nos droits et supprimer le budget des cultes. Mais il a beau avoir la force et s'appeler l'Etat, il n'en commettra pas moins une iniquité. Ainsi, il demeure évident que le salaire donné au clergé catholique par l'Etat n'est ni un acte de favoritisme envers l'Eglise catholique, ni la reconnaissance de cette Eglise comme religion d'Etat, ni le prix de sa soumission, mais une dette que l'Etat acquitte envers une corporation qui lui a prêté de l'argent, dette qui ne s'éteindra que si l'Eglise et l'Etat font de nouveaux arrangements.

L'Eglise, ajoute-t-on, viole perpétuellement le Concordat, et l'on ne voit pas pourquoi, du moment où elle-même ne fait pas cas d'un traité qu'elle a signé, l'Etat ne l'imiterait pas.

Si spécieuse que paraisse cette objection, il n'est pas besoin d'être bachelier en droit pour la réfuter.

D'abord, les articles organiques, qui sont surtout en cause, ne font pas partie du Concordat, et la meilleure preuve, c'est que Pie VII, un des signataires du contrat, l'a toujours déclaré.

L'Etat, d'ailleurs, ne le prétend pas non plus. Les articles organiques font partie de la loi française, comme la loi sur les chemins vicinaux ou la loi sur le recrutement : cela suffit pour qu'ils obligent tous les membres du clergé. Si le clergé n'observe pas cette loi, qu'on le punisse. J'avoue que je ne comprends pas ces plaintes perpétuelles contre l'inobservance de la loi de germinal an X. L'Etat a ses tribunaux, qu'il y défère les prêtres récalcitrants, qu'il les condamne à l'amende, à la prison, comme il condamne ceux qui contreviennent aux autres lois. Il n'y a rien là que de très naturel. Mais le budget des cultes n'a rien à voir à ces désobéissances. On veut, dit-on, le supprimer pour punir le clergé. Qu'on punisse les coupables et qu'on laisse en paix ceux auxquels on n'a rien à reprocher. Quant au Concordat, je mets au défi qui que ce soit de prouver que le clergé ne l'a pas toujours fidèlement observé et que, par conséquent, l'Etat a le droit de s'autoriser de ses manquements pour justifier les siens.

On dit que Pie VII en protestant contre les articles organiques a encouragé et même invité le clergé à désobéir à l'Etat, et qu'il a, le premier, méconnu les droits de celui-ci.

C'est encore un de ces *on-dit* qui courent le monde et qui font merveille dans une réunion électorale, à la Chambre, dans un pamphlet, bien que l'histoire en ait depuis longtemps fait justice.

La première protestation de Pie VII, en effet, date du 24 mai 1802 devant le collège des cardinaux.

Parlant des articles organiques, le Pape s'exprime ainsi : « *Nonnullos articulos*, ignotos nobis promulgatos esse, quos non « possumus non expetere ut opportunas ac necessarias modifica-« tiones accipiant. » Ce qui veut dire que le Pape avait demandé le changement ou la modification de *quelques articles* qui étaient opposés à la discipline de l'Eglise et non la suppression de la loi organique.

En effet, peu après le consistoire, une note rédigée dans ce sens avait été remise par le cardinal Consalvi au ministre plénipotentiaire de France à Rome. L'année suivante, le 18 août 1803, une autre note plus officielle, plus développée et plus explicite, avait été adressée par le cardinal Caprara à M. de Talleyrand-Périgord, ministre des relations extérieures. Ce document contenait une réclamation motivée contre les 1er, 3e et 6e articles, mais non contre l'ensemble de la loi organique.

Dans la bulle d'excommunication du 10 janvier 1809, Pie VII renouvelle sa protestation : « Quam sane amaritudinem non dissi-« mulavimus, ipsis fratribus nostris Sæ Ræ Eæ cardinalibus in allo-« cutione ad ipsos habitâ in consistorio diei maii 1802, significantes « scilicet ea promulgatione *nonnullos* initæ conventioni adjectos « fuisse articulos, ignotos nobis, quos statim improbavimus. »

C'est cette protestation que nous retrouvons dans le Concordat du 11 juin 1817, où le Pape fit insérer la disposition suivante : « Les articles organiques sont abrogés *seulement dans celles* de leurs dispositions en opposition avec la doctrine et les lois de l'Eglise. » « Abrogantur *in iis* quæ adversantur doctrinæ et legibus Eccle-« siæ. » (Art. 3.) Est-ce suffisamment clair?

Le Pape ne protesta donc pas contre le droit qu'a l'Etat de promulguer des lois, pour assurer la police extérieure du culte et son existence temporelle, il s'éleva seulement contre certains empiétements de l'Etat sur les libertés de l'Eglise, c'est-à-dire qu'il défendit le droit qu'a l'Eglise de s'organiser comme elle l'entend dans son fonctionnement extérieur, et de repousser une ingérence trop indiscrète de l'Etat. Il ne blâmait pas le *code organique* en bloc, il ne s'élevait que contre les articles de ce code qui semblaient fausser la législation canonique.

Et ce qui prouve que c'est bien la pensée du Pape, c'est qu'il avait reconnu explicitement le droit de l'Etat dans le premier article du Concordat : « Le culte sera public *en se conformant aux règlements de police que le gouvernement jugera nécessaires pour la tranquillité publique* » et qu'il les reconnaît plus tard implicitement en n'abrogeant, par le Concordat de 1817, que les articles contraires aux lois de l'Eglise.

De plus, jamais le Pape n'a protesté dans la suite contre les autres lois que Bonaparte promulgua, sans le consulter, et qui réglementent l'organisation intérieure de l'Eglise, notamment le décret de ventôse an XII sur l'organisation des séminaires, celui de prairial an XII sur les sépultures, de juillet 1806 et de décembre 1809 sur les biens et l'organisation des fabriques, de novembre 1813 sur les biens de l'Eglise.

Donc cette excitation du clergé à la révolte par le Pape qui fait partie de cette politique de *trompe-l'œil* que les adversaires de l'Eglise savent habilement exploiter, n'est qu'une calomnie. Le Pape a fait comme font les souverains qui doivent protéger les intérêts de leurs nationaux à l'étranger, il a formulé des plaintes, tout en laissant à Bonaparte la responsabilité de sa conduite, mais jamais il n'a fait suivre ces notes purement diplomatiques de manifestes révolutionnaires à l'usage du clergé.

Je sais bien qu'il ne manque pas d'individus qui refusent au Pape ce droit de protestation, et qui déclarent qu'aucun des articles organiques n'est en opposition avec ce qu'on appelle les libertés de l'Eglise gallicane. Le Pape, disent-ils, n'a réclamé que parce que, conformément aux traditions du royaume, on avait limité son action. C'était là le grand argument de Portalis : « Je prouverai, disait-il, que les articles organiques n'introduisent pas un droit nouveau et qu'ils ne sont qu'une nouvelle sanction des antiques maximes de l'Eglise gallicane. »

Cette même pensée se trouve reproduite dans un discours resté célèbre de M. Rouland au Sénat le 11 mars 1865 : « Lorsque Napoléon Ier signa le Concordat..., il n'est pas douteux qu'il n'ait entendu signer le rétablissement de l'Eglise gallicane (1). »

Or c'est là précisément ce qui condamne les articles organiques. Rétablir les anciennes maximes de l'Eglise gallicane, c'eût été à merveille, si en même temps on eût rétabli l'Eglise gallicane elle-même, c'est-à-dire une Eglise investie de tous les privilèges d'une religion d'Etat et payant cette prérogative de quelques servitudes envers le roi. Or le Concordat exclut cette hypothèse. Il est donc contradictoire de réglementer l'Eglise comme si elle était la religion de l'Etat et de lui refuser toute suprématie parce qu'elle n'est que la religion de la majorité, *de séculariser l'Etat et en même temps temps de légiférer sur la discipline de l'Eglise.*

La Constituante avait déjà commis cette erreur dans la constitution civile du clergé. Durand de Maillane, pour la justifier, répète à tout propos l'argument que Portalis lui emprunte : « C'est ce que nos rois ont toujours fait et avec beaucoup plus d'extension et d'empire. » Mais les rois faisaient bien d'autres choses encore, qui sont interdites à ceux qui ont pris leur place.

Si ceux-ci veulent revenir aux anciennes maximes de notre droit public, qu'ils rétablissent l'Eglise gallicane avec ses immenses possessions territoriales, avec son rang d'ordre privilégié dans l'Etat, avec son caractère dominateur.

S'ils prétendent, comme les anciens rois être l'évêque extérieur, qu'ils prêtent main forte à l'évêque intérieur, qu'ils mettent de nouveau à sa disposition leurs magistrats, leurs tribunaux et leur Conciergerie.

S'ils veulent rester dans une certaine mesure les juges des canons, qu'ils inscrivent ceux qu'ils approuvent parmi les lois obligatoires, mais qu'ils n'aient pas l'intolérable prétention de répudier les obligations que leur créait le système gallican et d'imposer néanmoins au clergé les charges qui en étaient la rançon.

De la féodalité détruite est-il équitable de ne conserver que les oubliettes ?

De l'ancienne organisation ecclésiastique abolie n'est-il pas abusif de ne respecter que les servitudes ?

C'est contre ces oubliettes, c'est contre ces servitudes que Pie VII protesta. Sa charge pastorale l'y obligeait.

Au reste, Napoléon fut le premier à comprendre qu'il avait outrepassé ses droits en pénétrant si avant dans le sanctuaire.

(1) *Constitutionnel*, 13 mars 1865.

En 1810 il limita lui-même par le décret du 28 octobre l'article 1er et dispensa de toute nécessité d'*exequatur* les brefs de la Pénitencerie relatifs aux questions individuelles. Par le même acte, il abrogea l'article 26 et n'exigea plus pour l'ordination un revenu de 300 francs et l'âge de vingt-cinq ans ; enfin il rapporta l'article 36 et restitua aux chapitres l'administration du diocèse vacant.

Plus tard, la loi du 2 janvier 1817 effaça l'article 73 et autorisa les fondations autrement qu'en rentes sur l'Etat.

Depuis, quoique aucune abrogation formelle n'ait été prononcée, un grand nombre d'articles sont tombés en désuétude, ce qui est aussi une abrogation.

Aucun de nos gouvernements ne s'est risqué à imposer l'enseignement de la déclaration de 1682 (art. 24), l'unité du catéchisme et de la liturgie (art. 39), l'examen des évêques nommés, par des examinateurs désignés par le ministre des cultes (art. 17). Aucun n'a interdit aux évêques de se qualifier de Monseigneur (art. 12), d'aller à Rome aussi souvent qu'ils le désirent (art. 20.), n'a empêché les ecclésiastiques de porter la soutane au lieu de l'habit à la française (art. 43). Tous ont renoncé à exiger le serment des curés (art. 27), à contraindre les évêques d'envoyer avant une ordination la liste des personnes à ordonner (art. 26), à empêcher les cérémonies religieuses dans les villes où il y a des temples destinés aux différents cultes (art. 45). Près du cinquième des lois du code organique ont été ou rapportées, ou modifiées, ou sont tombées en désuétude, et, chose amusante, c'est l'inobservance de cette catégorie de lois, de ce cinquième, qui échauffe si fort la bile des intransigeants et sert de base à leurs prétentions.

Il est même arrivé que le pouvoir civil a poussé le clergé à ne tenir aucun compte des prescriptions de la loi organique.

Un évêque de Belgique s'étant présenté devant l'empereur Napoléon Ier avec son clergé en habits à la française, celui-ci s'en étonna, et comme on alléguait pour raison les lois organiques, il répondit : « Je ne connais que le Concordat (1). »

Au contraire, au commencement de l'année 1804, il exprima publiquement sa satisfaction de ce que le clergé de Paris, à la suite du cardinal du Belloy, se fût présenté aux Tuileries en habits longs pour la réception du 1er janvier.

En 1808, Fourcroy fut chargé de préparer un projet de loi sur l'Université. L'article 38 de son travail portait que tous les pro-

(1) *Vie de M. Emery*, t. II, n° 43, p. 121.

fesseurs de théologie seraient obligés de se conformer aux dispositions de l'édit de 1682 et *de soutenir les maximes sur lesquelles reposent les lois organiques des cultes*. Le cardinal Fesch communiqua cet article à l'abbé Emery pour avoir son avis. L'abbé Emery donna un avis défavorable, et l'article disparut du projet définitif (1).

Ainsi ce grief tant de fois reproché au clergé de violer le Concordat, c'est-à-dire la loi organique, n'a aucune valeur. Le public qui n'entend qu'une cloche n'entend qu'un son. Quand donc cherchera-t-il à savoir par lui-même, et cessera-t-il de décerner si facilement au premier venu un diplôme d'infaillibilité?

M. Lockroy a introduit une distinction subtile entre la papauté de 1801 et celle de 1881, et croit pouvoir affirmer que le concile du Vatican a tellement modifié cette institution qu'un des signataires ayant disparu, l'autre a recouvré sa liberté. Cette troisième erreur, spécieuse en apparence, n'est guère plus sérieuse que les précédentes.

Je n'ignore pas qu'il est de mode aujourd'hui, dans un certain monde, de faire grand bruit autour du *Syllabus* et de la bulle *Pastor æternus* qui a promulgué le dogme de l'infaillibilité.

Le nombre des ignorants qui prêtent au Pape cet absurde enseignement qui proscrit la liberté, le progrès, les découvertes modernes est égal au nombre des sots qui gobent bouche ouverte toutes ces billevesées, c'est-à-dire qu'il est infini. Bonnes gens de tout sexe, de tout plumage, qui tremblez à ce seul mot de *Syllabus*, dormez en paix! Le *Syllabus* ne récèle dans ses flancs ni la paix ni la guerre!

Le *Syllabus* est un *catalogue* de propositions fausses, erronées, hérétiques, recueillies dans divers documents. Ce catalogue fut dressé en 1864, par les ordres de Pie IX, qui voulut qu'on le communiquât, avec une lettre du secrétaire d'Etat, à tous les évêques de la chrétienté. En agissant ainsi le Souverain Pontife ne fit que se conformer à un usage très ancien dans l'Eglise. De tout temps, en effet, pour donner aux fidèles une règle de conduite sage et éclairée, on a pris soin de recueillir dans les *actes* des Papes ce qui était le plus de nature à fixer l'esprit chrétien. C'est ainsi que les *décrétales*, qui font partie de la législation canonique, ont été composées.

Pie IX fit donc recueillir dans les *actes* de son pontificat, *allocutions, lettres apostoliques, lettres à des évêques, etc.*, ce qui lui parut résumer le mieux la doctrine de l'Eglise sur les questions modernes qui partagent le plus les esprits. Il fit diviser l'ouvrage en quatre-

(1) *Vie de M. Emery*, t. II, p. 202.

vingts propositions, rangées sous dix chefs différents, suivant les différents sujets auxquels elles se rapportent. De là ce nom de *Syllabus*, qui veut dire, d'après l'étymologie grecque, *réunion* ou *recueil*.

Ces propositions ont chacune un sens déterminé par le contexte et surtout par le document d'où elles sont extraites. En matière doctrinale, cette question du document joue un rôle considérable. C'est pourquoi la Propagande a fait imprimer une édition du *Syllabus* en mettant en regard de chaque proposition le document authentique d'où elle est tirée.

Il est évident que, puisque tous ces *actes* viennent du suprême pasteur de l'Eglise, dans l'exercice de son ministère, un catholique leur doit à tous le respect et l'obéissance, mais avec cette restriction que toutes ces propositions sont loin d'être erronées de la même manière. Il y a dans ces erreurs des degrés de gravité très différents. C'est là, ce à quoi on ne fait pas assez attention. Il est clair cependant qu'une *lettre* adressée à un évêque en particulier a une autorité beaucoup moins grande qu'une *lettre apostolique* destinée à toute l'Eglise. Telle proposition sera *très voisine de l'hérésie*, telle autre ne méritera que le reproche *d'offenser les oreilles pies*. Elles ont toutes plus ou moins d'affinité avec l'hérésie, mais ce qui fixe le degré d'affinité, c'est le document d'où la proposition est tirée.

Les chapitres V, VI, IX et X traitent des rapports entre l'Eglise et l'Etat, du pouvoir temporel et du libéralisme. C'est pour n'avoir pas compris les propositions contenues dans ces chapitres que beaucoup de personnes ont abandonné toute pratique chrétienne. Elles se sont crues en face d'un terrible écueil qui les a effrayées. Elles ont reculé comme un cheval ombrageux et fougueux recule, lorsqu'il aperçoit quelque objet qui l'épouvante. Avec un peu de ténacité et de réflexion elles auraient ri de leur frayeur.

Le chapitre VI a pour titre : *Erreurs relatives à la société civile, considérée soit en elle-même, soit dans ses rapports avec l'Eglise*. Rien que ce titre indique à première vue qu'il ne s'agit pas de faits, mais de principes. Le Pape, en effet, ne prend pas à partie tel gouvernement, tel groupe pour leur adresser des reproches. Il se place au-dessus des faits accomplis et croit pouvoir affirmer que plus l'union entre l'Eglise et l'Etat sera intime, plus la société sera heureuse. Aujourd'hui il ne manque pas de théoriciens qui prétendent le contraire. Pour eux, plus la séparation sera profonde entre l'Eglise et l'Etat, plus l'Eglise et l'Etat seront prospères. Pie IX pense que la société telle que Dieu la conçoit, c'est-à-dire la *société considérée en elle-même*, répond d'autant mieux à l'idée première du Créateur qu'elle est plus chrétienne. Il en est des sociétés comme des individus. Plus l'individu est vertueux, charitable, religieux, chrétien, plus il se rapproche de la perfection. Créé à l'image de Dieu, il mérite d'autant plus d'éloges qu'il reproduit plus fidèlement les traits de son Créateur.

La véritable perfection de la société civile ne consiste-t-elle pas à conserver l'accord parfait entre les deux autorités civile et spirituelle, que Dieu a lui-même établies?

Pie IX estime que les partisans de la séparation sont dans l'erreur, et il engage les chrétiens à ne pas les suivre. De bonne foi ce qu'il enseigne est-il monstrueux?

Je sais bien qu'il se trouve des personnes qui, soit par aversion pour un passé défectueux sous quelques rapports, mais en partie mal connu, soit par manie de progrès et par une admiration peu réfléchie de la nouveauté, se persuadent facilement qu'elles seules ont raison, et que l'idée d'une société universellement chrétienne est antiprogressiste, antilibérale, antifrançaise, qu'on ne peut laisser plus longtemps les peuples se courber sous la crosse des évêques, et que le progrès des esprits réclame impérieusement l'émancipation religieuse des sociétés; mais qui leur dit qu'à leur tour elles ne se trompent pas? Qui leur dit qu'elles ne ressemblent pas à cet homme qui, ne pouvant se servir de ses jambes et marchant assez commodément avec une paire de béquilles bien conditionnées, voudrait prouver à tout le monde que c'est là la meilleure manière de marcher et la plus naturelle? C'est vrai: il y a des sociétés où la religion vit à part, où l'Eglise et l'Etat sont séparés; mais a-t-on assez remarqué que dans ces sociétés l'union n'a jamais existé? qu'en Amérique, par exemple, les choses ont toujours fonctionné de la sorte? Que si l'Etat et l'Eglise dans ces pays peuvent vivre côte à côte sans se heurter, c'est qu'elles n'ont jamais vécu sous le même toit? Que transporter sous d'autres cieux, au milieu d'autres sociétés, ce *modus vivendi*, qui, après tout, est une exception, c'est peut-être préparer à ces sociétés des secousses terribles, des bouleversements qu'on n'a pas prévus?

Pour se désillusionner, notre boiteux n'aurait qu'à considérer comment marchent les gens bien portants, ce qui serait *considérer la chose en elle-même.*

Pie IX dit aux chrétiens. « Ne vous laissez pas prendre aux mots, ne regardez même pas ce qui se fait autour de vous pour l'imiter.

Considérez la société en elle-même, et voyez si l'union n'est pas préférable? Pour moi, ajoute-t-il, sans blâmer ce qui se fait ailleurs, j'affirme, que briser l'entente là où elle existe, c'est commettre une faute, et, en vertu de mon autorité, je déclare imprudents, mais nullement hérétiques ceux qui défendent en principe cette séparation. Là, où on la jugera nécessaire; là où, pour éviter un plus grand mal, il faudra la subir, soumettez-vous. Mais, tout en vous accommodant aux circonstances, demeurez fermes sur les principes, et tenez pour dangereux, mais non pour hérétique le principe de la séparation. »

J'avoue que je ne vois pas en quoi Pie IX est répréhensible. Aurait-on voulu, par exemple, qu'il modifiât la doctrine de l'Eglise suivant le caprice et les fantaisies des philosophes, romanciers, législateurs, utopistes de tout poil qui fleurissent sous la calotte des cieux? Ce serait au moins bizarre, pour ne rien dire de plus.

Dans le *Syllabus*, Pie IX rappelle des principes. Il ne maudit ni la société moderne ni les partisans de ce qu'on appelle les idées nouvelles. Il engage seulement les chrétiens à rester fermes dans la vérité. Encore une fois, je ne vois pas ce que le *Syllabus* a de si redoutable. Il ne plaît pas aux partisans de l'*Etat laïque*. Je le comprends. Mais je n'imagine pas que les inventeurs de ce système aient jamais compté sur l'Eglise pour propager leurs idées. Leur étonnement serait grand si les prêtres, les évêques, le Pape leur tendaient la main. Ils affirment qu'ils sont le progrès. L'avenir prouvera s'ils ont raison. Mais ils permettront, j'imagine, à l'Eglise, qui, elle, a fait ses preuves, de *les voir venir*, comme on dit, et de ne modifier sa doctrine que si l'expérience lui prouve qu'elle est dans l'erreur, et que ces messieurs sont dans le vrai.

Possession vaut titre, dit un axiome du droit. Pendant dix-huit siècles, l'Eglise a été considérée comme la dépositaire de la vérité, que ceux qui aspirent à prendre sa succession, la chassent, non de ses palais, ni de ses temples, mais du cœur de l'humanité, et ce jour-là seulement, elle pourra s'avouer vaincue.

Je sais bien que, parmi les catholiques, il y a malheureusement des exaltés qui, par l'intempérance de leur langage, semblent donner raison aux adversaires de l'Eglise, et qui, s'abritant derrière le *Syllabus*, lancent sans miséricorde, comme sans discernement, l'anathème et l'excommunication indifféremment sur tout le monde.

Vraiment c'est attacher trop d'importance à quelques isolés qui laissent croire qu'ils sont *Légion*, par le bruit qu'ils font. Ces chrétiens si respectables, si sincères qu'ils soient, ne sont pas l'Eglise. Plusieurs se sont laissé entraîner par une ardeur mal contenue, ils ont tout confondu. Est-il loyal de les considérer plus longtemps comme l'organe de l'Eglise?

Ils prétendent toujours, en effet, qu'une autorité vénérable a déclaré les *catholiques libéraux* les pires des révolutionnaires, et cela parce qu'au lieu de prendre les paroles du Pape dans un sens littéral, nous osons les interpréter. Pauvres gens! Ce qui les excuse, c'est ou leur bonne foi, ou la petitesse de leur cerveau. Voudraient-ils, ces fanatiques de la lettre, qu'en souvenir de certaines paroles de l'Evangile, nous soyons amenés à nous crever les yeux, à nous couper la main ou le pied, tandis que c'est le devoir d'un chrétien de ne jamais se mutiler de la sorte? Le Sauveur l'a dit: *Ce qui vivifie, c'est l'esprit.*

Aussi je demeure convaincu que tous ceux qui ont jusqu'à ce jour parlé du *Syllabus* sans l'avoir, je ne dirai pas étudié, mais seulement lu, reviendront à une appréciation plus saine de ce document, le jour où l'esprit de parti ne présidera plus à leurs recherches.

Medice! Cura teipsum. — Avant de chercher à guérir les autres, il faut se guérir soi-même. Avant de reprocher à des adversaires leur fanatisme et leur aveuglement, il faut se garer soi-même contre l'exagération et la mauvaise foi.

Eh bien, plus j'y songe, et plus je soupçonne ceux qui prétendent que, dans le *Syllabus*, Pie IX prêche la révolte, la haine du présent, le regret du passé, plus je les soupçonne de n'avoir d'autre but que d'exploiter la crédulité publique à leur profit, et de transformer en une arme meurtrière un instrument des plus inoffensifs, pour effrayer les peureux, les ignorants, les naïfs, qui courent se ranger derrière leur bannière, convaincus que le salut est avec les ennemis de l'Eglise, et que sans eux la société aurait couru un grand péril (1).

(1) Dans la séance du 11 mars 1865 au Sénat, M. Rouland a cru pouvoir affirmer que le *Syllabus* avait été un traité d'hostilité politique dirigé en particulier contre le gouvernement français, coupable de s'être prêté à la convention du 15 septembre.

Et voici la preuve qu'en donnait M. Rouland :

Le *Syllabus*, paraît-il, avait été composé longtemps avant son apparition. Dès 1861, M. Rouland en avait eu une copie qu'il avait gardée, parce que cette pièce n'avait rien de confidentiel.

Ce travail, entrepris par trois évêques français sous la direction de Mgr Gorbet, fut porté à Rome.

Il visait non seulement la civilisation moderne et les erreurs du temps

La même comédie a recommencé avec le dogme de l'infaillibilité. Demandez à M. Lockroy et à ses amis ce qu'il faut entendre par ce dogme, ils vous parleront d'autocratie, de puissance occulte, d'absolutisme ; ils feront de grandes phrases, qu'ils débiteront d'un ton solennel; ils parleront de la société civile menacée, ébranlée, et le tour sera joué, et ce fantôme de la papauté leur aura servi pour grouper derrière eux les naïfs qu'on attrape avec des mots.

présent, mais surtout les *libéraux catholiques*. La grande préoccupation du parti ultramontain de cette époque était, en effet, de faire condamner ce parti libéral qui comptait à peine quelques adhérents, mais tous redoutables par le talent et les convictions.

L'un d'eux même, désigné par M. Rouland comme un des membres « les plus distingués et aux formes les plus conciliantes », dut partir pour Rome pour se défendre lui et ses amis.

Le gouvernement français entendit dire qu'on pourrait bien publier une lettre encyclique analogue à celle du pape Grégoire XVI, et sut qu'on remettait à tous les évêques qui allaient à Rome un exemplaire du *Syllabus* soi-disant pour avoir leur assentiment, mais en réalité pour obtenir leur approbation pure et simple.

Le gouvernement français crut devoir adresser au gouvernement du Pape quelques observations conciliantes.

Grâce à son intervention et aux démarches de ce parti libéral si ardemment poursuivi, l'*Encyclique* et le *Syllabus* ne parurent pas. Ce ne fut qu'au lendemain de la convention du 15 septembre qu'ils furent jetés au sein de notre société « pour tâcher de voir s'il n'y avait point encore certaines matières inflammables d'où pourrait sortir un de ces mouvements assez fréquents dans les siècles passés ».

« Et voilà pourquoi, s'écriait M. Rouland, nous avons été tous très émus à l'apparition subite de l'*Encyclique* et du *Syllabus*. On pouvait croire que ces actes étaient une réponse à la convention du 15 septembre... On pouvait croire que si nous avions donné au Vatican des inquiétudes, le Vatican avait voulu, dans un moment d'irritation, nous renvoyer à son tour l'inquiétude et le trouble. » (*Constitutionnel,* 13 mars 1865.)

Je ne me permettrai pas d'élever le plus petit doute contre les affirmations de M. Rouland; je me contenterai de les faire suivre d'une simple remarque :

Quand il serait vrai que le Pape aurait retardé de plusieurs années l'apparition du *Syllabus,* et qu'il aurait choisi pour le publier le lendemain de la convention du 15 septembre, cela retire-t-il au document sa valeur philosophique et dogmatique?

De plus, pourquoi reprocher au Pape d'avoir d'abord cédé à des observations sages, et d'avoir obéi aux conseils de la prudence? Pour éviter un plus grand mal, le Pape sut garder le silence, mais avait-il promis de le garder toujours?

La coïncidence entre la convention du 15 septembre et l'apparition du *Syllabus* a-t-elle été voulue par le Pape? M. Rouland l'affirme, et je n'ai aucune raison de m'inscrire en faux. Mais, encore une fois, je ne vois pas en quoi le Pape a été coupable. Il se trouvait attaqué. Il s'est défendu comme il a pu. Voulait-on qu'il se tût? Lui seul était juge de l'opportunité de ses actions. Acte politique ou non, acte de vengeance ou non, le *Syllabus* n'en demeure pas moins un acte scientifique, et c'est surtout à ce point de vue qu'il est intéressant de l'étudier.

La vérité est que le concile du Vatican n'a nullement modifié cette institution qui s'appelle la papauté. En 1801, comme en 1881, on croyait au Pape infaillible, au Pape souverain de l'Eglise catholique et souverain tout-puissant. Si M. Lockroy en doute, qu'il se rappelle le Pape obligeant en 1801 tous les évêques de France à démissionner, et prenant l'engagement, au nom du clergé français, que jamais celui-ci n'élèvera des réclamations en faveur de ses biens confisqués. Si, pour M. Lockroy, l'infaillibilté est le privilège qu'a le Pape de se faire obéir *ad unguem*, et de manipuler la masse catholique comme il veut, je ne comprends plus comment il ose dire que le Pape de 1801, parce qu'on ne l'avait pas déclaré infaillible, n'avait pas la même autorité que le Pape de 1881 revêtu de ce privilège, et comment l'institution de la papauté a pris un caractère nouveau de despotisme des plus incontestables. Mais l'infaillibilité n'est pas ce qu'imagine M. Lockroy. Comme je ne fais pas un cours de théologie, je n'ai pas à expliquer en quoi elle consiste. Il me suffit de répondre à M. Lockroy par l'argument *ad hominem* et de prendre mon adversaire dans ses propres filets.

Il y a quelques mois, deux hommes, un journaliste et un député, accusaient de trahison un ancien ministre de la guerre, accusation terrible qui supposait des preuves écrasantes !

Aussi, pour donner plus de crédit à leurs accusations, les vengeurs de notre honneur profané étalaient publiquement des faits odieux, abominables, témoignant hautement qu'il leur était facile de prouver l'exactitude de leurs affirmations, qu'on n'essayait d'étouffer, disaient-ils, que pour les besoins de la cause adverse.

C'est ainsi qu'ils ressuscitaient un certain colonel Clément, gravement compromis avec le général de Cissey, dans des achats militaires, dont, selon eux, on faisait courir la mort pour supprimer un témoin contre eux, mais dont personne n'ignorait l'existence à New York. Sur la foi de MM. Rochefort et Laisant, le public s'était pris à croire que le suicide du colonel était une légende et que les faits à la charge de M. de Cissey, niés par ses amis, révélés par ses ennemis, n'étaient pas moins certains que l'existence même de son complice. C'était grave, et l'accusation paraissait triomphante, lorsque parut à l'audience un certain M. Justin, maître d'hôtel à Boulogne, qui fit cette déposition : « Le colonel Clément s'est suicidé dans mon hôtel le 12 janvier 1873. J'ai vu son cadavre qui a été examiné par un médecin. Il avait un coup de revolver dans le cœur. Je l'ai vu ensevelir. J'ai assisté à son enterrement : il a été inhumé au cimetière de Boulogne. » — Ce fut un coup de théâtre !

— M. Rochefort, interrogé par le président sur ce qu'il avait à répondre, ne put que balbutier : « Si la mort est certaine, j'admets la rectification. *Le bruit courait qu'il n'était pas mort* (1). »

Du même coup croulait l'échafaudage de crimes savamment élevé contre M. de Cissey. L'accusation se réduisait à une infâme calomnie inventée par la plus odieuse vengeance.

Sur quoi avaient donc compté les ennemis de M. de Cissey? Sur la naïveté du public qui engloutit les calomnies, comme on boit un verre d'eau pendant la canicule.

C'est aussi sur la naïveté du public que comptent MM. Talandier, Lockroy et leurs amis politiques pour accréditer leurs mensonges historiques sur l'Eglise. Il faut avouer, d'ailleurs, qu'ils sont servis à souhait. Le public aimera toujours mieux *les bruits qui courent* que les faits incontestables, et je suis stupéfait qu'il n'ait pas écharpé ce M. Justin qui osa ravir une victime à ses idoles préférées. En revanche, c'est ce qu'il fait pour les honnêtes gens qui, dans les réunions publiques, ont le courage de répondre aux anticléricaux et de les confondre d'imposture.

Je viens de lui montrer ce que l'on trouve d'erreurs injustifiables dans quelques pages seulement de ses flatteurs. Vous croyez que cet échantillon l'éclairera sur la créance que méritent leurs informations et leurs documents? Vous ne le connaissez guère! Il est, et il restera mouton. Et encore, j'ai eu soin de choisir parmi nos contradicteurs deux hommes qui doivent être sérieux, deux députés! Que serait-ce si j'étais descendu dans les bas-fonds de l'intransigeance? Il ne m'aurait jamais cru. — Peut-être ai-je eu tort. Car si j'avais remué cette boue, il aurait mieux admis mes rectifications et confessé ses erreurs. Malheureusement ces documents sont de ceux qu'on ose à peine lire; ce n'est pas pour les donner en pâture à ses lecteurs. J'ai choisi pour l'offrir au public ce qui m'a paru le plus présentable. S'il y en a qui rêvent de respirer des parfums plus forts, ils n'ont qu'à se plonger dans l'intransigeance, ils pourront y satisfaire à souhait leurs goûts les plus pervers.

(1) Extraits du journal *l'Intransigeant,* novembre 1880.

ARTICLE IV

LE BUDGET DES CULTES POUR L'ANNÉE 1882.

Budget du culte catholique.

Chapitre	1. Personnel des bureaux des cultes.	252,800 fr.
—	2. Matériel des bureaux des cultes.	36,000
—	3. Cardinaux, archevêques et évêques.	1,154,000
—	4. Vicaires généraux, chapitres et clergé paroissial.	40,206,243
—	5. Chapitre de Saint-Denis.	181,000
—	6. Bourses des séminaires catholiques.	1,032,200
—	7. Pensions ecclésiastiques et secours personnels. .	897,000
—	8. Secours annuels à divers établissements religieux.	60,000
—	9. Service intérieur des édifices diocésains.	440,623
—	10. Entretien des édifices diocésains.	800,000
—	11. Travaux aux édifices diocésains de l'Algérie. . . .	90,000
—	12. Acquisitions, constructions, et grosses réparations des édifices diocésains.	2,000,000
—	13. Crédits spéciaux pour diverses cathédrales.	1,111,000
—	14. Secours pour les églises et presbytères.	3,150,000
	Total.	51,410,866 fr.

Chapitre	15. Personnel des cultes protestants.	1,589,100 fr.
—	16. Frais d'administration de l'Église de la confession d'Augsbourg.	10,000
—	17. Personnel du culte israélite.	202,900
—	18. Secours pour les édifices des cultes protestants et israélites.	100,000
—	19. Dépenses diverses et accidentelles, frais de passage.	35,000
	Total.	1,937,000 fr.
	Total général.	53,347,866 fr.

CHAPITRE III

LA FORTUNE DU CLERGÉ

Je ne m'illusionne pas à ce point d'espérer que cette brochure changera la face des choses en France. Je crois la suppression du budget des cultes inévitable, à moins que ceux qui font l'opinion ne parviennent à la modifier.

« Si la République, après s'être affermie à l'intérieur, s'est fait reconnaître et respecter au dehors, elle a aujourd'hui une autre tâche que le pays a marquée d'une façon nette et précise : il faut qu'elle fasse honneur à ses engagements; il faut qu'elle apporte dans le cercle des pouvoirs publics aussi bien que dans les diverses branches de l'administration générale de l'Etat, la moyenne des réformes qui sont réclamées par l'opinion (1) ».

La franc-maçonnerie, dont les projets ne sont un secret pour personne, veut à tout prix tuer le catholicisme. Depuis de longues années, elle s'acharne à cette besogne avec une âpreté digne d'une meilleure cause. Elle a employé tous les moyens : et ce n'est pas sans effroi qu'elle constate que tous ses efforts réunis ont à peine entamé l'édifice. — Les francs-maçons commencent à se demander si quelque force secrète ne protégerait pas l'Eglise catholique, et si par hasard ces promesses d'immortalité que le Christ lui a faites seraient sérieuses.

Les physiologistes enseignent que le plus léger coup donné à l'homme, en un certain point de la moelle allongée, que pour cette raison ils nomment le *nœud vital*, entraîne la mort instantanée. La suppression du budget des cultes est dans la pensée des francs-maçons le coup de mort de l'Eglise catholique. L'argent est le nerf de la guerre. Il est aussi le secret de cette *insolente* longévité du catholicisme en France. Pour mettre un fleuve à sec, il faut tarir sa

(1) Discours de M. Gambetta au Neubourg, septembre 1881.

source. Quand les curés mourront de faim, ils demanderont grâce et sacrifieront leurs croyances pour avoir la vie sauve.

Ce calcul est peut-être savant. Le temps nous apprendra s'il est exact. En tout cas, les francs-maçons ne pouvaient choisir une époque meilleure, un auditoire plus sympathique, des circonstances extérieures plus favorables. Ils expérimentent dans des conditions excellentes. Réussiront-ils? *That is the question.*

Il y a, en effet, un point noir dans leur horizon, c'est que l'Eglise n'est point une institution comme les autres.

C'est se tromper que de raisonner de l'Eglise catholique comme on raisonne par exemple de l'Empire ou de la Restauration.

L'Empire et la Restauration, deux institutions purement humaines, ont succombé sous les fautes de leurs fondateurs. La mort est l'issue fatale des institutions humaines comme des individus. Elle arrive quand le corps est usé, affaibli. On cite bien des vieillards qui dépassent la centaine; mais, ce point franchi, ceux-là mêmes n'entrent point dans l'immortalité : la mort les saisit à leur tour, comme un proie qu'elle avait gardée pour faire mieux sentir son terrible pouvoir. Les empires subissent cette loi commune. Tout ce qui vient de la poussière doit y rentrer. L'Eglise seule vient du ciel. Donc il est moins que certain, que le calcul des francs-maçons soit exact. Déjà, dans l'équation qu'ils posent, je trouve une donnée incomplète. Il se pourrait qu'ils arrivassent à une solution impossible, dont ils devront interpréter la valeur, qui n'est réelle que pour certaines données de l'inconnue.

Quoi qu'il en soit, le moment est solennel, et la franc-maçon nerie, qui est aujourd'hui maîtresse de la France, a hâte de frapper le grand coup. Elle est à l'apogée de son triomphe. Elle ne trouvera jamais une aussi belle occasion.

ARTICLE Ier

L'ARTICLE BÊTE ET LA FORTUNE DU CLERGÉ

Personne n'ignore qu'avant 1789 le clergé avait une immense fortune territoriale; que cette fortune, l'Etat la lui a prise parce qu'il avait besoin d'argent et qu'il n'en trouvait nulle part; que le clergé a subi la loi du plus fort, mais que l'Etat lui a promis de l'indemniser dans la mesure de ses ressources.

Ces faits sont assez connus.

Ce qui l'est moins, c'est que l'origine de cette immense fortune territoriale était aussi honnête que celle des neuf-dixièmes des fortunes privées. On déclame aujourd'hui beaucoup contre les captations, disons les vols, du clergé. Or on n'a pas plus le droit de dire du clergé qu'il avait volé sa fortune, qu'on n'a le droit de le dire d'un particulier, sans le prouver. En justice, la présomption ne suffit pas pour faire condamner un accusé. Le délit n'existe que quand il est constaté. Donc ces déclamations, eussent-elles pour parrains Michelet, Louis Blanc, Victor Hugo, n'en restent pas moins des déclamations. « Vous me traitez de voleur, prouvez que je le suis. » Or si l'on peut prouver que, dans *certains cas*, *certains membres* du clergé ont manqué d'honneur et de délicatesse, on n'a pas encore prouvé, et l'on ne le prouvera jamais, que l'ensemble de la fortune ecclésiastique avait une source inavouable. On l'affirme, mais encore une fois on ne le prouve pas (1). On diffame le clergé, parce qu'on pense qu'il en restera toujours quelque chose, on invente à son sujet de fantastiques légendes, qui peuvent avoir une saveur populaire, mais qui n'auront jamais de saveur historique, et qui ne serviront qu'à grossir le recueil déjà volumineux de ce qu'on appelait en 1826 au *Constitutionnel* « l'article bête ».

Il est inouï comme à notre époque l'*article bête* a pris des proportions gigantesques. Sous la Restauration, le *Constitutionnel* en avait le monopole. Il est vrai que ce journal excellait dans la besogne subalterne. Deux ou trois fois par semaine, il publiait, sous le titre de *Gazette ecclésiastique,* de petits articles où chaque méfait prétendu du clergé était relevé, commenté, envenimé. Beaucoup de ces récits étaient des calomnies; d'autres dénaturaient des faits irréprochables ou inoffensifs. L'écrivain chargé de raconter, souvent même d'inventer ces anecdotes, était désigné dans l'intimité sous le nom de *rédacteur des articles bêtes*, et lorsque le niveau des abonnements baissait, on disait : « Le rédacteur des articles bêtes se néglige; il faut le faire donner plus souvent. » Le procédé le plus souvent employé, raconte M. Nettement, qui disait le tenir d'un des principaux actionnaires du *Constitutionnel*, était l'anecdote sans indication de nom, de lieu, ni de date, et qu'il était par suite impossible de contrôler et de démentir. Les extraits suivants d'une prétendue lettre de commis voyageur, publiée par le *Constitutionnel*, donneront une idée de cette polémique :

(1) Ce qu'on ne prouvera pas surtout, c'est que le clergé paroissial de 1881 soit riche. Ce n'est un secret pour personne qu'il est pauvre, pour ne pas dire misérable. Voir l'Appendice I à la fin de l'ouvrage.

« Dans la commune de X..., un homme pieux, arrivé à ses derniers moments, appela un prêtre autre que le curé de la paroisse. Le pasteur en chef fut blessé de ce choix; le pasteur subalterne refusa son ministère; le malade mourut sans confession. — Dans une autre commune, un jeune homme, appelé à Paris par une affaire de famille, voulant, avant de s'éloigner de son village, s'approcher de la sainte table, le curé le repoussa en disant : « Paris « est une Babylone; qui y va ne saurait communier dignement. » — Dans un village voisin, un prêtre a refusé un drap mortuaire pour le cercueil d'un pauvre maçon. — Un prêtre a fait une remontrance publique à une femme, etc., etc... (1)» — Voilà bien l'*article bête!*

Or aujourd'hui cet article fleurit dans des centaines de journaux. C'est la principale machine employée dans cette guerre contre l'Eglise, guerre mesquine et répugnante, mais souvent efficace, par des hommes sans valeur, mais d'une audace à faire frémir l'ombre de Danton. Le peuple croit que l'Eglise, c'est le brigandage organisé sous le masque de la religion; que tous les prêtres ont les doigts crochus; que leur seul but est de soutirer de l'argent aux fidèles, et que leur immense fortune d'autrefois était le fruit de leurs vols et de leurs infamies.

La vérité est que le clergé d'avant 89 était propriétaire par suite de donations régulières et grâce à son propre travail ou à ses économies. Les parlements avaient enregistré ces donations. C'est donc qu'ils les tenaient pour honnêtes et légitimes. Avant 1789 personne n'avait imaginé que le clergé n'était pas propriétaire, mais seulement détenteur de la fortune publique. Ce n'est que dans ce siècle fertile en *articles bêtes* que la théorie des *captations cléricales* a fait son apparition, et qu'elle s'est épanouie à l'ombre des intransigeants qui se sont donné la mission de la cultiver. Jamais, avant 1789, l'honorabilité du clergé n'a été soupçonnée, et dans leurs *Cahiers de* 89, si les électeurs formulent des réclamations, ce n'est pas pour blâmer l'origine de la fortune de l'Eglise, mais pour signaler sa mauvaise gestion, et surtout les abus dont elle était devenue la source. Or ces abus, le clergé lui-même les connaissait, et était tout prêt à se réformer.

Ce qui n'est guère plus connu que l'origine de la fortune de l'Eglise, ce sont les motifs qui la lui ont fait ravir. Quand la Constituante s'appropria les biens du clergé, l'Etat était à la veille d'une

(1) Thureau-Dangin, *le Parti libéral sous la Restauration*, p. 323.

banqueroute. A tout prix, il lui fallait de l'argent. Les emprunts ne rendaient plus. Que faire? Si dur que soit le mot, il faut l'écrire..... On vola. Ce fut le besoin qui poussa l'Etat à cette triste nécessité.

Les juges acquittent le malheureux qui, mourant de faim, vole un pain. Le pays ratifia la spoliation votée par la Constituante, parce qu'elle seule sauvait le pays d'une ruine complète.

C'est alors que le pouvoir, pour se justifier, eut recours à des fictions plus ou moins ingénieuses. Il imagina que, comme les fidèles n'avaient enrichi l'Eglise que pour permettre à celle-ci d'exercer la charité envers les pauvres et les nécessiteux, il était du devoir de l'Eglise de secourir l'Etat, qui se mourait. L'œuvre philanthropique par excellence était le salut de l'Etat. C'était grand dommage que la fortune du clergé y passât, mais pouvait-on laisser périr la France, quand il n'y avait pour la sauver qu'à puiser dans les caisses de l'Eglise?

Dans un de mes voyages en Espagne, je me rendais à Séville. J'étais seul à cheval. J'avais pris par la montagne. Je contemplais le paysage, m'enivrant un peu de mes pensées et beaucoup des fraîches senteurs du matin. — *Una limosna por el amor de Dios*, gémit tout à coup un mendiant de mauvaise mine, que je n'avais pas aperçu assis au bord du fossé, au détour d'un sentier très escarpé, son rosaire au bras, son escopette entre les jambes. — *Valga me Dios!* répondis-je en armant mon revolver, et en jetant un quarto dans son chapeau. — Pendant qu'il murmurait des excuses ou des menaces, je mis mon cheval au trot.

L'Etat en 1789 me rappelle assez mon mendiant de la sierra, et si le clergé ne put s'en débarrasser, c'est qu'il n'en eut ni le temps ni le loisir. Comme on trouvait qu'il mettait trop de lenteur à s'exécuter, ce fut de lui dont on se débarrassa par la mort et l'exil.

L'*article bête* me remet en mémoire certains faits récents dont mes lecteurs doivent encore se rappeler. Je demande la permission de les citer pour ma conclusion.

Les deux personnages de France les plus en vue en ce moment sont sans contredit M. Gambetta et M. Rochefort.

Il y a quelques mois, M. Rochefort imagina de révéler au public certaines fraudes dont les marchés militaires sont l'occasion. Il emboucha solennellement la trompette et se proclama le sauveur de la France. Son boniment d'ailleurs était habilement composé. Le public surpris, inquiet, assourdi, s'arrêta malgré lui. Une femme, madame de Kaulla, était signalée comme une espionne prussienne qui trafiquait de notre honneur en même temps que du sien, et qui livrait à M. de Bismarck, contre remboursement, nos plans de mobilisation. Entre temps, elle se faisait la main en spéculant sur les fusils, les chevaux et les godillots de nos troupiers. C'était gros comme une montagne ! Aussi le scandale fut énorme, l'émotion profonde. La justice fut saisie, et pendant plusieurs semaines la presse ne fut guère occupée qu'à reproduire les citations des huissiers et les ordonnances des juges. Une enquête parlementaire fut ordonnée et rendit le général de Cissey, incriminé dans cette affaire, blanc comme neige.

Pendant longtemps l'affaire Cissey fut ce qu'on appelle en style du jour un *clou*.

M. Rochefort, d'ailleurs, n'avait sali M. de Cissey que pour mieux éclabousser M. Gambetta. M. Rochefort ne se reconnaît qu'un adversaire : M. Gambetta. Les lauriers de son ancien camarade du 4 septembre l'empêchent de dormir. Il veut à tout prix le *tomber*. Il s'est dit que la meilleure manière, c'était de soulever une question d'argent. Un homme politique que l'on prend la main dans le sac est un homme perdu. Or M. Gambetta a été pendant plusieurs années président de la commission du budget, à l'époque où M. de Cissey était ministre. Au ministère de la guerre, comme dans tous les autres ministères, comme sous tous les gouvernements, il se commet des irrégularités qui, sous le nom de *virements*, constituent ce qu'en terme de métier on appelle la *gratte*. C'est connu de tout le monde; c'est certainement illégal, mais c'est reçu. Aussi M. Gambetta ne jugea-t-il pas opportun de soulever le voile de ces petites turpitudes du fonctionnarisme.

M. Rochefort, qui connaît ces misères aussi bien que tout le monde, crut que c'était le moment psychologique de jouer l'homme intègre, l'homme vigilant, l'homme-messie. Il se donna donc la mission de révéler des manœuvres que personne n'avait jusqu'alors condamnées, mais qu'il sut rendre abominables. Il s'empara de M. de Cissey, avec la pensée d'atteindre le président de la commission du budget, *ce pelé, ce galeux, d'où nous vient tout le mal*. Donc, que personne ne s'y trompe ! si M. de Cissey a volé, s'il a trahi, c'est parce que M. Gambetta, qui y trouvait son compte, l'a laissé voler et trahir. Le voleur, le traître, le tripoteur n'est pas le ministre, c'est le président de la commission du budget, et pour le mieux éclabousser, M. Rochefort trempa sa plume dans le dépotoir le plus infect : un mélange de rage concentrée et d'ambition déçue. Quant aux preuves, ce fut ce dont M. Rochefort s'embarrassa le moins. Il se contenta de *semer des bruits*, de répandre des *commérages*, *d'inventer des fables*. Il sait son public par cœur, et la puissance des *on-dit* sur le badaud français. Pour ceux qui le serraient de trop près, il feignit de garder un silence pudibond de crainte d'écœurer notre honnêteté.

Le premier moment de stupeur passé, le public français partit d'un immense éclat de rire, et quand M. Rochefort indigné voulut fournir ses preuves, tout le monde se sauva. La parade avait amusé : on refusa d'entrer dans la baraque. La foule se dispersa en haussant les épaules. Il est fou ! Un pître qui veut essayer de justifier ses joyeusetés ! ça ne s'est jamais vu ! Décidément M. de Rochefort dépasse la permission. Comment ! il a la prétention de nous prouver que M. de Cissey a communiqué à M. de Bismarck nos plans de mobilisation ! Il est fou ! C'est impossible ! — Or, dès que le public en France a dit d'une chose : *C'est impossible*, rien au monde ne peut le dissuader ; il est aussi têtu qu'il est volage. — Mais pourquoi est-ce impossible ? — Pourquoi ? — Vous me demandez pourquoi ? Naïf ! ergoteur ! mais parce que... *c'est impossible !* Et d'un bout de la France à l'autre tout le monde demeura convaincu que ni M. Gambetta ni M. de Cissey n'avaient forfait à l'honneur ; ce qui n'empêcha pas qu'un certain nombre de journaux continuèrent à imprimer que M. de Cissey était un traître, M. Gambetta un filou, et que la *fortune de la France serait depuis longtemps dissipée si M. Rochefort n'y veillait.*

L'incident Cissey était à peine oublié que les *foudres de la nature*, transportant dans *l'immortalité de la justice* (1) un jeune avocat, député de Seine-et-Oise, fournirent matière à un nouvel incident non moins burlesque que le précédent.

M. Gambetta crut devoir pontifier à l'enterrement de *cette activité qui était enlevée à la République ;* il débita au cimetière une harangue qui lui parut profonde. Plusieurs journaux s'étonnèrent que M. Rochefort, dont Me Albert Joly avait été le défenseur et, paraît-il, le sauveur, n'eût pas assisté à ses obsèques. M. Rochefort répondit qu'il ne mettait jamais les pieds là où il savait devoir rencontrer M. Gambetta, auquel, pour la circonstance, il envoyait dans le nez autre chose que des coups d'encensoir. M. Gambetta, qui n'aurait pas dû se vexer, trouva le procédé par trop *intransigeant* et crut *opportun* de reprendre sa revanche.

Les intransigeants ne sont pas riches en général et font plus parade de leur désintéressement que de leurs écus. Il était difficile de faire tomber leur chef sur une question d'argent. On n'ignore pas

(1) Extraits de l'Oraison funèbre de M. A. Joly, par M. Gambetta.

que leur péché mignon, c'est l'orgueil à la façon de Diogène : S'ils n'ont qu'un haillon, ils s'y drapent : un tonneau, ils s'y vautrent, et si par hasard le pouvoir veut les acheter, ils le prient de se retirer de leur soleil. Si les *opportunistes* sont des ventrus, des jouisseurs, des repus; les intransigeants vivent tous comme feu Blanqui, avec du *laitage et de la salade crue.*

Or il fut un temps où M. Rochefort, paraît-il, ne se fit pas scrupule de mendier un service à M. Gambetta, et ne crut pas indigne *de lui* de solliciter son appui pour éviter le poteau de Satory. M. Gambetta, encore tout meurtri de l'affaire Cissey, se fit un malin plaisir d'arracher publiquement à M. Rochefort le haillon rouge dans lequel celui-ci se drape fièrement depuis son retour de Nouméa et de confier au public un petit secret qui devait perdre son ennemi. Que devenait en effet M. Rochefort si l'on parvenait à le dépouiller de son orgueil? de sa jactance? de son désintéressement absolu? Donc M. Gambetta se rappela certaine supplique que Rochefort lui avait adressé en 1871, certaines démarches qu'il l'avait prié de faire à cette époque chez M. Thiers, certaine somme d'argent qu'il lui avait fait tenir pour faciliter son évasion, toute une série de services qui n'ont pas de prix; et, bien que tout cela dût rester secret, M. Gambetta ne se fit pas scrupule de tout publier à son de trompe.

La révélation produisit son petit effet, et M. Rochefort fut atteint. La supplique avait-elle été réellement remise à M. Gambetta? Celui-ci était-il allé chez M. Thiers? avait-il envoyé à New York 25,000 francs? La chose importait peu; ce qu'il importait, c'est que le chef de l'intransigeance ne jouât plus au stylite, c'est qu'il fût précipité de sa colonne, et que la légende autour de son nom prît fin; ce qu'il importait, c'est que le public demeurât convaincu que M. Rochefort n'était pas d'une nature supérieure à la nature humaine, et que, pour un gentilhomme, il avait fait preuve de mauvaise éducation.

Ce fut pendant quinze jours une bataille des plus divertissantes, avec coups, horions, cris, sang répandu : une débauche de gros mots, de sous-entendus, de malpropretés sans exemple; puis un beau jour le calme se fit : le public se mit à rire et, tournant le dos à M. Gambetta, trouva tout naturel que M. Rochefort, craignant sans doute de ne pas goûter l'*immortalité de la justice*, eût eu peur des *foudres de la nature*, et se fût rappelé son ancien collègue de la Défense nationale pour ne pas se laisser mourir dans l'*euthanasie* (1).

(1) Extraits de l'Oraison funèbre de M. A. Joly, par M. Gambetta.

Tout cela parut très naturel, et on ne crut pas devoir l'en blâmer; ce qui n'empêche pas qu'il se trouve encore quelques illuminés qui reprochent à Rochefort d'avoir sollicité l'appui de Gambetta : « Il devait plutôt mourir à Satory, disent-ils, que d'implorer le soleil levant. Au fond, ce héros de l'intransigeance n'est qu'un lâche et un ingrat; bien que la palme de la couardise reste toujours à Gambetta (2). »

Je suppose maintenant un écrivain qui, dans quelques années, écrira les biographies de M. Gambetta et de M. Rochefort; et je me demande comment il se tirera d'affaire avec cet incident? Essayer de démêler la vérité dans un pareil tohu-bohu est encore plus difficile que de trouver du sens commun dans les discours de M. Maze. Pour peu que l'auteur se passionne, il favorisera celui-ci aux dépens de celui-là, et le lecteur, qui ne lit qu'un livre, sera exposé à se faire une idée contraire à la vérité. Le mal est relativement petit dans le cas qui nous occupe ; néanmoins c'est un mal ; car enfin, si peu qu'on vaille, on a droit à n'être pas défiguré. Mais si ce procédé est dangereux quand on l'applique à un individu, combien plus l'est-il quand il s'agit d'une institution, d'une société, d'une religion?

Le mois de décembre, déjà fertile en incidents, se termina par un scandale plus invraisemblable que les deux précédents. Une dame Graux crut devoir publier une lettre dans laquelle elle dénonçait un député, M. de Girardin, comme étant, non plus seulement un espion, qui livre la France à la Prusse pour obtenir les faveurs d'une femme, mais un véritable chef de conspirateurs.

L'incident Girardin était-il la revanche de l'incident Joly, comme celui-ci avait été la revanche de l'incident Cissey? On pourrait le supposer. Toujours est-il que, cette fois-ci, le public trouva le boniment par trop audacieux et que ce ne fut qu'un cri de réprobation d'un bout de la France à l'autre : *C'est impossible, taisez-vous!* — Pourquoi me taire? je vous dis que M. de Girardin est un .... — N'achevez pas! je vous dis que *c'est impossible!* — Comment impossible? j'ai des preuves. — Non, vous n'avez pas de preuves. M. de Girardin a sans doute bien des reproches à s'adresser, il a peut-être

(2) J'ai raconté cet incident tel qu'il s'est passé, mais je suis loin de placer sur le même plan M. Gambetta et M. Rochefort. M. Gambetta a pu avoir des torts, manquer de patience, ses opinions peuvent être discutables, on peut le considérer comme un dangereux adversaire, mais il n'en reste pas moins un homme de valeur, un politique habile, tandis que M. Rochefort, dont tout le mérite consiste à savoir jongler avec une plume, n'est pris au sérieux par personne.

commis de graves imprudences, mais oser dire que c'est l'organisateur de l'espionnage prussien en France, c'est une honte! Eussiez-vous cent preuves palpables, évidentes, je les récuse toutes d'avance; encore une fois, *c'est impossible!* Un Français, si bas tombé que vous le supposiez, ne saurait commettre une pareille infamie. Comme pour M. de Cissey et mieux encore et plus vite, la cause fut jugée à l'avantage de M. de Girardin, qui gagna à cette accusation de se voir refaire par la presse entière une virginité politique dont son passé dut sourire (1).

La veille de l'incident, M. de Girardin comptait plus d'ennemis que d'amis politiques, le lendemain on lui tressait des couronnes, et la presse aux cent voix faisait son éloge.

L'*article bête* a quelquefois du bon...

L'homme qui dans l'incident Cissey — Jolly — Girardin a le plus perdu en considération et en influence a été M. Rochefort, parce qu'il a odieusement outragé la vérité. La populace l'a peut-être applaudi, mais les honnêtes gens lui ont tourné le dos.

J'avoue que je compte un peu sur l'*article bête* pour dissiper les haines dont la religion est l'objet, non parmi la populace qui est sans cœur et sans entrailles, mais parmi la population loyale et courageuse qui vit de son travail et qui a horreur du mensonge.

Les immondes romans de la presse intransigeante portent déjà leurs fruits, et je connais plus d'une âme qui est revenue à de meilleurs sentiments à la suite d'une de ces lectures où l'obscène le dispute à la bêtise. (Voir Appendice III.)

ARTICLE II

ORIGINE DE LA FORTUNE DU CLERGÉ

Quand on ouvre l'Evangile on est frappé des promesses que Jésus-Christ y a faites à son Eglise. Il semblerait qu'il aurait dû lui assurer la paix, la liberté, l'aisance, le respect, qui peuvent contribuer puissamment à rendre plus facile et plus étendue son action extérieure. Or, non seulement Notre Seigneur Jésus-Christ ne les lui a pas promis, mais il lui a, au contraire, prédit que ses enfants seraient *haïs* par le monde, *calomniés*, *vilipendés*, *dispersés*, *persécutés*

(1) Extraits des journaux *la République française*, *l'Intransigeant*, *la France*, octobre, novembre, décembre 1880.

et c'est avec intention qu'il la prévient : « *Je vous ai dit ces choses, afin que lorsque l'heure en sera venue vous puissiez vous souvenir que je vous les ai annoncées.* » (1) La seule promesse que Notre-Seigneur a faite à son Eglise, c'est d'être avec elle pour la préserver de l'erreur. Il lui a promis sa grâce, son esprit, son appui surnaturel ; quant aux biens naturels, non seulement il ne les lui a pas promis, mais il lui a prédit que les puissances de l'enfer mettraient tout en œuvre pour l'en priver.

§ 1. — *Avant* 1789.

Mus par un grand esprit de foi et de charité, les premiers chrétiens firent d'eux-mêmes, en se convertissant, l'abandon de leurs biens pour venir en aide à ceux qui étaient dans le besoin. Ils les apportaient aux apôtres qui les distribuaient aux plus nécessiteux (2).

La première origine des biens ecclésiastiques a sa source dans la charité la plus pure et la plus désintéressée.

Fleury en indique une deuxième.

« Aucune communauté, écrit-il dans ses *Institutions ecclésiastiques*, ne peut subsister sans avoir quelques biens communs, quand ce ne serait que pour les frais des assemblées et les salaires des serviteurs publics. Ainsi, dès les premières fondations des églises, il fallut que les chrétiens contribuassent pour le luminaire, car ils s'assemblaient de nuit ou dans les cryptes ; pour les vaisseaux sacrés, pour le pain et le vin qui servaient à l'eucharistie, car ils communiaient souvent ; pour les agapes ou repas communs ; pour les livres et les autres meubles nécessaires. Il fallait encore faire subsister les évêques, les prêtres et les diacres qui, la plupart, s'étaient réduits à la pauvreté volontaire pour servir l'Eglise plus librement. Il fallait fournir aux sépultures et à l'hospitalité qui s'exerçait envers tous les chrétiens passants. Enfin il fallait assister les vierges consacrées à Dieu, les veuves, les orphelins, les malades et tous les autres pauvres fidèles ; mais surtout les martyrs et les confesseurs détenus dans les prisons, travaillant aux mines et aux autres ouvrages publics. Je ne parle pas ici de l'Eglise primitive de Jérusalem où les biens de tous les fidèles étaient en commun, je parle de toutes les autres Eglises. Il n'y en avait aucune qui ne fît

(1) Johan., XVI, 4.
(2) *Actes*, II, 44, 45 ; IV, 34.

un *grand fonds*, chacune selon ses facultés, pour toutes les dépenses que j'ai marquées... »

Après avoir dit que ces contributions consistaient en argent et en provisions, en espèces, qu'on pouvait facilement transporter ou cacher pendant la durée des persécutions, le savant canoniste ajoute : « Ces contributions étaient entièrement volontaires. Les prélats se contentaient d'exhorter, et les fidèles donnaient ce qu'ils voulaient, ou par semaine comme saint Paul le conseille, ou par mois, ou autrement. Ces offrandes se portaient chez l'évêque ou en un autre lieu auquel les diacres recevaient les oblations, les gardaient et les distribuaient selon les occasions, par les ordres de l'évêque. L'évêque n'en rendait compte à personne, et l'on ne l'eût pas fait évêque si on ne l'eût cru capable de répondre à Dieu des âmes sans comparaison plus précieuses. »

Ainsi la seconde origine des biens ecclésiastiques prend sa source dans ce que nous appelons aujourd'hui les *frais du culte.* C'est d'ailleurs le commentaire naturel de cette parole de saint Paul : « *Dominus ordinavit eis qui Evangelium annuntiant de Evangelio vivere* (1) » « *Le Seigneur a réglé que ceux qui annoncent l'Evangile doivent vivre de l'Evangile.* »

Il est curieux d'observer que ce règlement n'a point été donné au peuple auquel l'Evangile est annoncé, mais aux ministres qui l'annoncent. D'où il semble qu'on doit conclure que pour les ministres de Dieu la manière de vivre la plus conforme aux intentions du Sauveur, c'est précisément de vivre du ministère sacré. *Ordinavit*, c'est une disposition, une chose réglée.

L'accroissement de la fortune ecclésiastique a son origine dans une troisième source, et ce qui suit est autant à l'honneur du pouvoir civil que de l'Eglise.

Lorsque le monde, en effet, fut devenu chrétien, lorsque l'Eglise fut reconnue comme institution divine, et lorsque ses droits furent admis à faire partie du droit impérial, les chrétiens ne voulurent pas permettre que les ministres du Seigneur restassent pauvres et faibles comme ils l'avaient été jusqu'alors. On trouva qu'il n'était pas convenable que leur unique ressource fût celle qui leur était rigoureusement due d'après la justice naturelle, et d'après l'ordre exprimé par le Christ lui-même. Alors commença cette série de largesses qui constitua l'immense patrimoine de l'Eglise universelle, commencé par Constantin, qui se retira à Byzance pour laisser

(1) Cor. IX, 14.

Rome aux souverains pontifes. Alors les papes, sans avoir eu jamais des idées bien arrêtées à ce sujet, mais plutôt par suite d'un élan de foi ardente de la part des rois et des peuples, furent investis peu à peu d'une souveraineté temporelle, qui se formait d'elle-même autour d'eux, et qui avait pour effet de les rendre indépendants, bien que personne, je crois, n'y songeât explicitement. En ce temps, princes et dynasties rivalisaient de pieux empressement envers le successeur de saint Pierre, en mettant à ses pieds leurs propres Etats. Dans toute la chrétienté c'était le même élan de générosité envers l'Eglise, pour lui donner en propriétés seigneuriales et en privilèges le plus de richesses et le plus de puissance possibles (1).

L'enthousiasme chrétien de ces premiers siècles se traduisit donc par des largesses dont notre société qui n'est plus chrétienne se scandalise. Les peuples de cette époque manifestaient leur foi en comblant l'Eglise de richesses, comme ceux du XIXe siècle montrent leur éloignement de la religion en reprenant une à une à l'Eglise les libéralités qu'on lui a faites.

Ce qui encouragea les peuples dans leurs générosités, ce fut le bon emploi qu'ils savaient que l'Eglise en ferait. A l'époque tourmentée de l'invasion des Barbares, il était naturel que les peuples tournassent leurs yeux vers l'Eglise. Avec cet instinct qui ne les trompe pas, les peuples avaient compris qu'au milieu de cette tempête, l'Eglise seule pouvait fournir au monde la science, les sages conseils et un souffle véritable de charité. Voilà pourquoi à partir du IVe siècle on lui donne des maisons dans les villes, des terres à la campagne, des villages entiers avec leurs habitants. Aux *oblations journalières* s'ajoutent maintenant des *héritages* dont elle tirera des revenus.

A partir du IXe siècle les *dîmes* viennent s'ajouter aux oblations et aux héritages, ou plutôt elles remplacent les oblations. Les évêques, en effet, avaient déjà dû sévir contre ceux qui ne remplissaient pas le *devoir de l'offrande*. Les princes donnèrent à cette obligation une sanction civile; ce fut la *dîme*. La dîme revêt le caractère d'une imposition forcée. Ces dîmes étaient destinées à donner la subsistance temporelle à ceux dont on recevait la nourriture spirituelle. Elles étaient donc la propriété des pasteurs. Dans le cas où elles ne leur appartenaient pas, les décimateurs, ou répartiteurs des dîmes, devaient assigner au pasteur une part en espèces ou en argent que l'on nommait *portion congrue*.

(1) Curci, *le Dissentiment moderne entre l'Église et l'Italie*, p. 309 et seq.

Primitivement les biens de l'Eglise avaient été réunis entre les mains de l'évêque. Peu à peu ces biens se partagèrent et donnèrent naissance aux *bénéfices*.

Au xe siècle on sépara la mense des chanoines de celle de l'évêque, puis les chanoines ne vivant plus en commun firent entre eux plusieurs partages « Il serait impossible, dit Fleury, d'expliquer tout le détail de ce partage, qui a été différent selon les temps et les lieux ; mais enfin les choses sont venues à ce point que chaque officier de l'Eglise a son revenu séparé, dont il jouit par ses mains et dont il fait emploi suivant sa conscience, sans en rendre compte à personne. C'est ce revenu joint à un office ecclésiastique que nous appelons bénéfice, nom qui vient de ce qu'au commencement les évêques donnaient quelquefois aux ecclésiastiques, qui avaient longtemps servi, quelques portions des biens de l'Eglise pour en jouir pendant un certain temps, après lequel ce fonds revenait à l'Eglise, ce qui ressemblait aux récompenses des soldats romains, que l'on appelait *bénéfices* et dont quelques auteurs font venir nos fiefs (1). » Ces bénéfices étaient de deux sortes : les uns *séculiers*, qui ne pouvaient être donnés qu'à des prêtres ou à de simples clercs ; les autres *réguliers*, qui ne pouvaient l'être qu'à des communautés religieuses. Comme les revenus des bénéfices n'étaient destinés qu'à donner à celui qui s'est consacré au sacerdoce les moyens de vivre et non de s'enrichir, selon la maxime de l'Apôtre : « *Ayant la nourriture et de quoi nous couvrir, soyons-en contents* (2) », le bénéficiaire ne devait pas faire de trop grandes dépenses, ni thésauriser, ni enrichir ses parents des biens de l'Eglise, quoiqu'il pût les secourir. S'il avait un excédent, il devait l'employer en aumônes et en bonnes œuvres, principalement sur les lieux de la situation du bénéfice. Pour avoir droit d'ailleurs aux biens de l'Eglise, le bénéficier devait la servir réellement et utilement.

Toutefois il arriva que les revenus des bénéfices furent attribués à celui qui n'en n'était pas le titulaire ou qu'on permit l'union des bénéfices. Ce fut l'origine des *abbés commendataires*. Donner en commende, c'était donner en garde : *commendare* signifie : *dare in commendam*. Lorsque, pendant les guerres, des églises étaient abandonnées et des évêques chassés de leurs sièges, le Pape chargeait un évêque voisin, ou dépouillé de son siège, du soin de l'église privée de son pasteur, jusqu'à ce que l'on pût y établir un évêque titulaire. L'évêque commendataire ne pouvait prendre du reven-

(1) *Inst.*, t. I, p. 340.
(1) Timoth., VI, 8.

de l'Eglise qu'il administrait ainsi, que la subsistance et une récompense modique de son travail. On fit la même chose pour les monastères que pour les évêchés, et bientôt on confia les uns et les autres, non seulement à des évêques, mais à des clercs, mais à des laïques, mais à des gens d'épée pour soutenir les frais de la guerre.

La quatrième origine de l'accroissement de la fortune du clergé a sa source dans la défense faite par l'Eglise d'aliéner les biens ecclésiastiques et dans le soin jaloux avec lequel elle les conserva. « C'est ce qui fait, dit Fleury, que dans la suite des siècles une bonne partie des héritages se sont trouvés appartenir à l'Eglise, quoiqu'il y ait eu un grand nombre d'usurpations. »

Les biens ecclésiastiques, en effet, n'appartenaient à aucun particulier. Le bénéficiaire n'était réellement qu'un administrateur et un usufruitier. Le bien qu'il possédait était un *bien d'Eglise*. Il en avait l'usufruit, mais non la propriété. C'est peut-être cette distinction qui a autorisé les membres de la Constituante à décréter que les membres du clergé n'étant que les usufruitiers de leurs biens, et le clergé ayant été supprimé comme corps d'Etat, les *biens d'Eglise* devenaient *biens d'Etat*. Mais c'est là une erreur, car ce n'était pas comme corps de l'Etat que le clergé possédait, c'était comme famille chrétienne. Or l'Etat pouvait priver le clergé des privilèges qui lui appartenaient à titre de corps de l'Etat, mais non ceux qu'il avait acquis en raison de sa situation sociale.

Quoi qu'il en soit, les biens ecclésiastiques ne pouvaient être aliénés à titre gratuit ou onéreux que selon les formules prescrites par les canons, c'est-à-dire que pour cause de nécessité ou d'utilité évidente de l'Eglise et sous l'autorité de l'évêque et, plus tard, du Pape et du roi en qualité de protecteurs et de conservateurs des canons. C'est là l'origine des *biens de mainmorte* et de l'immense fortune territoriale de l'Eglise quand éclata la révolution de 1789.

§ 2. — *De* 1789 *à* 1802.

A. — *Assemblée constituante* (12 mai 1789 au 30 septembre 1791).

Le premier acte de l'Assemblée constituante qui changea complètement l'ancienne constitution des biens ecclésiastiques fut le décret du :

11 *août* 1789 (art. 5), qui abolit les dîmes, sauf à aviser aux moyens de subvenir d'une autre manière à la dépense du culte divin, à l'entretien des ministres des autels, au soulagement des

pauvres, aux réparations et reconstructions des églises et presbytères, et à tous les établissements, séminaires, écoles, collèges, hôpitaux, communautés et autres à l'entretien desquels elles sont actuellement affectées. Puis vinrent :

11 *août* 1789 (art. 14), la suppression du casuel des curés, la prohibition de la pluralité des bénéfices dont les revenus excédaient 3.000 livres ;

29 *septembre* 1789, l'obligation de faire porter à l'hôtel des monnaies l'argenterie des églises, fabriques, chapelles et confréries, non nécessaires au culte divin. Puis :

2-4 *novembre* 1789, la mise à la disposition de la nation de tous les biens ecclésiastiques, à la charge de pourvoir d'une manière convenable aux frais du culte, à l'entretien de ses ministres et au soulagement des pauvres, sous la surveillance et d'après les instructions des provinces ;

13 *novembre* 1789, l'obligation de la part des titulaires de bénéfices et supérieurs de maisons et établissements, de faire la déclation par-devant les juges royaux ou officiers municipaux, de tous les biens mobiliers et immobiliers dépendant desdits bénéfices, maisons et établissements ;

5-12 *février* 1790, la déclaration exigée des bénéficiers ou possesseurs de pensions sur bénéfice; la suppression des maisons religieuses doubles;

13-19 *février* 1790, la suppression des vœux monastiques solennels avec faculté pour les religieux de sortir des couvents avec une pension ;

19-26 *février* 1790, la fixation de cette pension, eu égard à l'âge des religieux ;

17-22 *avril* 1790, l'administration des biens ecclésiastiques confiés aux administrations de départements et de districts, le payement en argent du traitement de tous les ecclésiastiques, la mise au nombre *des dépenses publiques de chaque année* d'une somme suffisante pour fournir aux frais de la religion catholique, à l'entretien des ministres, au soulagement des pauvres et aux pensions des ecclésiastiques tant séculiers que réguliers ;

21-25 *juin*, 2 *juillet* 1790, la constitution civile du clergé, qui fixe les traitements des ministres des cultes, etc... ;

12 *juillet-24 août* 1790, qui abolit le casuel des évêques et des curés ;

23 *octobre* 1790, la vente des biens nationaux, parmi lesquels

étaient compris les biens du clergé et des séminaires diocésains, mais desquels furent exceptés les biens des fabriques, des fondations religieuses, des séminaires-collèges, des collèges, des établissements d'étude ou de retraite ou destinés à l'enseignement public, des hôpitaux, des maisons de charité et des ordres religieux militaires ;

9-15 *mai* 1791, met les logements des évêques à la charge de la nation.

B. — *Assemblée législative* (du 1er octobre 1791 au 20 septembre 1792).

19-25 *juillet* 1792, ordonne la vente au profit de la nation des palais épiscopaux et accorde annuellement à chaque évêque, pour frais de logement, le dixième de son traitement;

18 *août*, suppression des congrégations séculières et des confréries. On prescrit la vente des biens formant leur dotation, à charge de payer à leurs membres une pension;

4-14 *septembre* 1792, maintient le traitement des ministres du culte catholique, mais déclare qu'à partir du 1er janvier 1793 les citoyens dans chaque municipalité ou paroisse aviseront eux-mêmes aux moyens de pourvoir à toutes les dépenses du culte auquel ils sont attachés.

C. — *Convention nationale* (21 septembre 1792 au 26 octobre 1795).

4 *frimaire an II.* La Convention nationale accorda d'abord une pension aux ministres du culte qui abdiqueraient leur état, puis :

21 *frimaire an II*, elle supprima celle qui avait été accordée pour suppression des bénéfices à ceux qui étaient âgés de moins de vingt-quatre ans lors de cette suppression ;

18 *thermidor an II*, 5 *prairial an VI*, prescrivent de nouveau le payement de ces pensions.

Il est impossible de rappeler tous les décrets de la Convention nationale relatifs aux biens du clergé, c'est un chassé-croisé de contradictions dont rien n'approche. L'esprit de la Convention se révèle tout entier dans les décrets des :

2e *jour des sans-culottides an II* et 3 *ventôse an III*, 7 *vendémiaire an IV* et 11 *prairial*, qui suppriment et les frais du culte et les traitements de ses ministres. La seule chose que le clergé conserva, depuis le 18 *septembre* 1794 jusqu'au 8 *avril* 1802, fut l'usage des édifices non aliénés qui servaient aux réunions politiques et décadaires et aux réunions religieuses des divers cultes. Pendant cette période de huit années le clergé ne reçut aucune indemnité de l'Etat, il n'eut aucune dotation.

§ 3. — *Depuis le* 8 *avril* 1802.

A. — *Premier Empire.*

Tel était l'état des choses lorsque fut signé le Concordat et promulguée la loi organique qui régla la dotation du culte catholique de la manière suivante :

Art. 14. Un traitement convenable doit être assuré par le gouvernement aux évêques et aux curés.

Art. 12. Toutes les églises métropolitaines, cathédrales, paroissiales et autres non aliénées, nécessaires au culte doivent être remises à la disposition des évêques.

Art. 15. Le gouvernement s'engage à prendre des mesures pour que les catholiques français puissent, s'ils le veulent, faire en faveur des églises des fondations.

Les dispositions du Concordat concernant la dotation du culte catholique furent tout à la fois étendues et restreintes par la loi organique.

La dotation du culte se composa toujours :

1° *Du traitement des ministres du culte* qui fut fixé par la loi, mais qui pouvait être augmenté par les conseils généraux des grandes communes sur les biens ruraux ou sur leurs octrois. De plus, les ministres du culte pouvaient recevoir des oblations pour l'administration des sacrements (art. 64-70). Ce traitement comprenait, en outre, le logement que les conseils généraux de département furent autorisés à procurer aux archevêques et évêques, et les presbytères et jardins attenant non aliénés, qui devaient être rendus aux curés et desservants, ou à défaut le logement que les conseils des communes étaient autorisés à leur procurer;

2° *Des édifices destinés au culte.* Les édifices anciennement destinés au culte catholique et actuellement dans les mains de la nation devaient être mis, aux termes de l'article 75, à raison d'un édifice par cure et par succursale, à la disposition des évêques, par arrêté du préfet du département. A défaut d'édifice disponible pour le culte, l'évêque devait se concerter avec le préfet pour la désignation d'un édifice convenable (art. 77).

En vertu de l'article 76 il dut être établi des fabriques pour veiller à l'entretien et à la conservation des temples et à l'administration des aumônes.

3° *Les fondations en faveur des églises*; mais ces fondations ne pouvaient consister qu'en rentes constituées sur l'Etat et non en immeubles (art. 73 et 74).

Cette disposition a été dernièrement rappelée aux fabriques par une circulaire du ministre de l'intérieur et des cultes, en date du 6 mai 1881.

B. — *La Restauration.*

Avec la Restauration surgit un autre ordre d'idées.

Le budget annuel révoltait certains catholiques. « La religion publique, écrivait M. de Lamennais, n'est que l'assemblage de toutes les religions particulières. On paye des ministres pour enseigner que Jésus-Christ est le sauveur du monde, et l'on en paye d'autres pour le nier. Le sacerdoce avili et placé comme un mineur sous la tutelle de l'administration, dépend des caprices du dernier commis; et tandis que chez les païens il n'était pas un temple qui n'eût des revenus sacrés, pas une divinité que ses adorateurs n'eussent rendue en quelque sorte indépendante en dotant ses autels, le Dieu des chrétiens, à peine admis à une solde provisoire, figure chaque année sur un budget outrageant comme salarié de l'Etat, en attendant sans doute que le moment soit venu de le réformer (1). »

L'idée d'une *dotation spéciale et perpétuelle* du clergé, devant remplacer le budget, se fit jour et trouva d'éloquents défenseurs dans l'administration, aux chambres et dans le clergé.

M. Martineau, en 1816; de Lamennais, de 1817 à 1823; M. Ferdinand de Berthier, à la Chambre en 1824, sont les principaux avocats de ce projet.

M. Martineau, ancien avocat au conseil du roi et à la cour de cassation, chef de division aux cultes pendant six ans, publia sur ce sujet une petite brochure, en 1816, très instructive et pleine de documents.

« A portée par ma place, écrit-il en commençant, de voir de près pendant plus de six ans ce qu'avait de pénible la situation pécuniaire du clergé de France, ce qu'avait de douloureux et de décourageant son état d'humiliation et de dégoût qu'entraîne le besoin, et qui repousse la considération, sans laquelle tous ses

(1) *Essai sur l'indifférence en matière de religion.*

efforts sont perdus, ses leçons et ses exemples sans utilité, j'ai dû m'en affliger.

« J'en ai gémi comme tous les amis des principes et de l'ordre, comme tous ceux qui attachent de l'importance à la religion et aux mœurs, qui sont pénétrés de cette vérité que sans les mœurs et la religion, il n'y a ni vertu, ni probité, ni justice : qui n'est retenu par aucun frein n'a plus que de l'égoïsme et tend à sa dissolution.

« Guidé par cette vérité et encore par des sentiments d'humanité et de justice; persuadé que le cœur de l'homme sent le besoin d'une puissance supérieure, à laquelle il puisse recourir dans ses malheurs et ses afflictions, offrir ses désirs et ses espérances, ses hommages et sa gratitude; persuadé encore qu'il ne peut y avoir d'ordre sans religion, de religion sans culte, et de culte sans ministres; que la puissance d'opinion qui leur est nécessaire réside particulièrement dans la vénération, et que dans un Etat parvenu à ne respecter que ce qui frappe l'imagination et les yeux, il faut, pour qu'il l'obtienne, que le prêtre, indépendamment de sa piété et de ses bons exemples, en impose aussi par son extérieur, j'ai recherché s'il n'existait pas de moyens d'arriver à ce but, de relever le sacerdoce et de lui rendre une partie de son ancienne aisance, et par conséquent de cette force d'opinion qu'il a perdue. Je crois en avoir trouvé, et je les offre dans ce projet de dotation spéciale et perpétuelle à la réflexion du gouvernement. »

Dans un style moins pompeux et en quelques lignes seulement, M. Ferdinand de Berthier se fit l'écho des mêmes inquiétudes à la séance de la Chambre des députés du 8 juillet 1824.

« L'Assemblée constituante avait cru, en ordonnant la vente des biens du clergé, ne pouvoir pas lui offrir une dotation moindre de 80 millions, et alors on ne dissimulait pas le funeste dessein de rabaisser la religion et ses ministres, et nous, nous votons tous les ans une mesquine allocation de 33 millions. L'Assemblée constituante avait posé le principe d'une dotation, et nous, nous ne faisons de l'existence du clergé qu'un article du budget, remis chaque année en discussion, et un refus d'allocation, qui sans doute n'aura jamais lieu, mais qui cependant peut être supposé, enlèverait à l'instant tous les moyens d'existence aux ministres de notre sainte religion. Faisons cesser, messieurs, un état de choses aussi contraire à l'ordre social..... Que le clergé sorte d'un état précaire pour jouir d'une dotation suffisante, quant à la quotité, et indépendante de tous les événements (1). »

(1) *Moniteur*, année 1824, p. 940.

Que s'était-il donc passé pendant ces douze ou quinze années? Quelques membres du clergé avaient osé élever la voix, moins pour gémir sur le présent que pour entrevoir l'avenir. Le présent, cependant, n'était pas brillant. Dans la séance du 7 juillet 1824, M. Malartic avait signalé l'étrange différence que l'Etat faisait entre les ministres du culte protestant et ceux du culte catholique. Il avait montré que pendant que les ministres protestants touchaient 1,000 francs, les ministres catholiques n'en touchaient que 850; les plus fortunés, ceux de 1re classe, au nombre de 757, touchaient 1,500 francs; ceux de 2e classe, au nombre 2,160, 1,100 francs, et ceux de 3e classe, au nombre de 26,335, 850 francs. Une telle disproportion lui paraissait choquante, et il avait fait voter, non une dotation perpétuelle, mais une augmentation de salaire (1).

Ce qui effrayait le plus les âmes chrétiennes, c'était cette discussion du budget, qui soumet chaque année l'Eglise à des appréciations souvent blessantes, et les catholiques se préoccupaient de délivrer la religion des entraves que la malice des hommes ne manquerait pas de lui créer.

L'expérience de ces dernières années établit que ces inquiétudes n'étaient pas chimériques. Plus nous irons, plus la discussion du budget des cultes servira de prétexte pour maltraiter le clergé et blasphémer contre la religion.

A coup sûr, si la nécessité d'un projet de dotation spéciale et perpétuelle s'est jamais plus fait sentir, c'est bien dans les jours que nous traversons. L'orateur qui aurait assez d'autorité pour entreprendre cette campagne et la mener à bonne fin rendrait à la religion un immense service. Rien n'est plus de nature, en effet, à abaisser le sentiment religieux dans un pays que ces discussions annuelles où la mauvaise foile dispute à l'ignorance et à la calomnie. Mais M. Martineau, le seul qui ait complètement exposé son projet, y voyait, en outre, un moyen de diminuer les charges de l'Etat.

Son projet, en effet, peut se résumer dans deux propositions :

1° Trouver le moyen de doter honorablement en vingt années le clergé de France, et de lui rendre la considération à laquelle il a droit, sans recourir aux biens dont il a été dépossédé, ni à la dîme, et sans grever toujours le Trésor royal, les propriétés et les personnes.

2° Parvenir non seulement à décharger le Trésor, les départements et les communes de tous traitements et frais du culte, mais

(1) *Moniteur*, année 1824, p. 927.

encore amortir au profit de l'Etat 20 ou 25 millions de rentes de la dette consolidée.

En dehors des combinaisons pratiques que M. Martineau proposait, et dont la plupart seraient aujourd'hui impraticables, mais très remplaçables, M. Martineau indiquait trois systèmes d'opération :

1er *système*. Former séparément la dotation de chaque église; isoler les intérêts de chacun; laisser à chaque ecclésiastique le soin d'assurer son traitement et les dépenses du culte. C'est ainsi que les choses se passent en Amérique.

2e *système*. Centraliser dans chaque diocèse les ressources pour y organiser sa dotation particulière.

3e *système*. Centraliser toutes les ressources pour la France entière. En confier l'administration soit au clergé seul, soit au pouvoir civil, soit à une commission mixte composée d'ecclésiastiques et de laïques.

M. Martineau déclarait que ce troisième système était préférable aux deux autres.

Ces projets de dotation s'évanouirent avec la Restauration.

C. — 1830, 1848, 1852, 1870.

Sous le gouvernement de juillet, le clergé fut maltraité; néanmoins on ne toucha pas à son budget. 1848 le favorisa.

Le second empire le réduisit à l'esclavage, mais l'enrichit.

M. Emile Ollivier, qui fut ministre sous l'Empire, a écrit dans un livre, qui est devenu célèbre, la page suivante :

« Le budget des cultes ne pourrait être supprimé que du consentement du clergé, moyennant des compensations à débattre librement avec lui. La principale de ces compensations serait sa constitution en personne civile avec la faculté d'acquérir sous des garanties à déterminer contre la reconstitution de la mainmorte et la spoliation des familles. Alors les questions irritantes du droit de l'Eglise à acquérir et à posséder, assoupies..... par l'existence du budget des cultes, se réveilleraient et ajouteraient un nouveau trouble à ceux déjà trop nombreux qui nous travaillent. *Il eût été mieux de constituer la dotation du clergé en propriétés territoriales qu'on lui aurait abandonnées, car l'expérience démontre que partout où le clergé est propriétaire, il est national et modéré.* Un budget des cultes n'a pas les mêmes effets; néanmoins il l'associe encore, dans une certaine mesure, à la vie générale, et il lui donne un intérêt personnel à la bonne gestion de la chose laïque. Le budget des cultes supprimé, tout lien avec la société laïque serait rompu (1).... »

Depuit 1870, les gouvernements qui se sont succédé aux affaires n'ont eu qu'une préoccupation : réduire le clergé à la portion congrue pour en avoir plus facilement raison. On a déjà supprimé certaines dépenses, sous prétexte qu'elles n'étaient pas concordataires. C'est un acheminement vers la suppression totale, et tout fait prévoir que l'ère des *sans-culottides* n'est pas fermée.

ARTICLE III.

ALEA JACTA EST!

Oui, le sort en est jeté !

L'existence matérielle de l'Eglise en France dépend, à l'heure présente, du caprice de quelques hommes. L'Eglise actuelle est comme le joueur dont la fortune repose sur un coup de dés; sa fortune est entre les mains de ses ennemis; non, de ces exaltés de la gauche intransigeante qui font plus de bruit que de besogne, mais de ces sectaires froids, résolus, véritables jacobins, qui ne reculeront devant aucune mesure, du moment où ils auront l'espoir d'assurer le triomphe de leur parti et leur fortune personnelle. Nous sommes à leur merci. Ils le savent, et comme nous n'avons rien à espérer de leur générosité, nous devons nous attendre à être frappés au moment où nous serons le plus désarmés. C'est à nous à nous tenir sur nos gardes, à prendre nos précautions suivant l'issue probable de telle ou telle éventualité. Je sais bien qu'il faudrait être un sphynx pour deviner ce que les circonstances nous préparent. Car, outre que l'avenir est impénétrable, nos adversaires sont si capricieux qu'on ne sait quelle position prendre, soit pour leur résister, soit pour les prévenir. Leurs attaques sont un mélange d'escarmouches et de mouvements tournants qui déconcertent tous les plans. Jamais un coup droit. Il y a chez eux du sauvage et du Prussien. Ils ne procèdent que par détours, surprises, promesses mensongères. Ce qui est certain, c'est qu'il faut à la *question cléricale* une *solution radicale.*

Les demi-mesures, les atermoiements, les compromissions, les concessions ne sont plus possibles. On avait pu, jusqu'à ce jour, tourner les difficultés. La politique de conciliation, qui est nécessaire quand on n'est pas d'accord sur les principes et qu'on veut

(1) *L'Eglise et le Vatican*, t. I, p. 161.

ménager les personnes, a fini son temps. Les francs-maçons ont trop d'intérêt à discréditer les membres du clergé pour les ménager. Nous sommes donc en présence de deux principes, *l'idée religieuse* et *la libre-pensée.* Il faut que l'un des deux succombe.

C'est un duel à mort.

Ceci tuera cela.

Dans cet ordre d'idées, trois solutions se présentent, toutes trois également possibles, mais toutes trois inégalement favorables, les unes à l'Etat, les autres à l'Eglise.

§ I. *Première solution : Séparation absolue des Eglises et de l'Etat, entraînant la suppression du budget des cultes pure et simple sans compensation et refusant à l'Eglise catholique les libertés qu'on accorde aux associations.*

C'est la solution révolutionnaire, hautement réclamée par les intransigeants de l'extrême gauche, secrètement désirée par les francs-maçons de l'*Union républicaine*, mais qui sera peut-être écartée ou au moins reculée par ceux-ci, de crainte de protestations trop vives.

Cela ne dépend, d'ailleurs, que des circonstances.

En principe *tous* les francs-maçons sont pour la séparation absolue, parce qu'elle seule peut donner à l'Eglise le coup de la mort.

En pratique *la plupart, opportunistes,* sont pour les atermoiements. La *question cléricale* étant l'os que l'on jette au peuple pour le calmer quand il crie trop fort, on la réserve. Qu'une complication survienne dans notre politique, la *question cléricale* fera une heureuse diversion. On posera au gouvernement des questions irritantes sur le clergé, on supprimera une congrégation, on fermera un collège ecclésiastique, on enterrera quelques chanoines : c'en sera assez pour détourner l'attention du pays sur les agissements des pêcheurs en eau trouble, et la fin de la bastonnade cléricale coïncidera avec l'apaisement des conflits extérieurs ou intérieurs.

On raconte que sous l'Empire, qui endormait habilement les électeurs en leur faisant démolir et rebâtir Paris le jour et la nuit, aux frais des contribuables, certain ministre des travaux publics vint tout effaré trouver l'empereur et lui demander ce qu'il faudrait faire pour occuper le peuple quand le travail aurait cessé. Napoléon III, assez embarrassé, se retournant vers un de ses fidèles, qui avait la main aussi leste que la réplique facile, semblait l'interroger : *Eh! Sire, répondit le noble duc, faites-lui f..... la Seine en bouteilles.*

Donc, cette première solution n'est pas imminente, à moins que la populace trop avide ne parvienne à s'emparer de l'os, et à résoudre elle-même la question cléricale.

§ 2. — *Deuxième solution : Séparation de l'Eglise et de l'Etat par la dénonciation du Concordat; et entente préalable avec le clergé pour régler l'indemnité que l'Etat lui doit.*

L'Etat ferait, je suppose, abandon à l'Eglise des immeubles dont elle a l'usufruit, et lui accorderait une dotation inscrite au Grand-Livre, laissant aux fidèles le soin de faire le reste. L'Etat laisserait l'Eglise catholique s'administrer elle-même, et ne s'occuperait d'elle que dans les cas prévus par le droit commun. Non seulement il n'y aurait plus de religion d'Etat, mais même de culte de la majorité des Français. Nous vivons sous le régime de l'*Etat laïque.*

Cette solution est aussi révolutionnaire que la première, mais elle a sur celle-ci l'avantage de respecter le droit qu'a l'Eglise à une indemnité en cas de rupture. Elle semble en outre appartenir à un système gouvernemental, et non à une secte. L'*Etat laïque* est, en effet, la marotte du XIXe siècle, et l'on ne peut en vouloir à nos législateurs d'en faire l'essai, puisque le peuple les envoie dans cette intention au Palais-Bourbon.

Ce qui fait néanmoins que cette solution ne verra pas la lumière, c'est que, tout en étant aussi révolutionnaire que la première, elle en a moins l'air. Or le peuple aime le tumulte. Si les curés sortent vivants de cette lutte, il croira qu'on l'a trahi. Il ne sera pas content. Les républicains sont aujourd'hui populaires parce qu'ils ont, selon le mot de M. Madier de Montjau à la séance du 16 mars 1880, promis au peuple de lui apporter les dépouilles du cléricalisme. S'ils ne les lui apportent pas, c'en est fait de leur popularité. En outre, je ne sais ce qu'en pensent les évêques et les prêtres, mais j'avoue que si l'on me demandait mon opinion, je voterais des deux mains pour cette solution. « Rien ne reste de l'antique splendeur du clergé de France, a écrit M. Martineau dans la brochure à laquelle j'ai fait plusieurs emprunts ; ses propriétés se sont évanouies, et son existence ne repose plus que sur des traitements mesquins et même douteux, puisque les moindres accidents peuvent en tarir la source. Dépendant non seulement du Trésor public et des événements politiques, mais encore des départements et des communes, généralement peu disposés en sa faveur, il a donc à la fois à redouter la pénurie éventuelle du Trésor et l'avarice et la parcimonie des peuples. »

Or cette dépendance d'un pouvoir où domine l'élément antireligieux est devenue blessante pour le clergé. Quand on l'a établie, la société était encore chrétienne, ou au moins la volonté du chef de l'Etat était suffisamment écoutée pour qu'on ne marchandât pas au clergé les subventions qu'on lui accordait. Avec l'*Etat laïque*, ces subventions cléricales sont un non-sens. Obliger aujourd'hui l'Etat, le département, les communes à aider le culte catholique, c'est lui demander, comme l'expliquait M. Talandier dans la séance du 23 juin dernier, un acte contraire à sa conscience. La solution qui consiste à ne plus faire des prêtres des fonctionnaires de l'Etat, sans cependant les frustrer de ce que l'Etat leur doit, est la plus conforme à la dignité de l'un et de l'autre.

Malheureusement, nos sympathies seront une raison de plus pour que cette solution aille rejoindre dans l'oubli les propositions analogues de MM. Martineau et de Berthier.

§ 3. — *Troisième solution : Dénoncer le Concordat de* 1801, *et poser les bases d'un nouveau contrat entre l'Eglise et l'Etat qui, sans les séparer, les dégagerait autant que possible. Supprimer le budget des cultes et le remplacer par une dotation spéciale et perpétuelle. Appliquer à l'Eglise catholique le régime du droit commun sur les associations.*

Cette solution, sans être révolutionnaire, est assez radicale pour avoir des chances d'être admise, et je trouve qu'elle répond assez aux préoccupations du moment.

Je veux m'y arrêter quelques instants.

Nous nous trouvons aujourd'hui, en France, en présence d'un *triple phénomène clérical.*

L'idée de la séparation de l'Eglise et de l'Etat, qui a été longtemps le monopole du parti antireligieux, fait aujourd'hui de grands progrès. On sent que le pays est pour cette séparation, et qu'à la première occasion elle sera un fait accompli.

Le *parti catholique* déclare cette idée exécrable, impie, antichrétienne. Il s'appuie sur l'enseignement de l'Eglise en général et sur le *Syllabus* en particulier. Pour lui, comme pour les intransigeants de gauche, *séparation de l'Eglise et de l'Etat* est synonyme de *guerre à l'Eglise catholique*. Il s'oppose donc énergiquement à cette séparation, quand même elle serait sage, habile, opportune, quand même la nation la réclamerait, quand même le clergé lui-même l'accepterait. C'est chez lui une question de principes. Il connaît des décisions de l'Eglise qui condamnent cette séparation.

Le gouvernement de la troisième république, sous lequel le débat s'est envenimé, se sentirait porté par son origine, par ses rancunes personnelles, à précipiter cette séparation. Ses amis la réclament. Les populations y sont favorables. Ses adversaires politiques la repoussent *unguibus et rostro* : autant de raisons qui le détermineraient à hâter la solution, s'il n'y avait un *mais*... car il y a un *mais*, il y a le *Concordat de* 1801. — Dénoncez-le, lui crient de toutes parts des amis plus ardents qu'expérimentés. — Le gouvernement, en dépit de leurs sollicitations, maintient le *statu quo*, parce qu'il trouve que l'heure n'est pas encore venue de rompre officiellement avec l'Eglise, et qu'il redoute la liquidation forcée que le nouvel ordre de choses entraînera. Il veut éviter au pays une secousse, et il ne se risquera que quand le vent sera tout à fait favorable, à moins que le peuple ne lui force la main. Ce n'est pas d'ailleurs qu'il trouve que cet *instrument diplomatique*, enguirlandé de ses articles organiques et rouillé par la pluie battante des décisions des conseils d'Etat qui se sont succédé depuis quatre-vingts ans, soit une merveille en son genre. Le Concordat de 1801 a eu assurément son heure d'utilité. Il a rendu des services. C'est lui qui a aidé à la pacification religieuse des esprits et maintenu le clergé dans le respect et l'obéissance à l'ordre de choses nouveau que 89 avait inauguré. Mais aujourd'hui que 1870 a remplacé 1789, que des idées nouvelles se sont fait jour, que la nation réclame les libertés nécessaires qu'on lui a plus fait entrevoir qu'octroyées, ce Concordat n'a plus guère sa place qu'au *Musée des antiques*. Je crois même qu'entre tous les instruments de cette espèce, il est le plus rouillé, le plus éventré.

Chaque jour, en effet, le gouvernement est obligé de tenir tête à deux catégories de citoyens aussi férus les uns que les autres, et qui, le Concordat en main, demandent, les uns blanc, les autres rouge.

Vous violez le Concordat! crient en chœur les députés de la droite et leurs amis, en brisant la clôture des couvents, en obligeant les séminaristes à porter le fusil, en supprimant les processions, etc., etc. — Je vous demande pardon, répond le gouvernement, c'est faux. Car le Concordat ne dit pas un mot des congrégations religieuses, pas un mot de l'immunité des clercs, pas un mot des processions, etc... Et non seulement je ne viole pas le Concordat, mais encore je le fais respecter. Car, à défaut de la lettre, je m'inspire de son esprit, et je déclare qu'aucune des mesures que je prends n'est en contradiction avec la pensée du législateur. Ainsi vous avez fait beaucoup de bruit autour des décrets du 29 mars, et protesté contre leur exécution, vous n'avez donc jamais lu ce qu'écrivait Portalis dans son *Exposé des motifs* en présentant au Corps législatif son projet de Concordat?

« Le Pape avait autrefois, dans les ordres religieux, une milice qui lui prêtait servilement obéissance, qui avait écrasé les vrais pasteurs, et qui était toujours disposée à propager les doctrines ultramontaines. Nos lois ont licencié cette milice, et elles l'ont pu ; car on n'a jamais contesté à la puissance publique le droit d'écarter ou de dissoudre des institutions arbitraires qui ne tiennent point à l'essence de la religion, et qui sont jugées suspectes ou incommodes à l'Etat.

« Conformément à la discipline fondamentale, nous n'aurons plus qu'un clergé séculier, c'est-à-dire des évêques et des prêtres, toujours intéressés à défendre nos maximes comme leur propre liberté, puisque leur liberté, c'est-à-dire les droits de l'épiscopat et du sacerdoce, ne peuvent être garantis que par ces maximes» (1).

Qui est-ce qui a raison des deux? Pour le moment, c'est le gouvernement de la République, parce qu'il a la force en main. Qu'aux élections prochaines la réaction triomphe, l'esprit du Concordat ressemblera à celui qu'on nous sert en 1881, comme le Château-Margaux au petit bleu d'Argenteuil. Et de fait, le Concordat de 1801 ne dit pas un mot des congrégations, pas un mot de l'exemption du service militaire pour les clercs, pas un mot des processions, pas un mot des questions de détail qui nous divisent le plus. Et cela est tout naturel.

M. Dalloz jeune, dans son *Répertoire de législation*, en donne une raison qu'on n'a pas assez observée et que j'ai déjà indiqué plus haut : « Quels vont être, dit-il, les termes de ce traité passé en présence de partis susceptibles et ombrageux par deux négociateurs habiles, dont les tendances, dont le but étaient moins oppo-

(1) Corps législatif, séance du 15 germinal an X.

sés qu'on ne pourrait le croire lorsqu'on ne s'arrête qu'à leur point de départ; l'un, s'avançant à la tête de cette théocratie oppressive qui avait amené une si vaste explosion en France; l'autre s'élevant au faîte de la puissance, porté sur le pavois patriotique par ces mêmes hommes dont toutes les fibres s'agitaient au souvenir de cette foule d'abus introduits sous le manteau de la religion? *Les termes de ce traité, soyez-en sûrs, seront vagues, élastiques, sans rudesse; ils n'offenseront les susceptibilités d'aucun parti qui pèserait de quelque poids dans la balance politique* » (1).

On en est donc réduit aujourd'hui à l'interpréter. Les uns tirent à *hue*, les autres poussent à *dia*. Chacun fait jouer à cet instrument l'air qui lui convient, mais personne n'est satisfait.

Les *anticléricaux* ne sont guère plus conciliants que les *cléricaux*. Ils n'ont qu'une pensée : Vexer les catholiques le plus possible.

Entre temps, ils reprochent, eux aussi, au gouvernement de ne pas faire son devoir et de ne pas faire respecter le Concordat.

Pourquoi donnez-vous aux évêques du Monseigneur (2)? pourquoi les laissez-vous quitter leurs diocèses sans la permission du ministre (3)? Pourquoi ne leur faites-vous plus prêter ser-

(1) Tome XIV, p. 752, 1re col.

(2) L'article 12 de la loi organique interdit aux archevêques et aux évêques toute autre appellation que celle de *citoyen* ou de *monsieur*. Il paraît, en effet, que jusqu'à Louis XIV le *Monseigneur* ne se donnait pas aux évêques. A cette époque, dans une de leurs assemblées, ils prirent la détermination de se le dire et de se l'écrire réciproquement les uns les autres. Ils ne réussirent d'abord qu'avec le clergé subalterne; on se moqua d'eux, et l'on riait de ce qu'ils s'étaient *monseigneurisés* (Saint-Simon, *Mémoires*, t. VII, chap. XIII). Ils persistèrent, et tout le monde les a monseigneurisés à la fin. Personne ne leur conteste ce titre aujourd'hui, si ce n'est MM. les radicaux, et M. le comte de Chambord, dans une lettre à Mgr Dupanloup, qui lui avait donné de bons conseils. (*L'Eglise et l'Etat au Concile du Vatican*, t. 1, p. 129.)

(3) L'article 20 de la loi organique subordonne à l'autorisation du gouvernement tout rapport direct des évêques et du Pape, notamment tout voyage à Rome. Sous l'ancien régime, tout commerce direct d'un évêque avec Rome était regardé comme « *un crime d'Etat qui ne se pardonnait pas et était puni.* » (Saint-Simon, t. IV, chap. XXXIII.) Les évêques ne pouvaient écrire au Pape. à ses ministres ou à des personnages de sa cour, ou même en recevoir des lettres sans qu'à chacune, le roi ou son secrétaire des affaires étrangères sussent pourquoi.

Cependant les relations directes des évêques et du Pape sont une des obligations de la charge épiscopale. Sixte-Quint, par la constitution du 20 décembre 1585, exige que tout archevêque ou évêque français fasse une visite à Rome, *ad sacra limina apostolorum*, tous les quatre ans, et que s'il est retenu par des empêchements insurmontables, il envoie un représentant à sa place. — Récemment une instruction de la Congrégation de la Propagande (1er juin 1877), invoquant la facilité des communications, invite les évêques à ne pas s'en tenir au délai prescrit par Sixte-Quint en des temps où les déplacements étaient beaucoup plus pénibles, et de multiplier leurs visites à Rome. Verbalement, est-il dit dans ce document, on peut beaucoup mieux aborder et résoudre certaines questions que par des lettres dont le secret n'est pas toujours assuré. (*L'Eglise et l'Etat Concile du Vatican*, t. I, p. 127.)

ment (1)? Pourquoi ceci?.. . Pourquoi cela?.... Et le gouvernement, qui cherche à faire de son mieux, mais que toutes ces questions embarrassent, répond qu'il faut savoir faire la part des choses et ne se rendre ni ridicule ni brutal, qu'il va s'exécuter et monter la garde. Mais, à part soi, il enrage et passe son temps à se noyer dans des verres d'eau.

Je ne juge pas le Concordat de 1801 en soi, je le juge eu égard aux circonstances présentes. Or, plus je l'étudie, plus je demeure convaincu que bien loin de nous acheminer vers la paix religieuse, il entretient les hostilités et hâte la séparation.

Car notez, que ministres et évêques, bien que divisés sur les principes, seraient dans la pratique portés à la conciliation. Les uns et les autres sont polis, bien élevés. Malheureusement l'entente devient chaque jour plus difficile.

Ces jours derniers, me racontait un de mes amis, je me trouvais chez le ministre ***. L'huissier annonce M. l'Evêque de ***. Le ministre, pour ne pas me renvoyer et ne pas faire attendre Sa Grandeur, me fit passer dans une petite pièce attenante à son cabinet, et donna l'ordre d'introduire M. l'Evêque. Je n'entendis d'abord que des compliments de bienvenue, où les qualificatifs d'*Excellence* et de *Monseigneur* se trouvaient gracieusement encadrés dans les formules de la politesse la plus exquise. Les deux personnages causèrent ensuite à voix basse de l'affaire qui les réunissait; puis, tout d'un coup, les voix s'élevèrent, les paroles devinrent brèves. Les deux interlocuteurs s'étaient levés. Je ne distinguais pas les phrases, mais tout me disait que derrière cette porte un orage éclatait. L'Excellence ne s'appelait plus que M. le ministre, Sa Grandeur, M. l'Evêque. Il est évident que ces deux hommes ne s'entendaient

(1) Les articles 6 et 7 du Concordat sont ainsi conçus :

« Art. 6. Les évêques, avant d'entrer en fonctions, prêteront directement, entre les mains du premier consul le serment de fidélité qui était en usage avant le changement de gouvernement, exprimé dans les termes suivants :

« Je jure et promets à Dieu, sur les saints évangiles, de garder obéissance « et fidélité au gouvernement établi par la constitution de la République « française. Je promets aussi de n'avoir aucune intelligence, de n'assister à « aucun conseil, de n'entretenir aucune ligue, soit au dedans, soit au dehors, « qui soit contraire à la tranquillité publique ; et si, dans mon diocèse ou « ailleurs, *j'apprenais qu'il se trame quelque chose au préjudice de l'Etat, je le « ferai savoir au gouvernement.* »

« Art. 7. Les ecclésiastiques du second ordre prêteront le même serment entre les mains des autorités civiles désignées par le gouvernement. »

Obliger les évêques à révéler ce qui se trame au préjudice de l'État, à dénoncer les citoyens Rochefort, Barodet, Lepelletier, Lullier et autres intransigeants! Est-ce assez réussi

plus. Que s'était-il passé? je l'ignore; ce que je sais, c'est que pour être ministre ou évêque on n'en n'est pas moins homme. Le ministre protège l'Etat, l'évêque défend l'Eglise. L'évêque et le ministre qui ont commencé leur conversation en souriant, la terminent en fronçant le sourcil. En avançant l'un sur l'autre, ils se sont croisés et ont pénétré sur le terrain du voisin.

Ils n'en veulent pas convenir. Ils se croient toujours chacun chez soi. Qui les mettra d'accord? — Le Concordat laisse pendantes toutes les questions mixtes, et puis, dans l'antichambre du ministre se trouvent des journalistes, l'oreille aux aguets, pour raconter et amplifier ce qui s'est passé. Si le ministre a été bienveillant, les purs le traiteront de clérical et de réactionnaire. Si l'évêque est conciliant, on le dénoncera aux fidèles comme républicain et apostat. Demandez à Mgr Bellot des Minières, le nouvel évêque de Poitiers, ce qu'il a récolté de froideurs dans son diocèse en échange des avances qu'il a faites aux hommes du gouvernement? Plus nous allons, plus les partis effacent les traits d'union.

Aussi le gouvernement a-t-il plus l'air de vivre au jour le jour que de suivre une ligne de conduite régulière. J'avoue que je ne m'explique pas qu'il s'entête à appliquer des lois, parce qu'elles sont existantes, quand il est démontré que ces lois sont surannées, et qu'elles sont plus nuisibles qu'utiles. Or le Concordat de 1801 est de ce nombre. Je n'en veux donner qu'un exemple tiré des derniers événements.

La législation qui expire s'est beaucoup occupée de la question cléricale : article 7, décrets du 29 mars, service militaire pour le clergé, etc., elle a touché à tout. Elle a soulevé d'énergiques protestations de la part des évêques. Et c'est tant pis pour elle, car la loi organique lui donne tort et donne raison aux évêques.

Il y a, en effet, dans la loi de germinal an X, un article ainsi conçu : *Le culte catholique sera exercé sous la direction des archevêques et des évêques dans leurs diocèses.* C'est le neuvième des articles organiques.

Or, ou les mots ont un sens par eux-mêmes, ou chacun le fixe comme bon lui semble.

S'ils ont un sens par eux-mêmes, le droit exclusif de diriger le culte catholique dans un diocèse appartient à l'évêque seul, puisque la loi ne lui adjoint personne. Sans doute, le gouvernement conserve son droit de haute surveillance, mais ce droit, il s'est interdit de l'exercer, en passant par-dessus la tête de l'évêque, et voilà pourquoi dans les affaires administratives, les curés ne peuvent arriver au gouvernement que par l'intermédiaire de leur évêque. L'*évêque-directeur* a seul la responsabilité devant les hommes comme devant Dieu de ce qui se passe dans son diocèse. Si donc le gouvernement juge convenable d'introduire des modifications dans le culte catholique, il commet un déni de justice en agissant de lui-même. Il viole la loi, et les évêques ont non seulement le droit mais le devoir de protester.

Or le gouvernement, dans les décrets du 29 mars, comme dans le projet de loi militaire, qui atteint les séminaristes, a commis deux illégalités.

Les religieux, en effet, sont des collaborateurs de l'évêque. C'est l'évêque et, non leur supérieur, qui les ordonne, et cela, d'accord avec le directeur des cultes. Atteindre directement ces religieux sans en référer à l'évêque, c'est violer le droit de l'évêque. Il en est de même des séminaristes qu'on veut enrôler. Je ne sache pas que M. Farre ait consulté les évêques. Or il tombe sous le sens que le recrutement des ecclésiastiques intéresse le culte catholique, et que, par conséquent, les évêques ont eu raison de se déclarer atteints. L'entente, dira-t-on, est impossible avec les évêques. D'abord, qu'en sait-on? Et quand cela serait, la mesure en est-elle plus légale?

Je pourrais multiplier les remarques de ce genre. Je dois me borner, mais il demeure évident que, bien loin de terminer les conflits, le Concordat de 1801 les éternise. N'est-il pas du plus vulgaire bon sens de le remplacer?

Un concordat entre le Saint-Siège et le gouvernement est nécessaire, parce qu'il y aura toujours des questions mixtes.

Est-il sage, par exemple, que le gouvernement se désintéresse entièrement des nominations épiscopales, curiales, vicariales?

Comprend-on cette colossale association catholique se mouvant sur le sol français sans que le gouvernement la surveille? *L'Eglise libre dans l'Etat libre* n'est-elle pas un danger pour l'Eglise autant que pour l'Etat? Aussi bien, les partisans de la séparation absolue de l'Eglise et de l'Etat sont-ils des utopistes et non des politiques. L'Etat doit surveiller l'Eglise, mais discrètement, mais prudemment, surtout quand cet Etat s'appelle l'*Etat laïque*. Or, avec le Concordat de 1801, l'Etat a trop de portes ouvertes sur l'Eglise. Son droit de surveillance devient un droit d'inquisition malsaine qui le gêne, autant qu'il vexe le clergé. Son intervention à certains jours ressemble à une véritable persécution. A une époque nouvelle, il faut des lois nouvelles, en harmonie avec les mœurs et les idées courantes. Depuis 1801, les mœurs se sont singulièrement modifiées. Une politique de *dégagement* de l'Eglise d'avec l'Etat coupera court à tout. Elle ne satisfera peut-être pas les radicaux, parce qu'elle ne donnera pas à l'Eglise le coup de la mort, mais de bonne foi ces radicaux qui comptent quelques milliers de soldats méritent-ils qu'on les écoute? Ces gens-là n'ont pas voix au chapitre.

Quand j'apprends, d'autre part, que des hommes politiques affirment que la religion agonise, qu'il est superflu de l'attaquer ou de la défendre, qu'il faut la laisser s'éteindre entre deux homélies parlementaires, je me demande si ces hommes savent ce qu'ils disent, ou si plutôt cette expression n'est pas sur leurs lèvres une raillerie qui dissimule leur dépit, et si leur opinion peut faire autorité.

La religion agonise!

Mais jamais la question religieuse n'a plus passionné les esprits, jamais les âmes n'ont plus désiré une solution qui leur permette de demeurer françaises, sans renier la foi de leurs pères.

La religion agonise!

Mais qui donc ose le soutenir sérieusement en présence de la lutte qu'engagent contre les partisans du régime nouveau les intransigeants de gauche, qui prennent leurs utopies pour des réalités, et les intransigeants de droite, qui grincent des dents à la seule pensée que cet instrument de pouvoir pourrait leur échapper? Si la religion était agonisante, la surveillerait-on avec un soin aussi jaloux?

Que les âmes religieuses se tranquillisent! La religion chrétienne a des promesses d'immortalité qui lui assurent une longue et féconde existence. Sa dernière heure ne sonnera qu'avec la dernière heure du monde, et ses amis maladroits, pas plus que ses ennemis ne l'enterreront. Ce qui agonise, ce sont les partis : le *parti catholique* qui meurt de consomption, et le *parti antireligieux* qui est antifrançais (1). Plus que jamais je demeure convaincu que l'avenir est aux hommes qui aiment la paix, et qui ne veulent pas faire plier

(1) « Il y a deux systèmes qui ruinent le sentiment religieux : le *système révolutionnaire* et le *système ultramontain.*

« Le premier nie toute révélation divine, exalte la raison humaine, laisse les passions sans frein, dit au Pape, que, moi, je veux de toute l'énergie de mes convictions maintenir à Rome :

« Voilà l'heure de l'exil. Va dans le monde chrétien et cherche un asile! abandonne la ville éternelle où la religion est vénérée, où elle a le dépôt de ses traditions et de ses croyances; laisse à ceux qui n'ont pas la foi, les ossements des apôtres, les basiliques sacrées, tous les monuments des souffrances et des triomphes de l'Eglise; et quand tout chancellera, on

l'idée religieuse sous les exigences d'une secte, et j'ai la douce confiance que, plus heureux que nos pères, nous contemplerons cet avenir.

Le malheur, en effet, c'est que la *question cléricale* a été maltraitée par trop de monde. Chacun a voulu apporter sa pierre dans la construction de l'édifice et la placer soi-même. En vain les architectes suppliaient tous ces collaborateurs plus zélés qu'intelligents d'attendre un peu, en vain ils leur criaient qu'ils démolissaient l'édifice en frappant chacun de leur côté sans ordre, sans direction, le bruit des travailleurs couvrait leurs voix, et les uns riant, les autres sérieux, ceux-ci empressés, ceux-là graves et méticuleux, tous, chacun avec son tempérament, son intérêt personnel, continuaient, sans plus se douter qu'ils bâtissaient sur le sable. Véritable tour de Babel, cette petite Eglise, où l'on rencontre, mêlés à des noms illustres, d'obscurs gâcheurs et de gênants auxiliaires, dans l'enceinte de laquelle tout le monde est censé parler le langage chrétien, cette petite Eglise présente aujourd'hui l'aspect de la désolation et de la mort. A l'intérieur, on s'y injurie, on s'y bat à coups d'anathèmes, on s'y rue les uns sur les autres. A l'extérieur, la mousse qui s'échappe par les fentes béantes, les herbes qui croissent le long des murs, attestent que le bâtiment n'est plus entretenu, et que le sol aux alentours n'est plus foulé. Le parti catholique vit à part, et personne ne vient à lui. Et cependant il avait une grande mission à remplir! Malheureusement il est trop resté un parti, une coterie, une petite Eglise, il s'est trop inféodé aux sectes politiques. Aujourd'hui il est usé (1). Et puis tout le monde a voulu y commander. Chacun avait son idée, son œuvre,

déclarera l'Eglise libre dans l'Etat libre, pour mieux substituer l'indifférence à la foi.

« Voilà le premier système, le système révolutionnaire.

« Le second, le système ultramontain, exalte au delà du vrai la puissance pontificale, nie les droits de l'Etat, lors même que l'Etat se borne à intervenir pour maintenir les institutions nationales et la paix publique, altère, violente notre admirable religion, lui donne des exigences qu'elle n'a pas, des doctrines auxquelles elle n'avait jamais songé, et l'expose à devenir inconciliable avec l'indépendance des peuples et toute liberté légitime.

« Voilà les reproches que je lui adresse au nom de la religion même.

(Extrait du discours de M. Rouland au Sénat, le 11 mars 1865.)

(1) Voir le mandement de Mgr Guibert, alors évêque de Viviers, aujourd'hui cardinal-archevêque de Paris, à la date de 1855.

Dans ce mandement Mgr Guibert déclare que l'*Univers* et son parti font beaucoup de mal à l'Eglise et qu'on peut prévoir qu'ils amèneront encore des dangers plus grands; que les écrivains de ce parti, hommes de talent, sincères et pieux, sont cependant dominés par un esprit d'exaltation qui rend

son *dada*. Ce parti a compté et compte encore trop de sauveurs, trop de prophètes, trop d'illuminés. Ses chefs naturels, les évêques et les prêtres n'ont pas été trouvés assez bruyants par certains laïques. Ceux-ci, plus ardents qu'instruits, leur ont arraché l'encensoir des mains, et ont voulu prophétiser. Sous prétexte de vulgariser la religion, ils l'ont défigurée. Ils se sont mis à prêcher, à interpréter les saintes Ecritures. Ils ont écrit des vies de saints, des ouvrages de théologie, de controverse. Ç'a été un méli-mélo informe. Les évêques et les prêtres ont eu le tort de les laisser faire. Il demeure évident, en effet, que, malgré leurs efforts, malgré leurs courses apostoliques, malgré leurs congrès, malgré leur propagande, ces *pieux laïques* n'ont fait que piétiner sur place. Or, en ces questions, ne pas avancer, c'est reculer. Car, pendant qu'ils épiloguaient sur les mots, pendant qu'*ultramontains* et *libéraux* s'arrêtaient pour pugiler plus à leur aise, le monde, lui, avançait, les idées progressaient, les mœurs se modifiaient, seule la religion attendait derrière ses défenseurs qu'ils se soient mis d'accord. De temps en temps elle risquait bien un reproche timide : « Mes bons amis! dépêchez-vous, je vous prie : pendant que vous vous querellez ici, me retenant prisonnière derrière vous, le monde avance. Déjà je n'aperçois plus personne. Hâtez-vous! Vous êtes là devant moi, me barrant le passage, je ne puis pas avancer. Et, puis vous m'étourdissez de vos clameurs; à force de vous entendre vous injurier, je finis par vous imiter; je me surprends, moi aussi, à dire de gros mots, à lancer des invectives. Je vous en supplie, finissez-en, serrez-vous la main, et avançons un peu. » Mais les deux champions n'avaient cure d'aussi sages conseils. La religion n'était-elle pas leur chose personnelle? Ne s'étaient-ils pas constitués ses défenseurs? Triste! Triste! Et aujourd'hui encore les pauvres aveugles continuent à s'escrimer à coups de textes et à se dé-

leur jugement peu sûr et les empêche de prévoir les conséquences de leurs actes et de leurs paroles; que leur premier tort est de s'être isolés en s'intitulant le *parti catholique*, comme si dans l'Eglise il y avait des partis; qu'ensuite ils se disent catholiques avant tout, ce qui semble signifier qu'ils sont meilleurs que les autres, et ce qui est en contradiction avec la modestie chrétienne; qu'enfin, ils se décorent du titre d'ultramontains, comme pour former un parti séparé, une tribu choisie, une petite Eglise dans l'Eglise catholique.

Il ne me déplaît pas de remarquer que Mgr Guibert ajoutait qu'en faisant ce mandement, il savait bien qu'il serait dénoncé à Rome comme un gallican, comme un janséniste, mais qu'il n'en ferait pas moins ce qui, à ses yeux, était un devoir. Les temps ont changé, mais les mœurs sont restés les mêmes!

chirer la figure avec leurs journaux. C'est navrant! parce que pendant ce temps-là le monde continue à marcher. « Il semble que l'ultramontanisme, vers son déclin, tienne à ressembler, trait pour trait, au mosaïsme d'il y a deux mille ans; même étroitesse, mêmes observations ridicules, mêmes prétentions théocratiques et intolérantes. Le monde a marché; eux, jamais, et ils s'en font gloire (1). » Quelques pas encore, et la religion va le perdre de vue. C'est alors que ses entrailles se sont émues! Cette tendre mère que nous retrouvons à toutes les grandes époques de notre vie pour nous consoler, nous diriger, nous fortifier, a eu conscience de la catastrophe qui menaçait le monde. Tout d'un coup, elle a poussé un grand cri par la voix de Léon XIII, et a prononcé des paroles d'apaisement. Et cette bonne mère faisant un effort héroïque est déjà parvenue à se dégager de cette muraille de combattants qui l'enserre, déjà nous commençons à entendre sa voix. Malgré le tumulte de la mêlée, les mots de *charité*, de *progrès*, de *liberté* arrivent jusqu'à nous. Encore quelques pas, elle nous aura rejoints.

Donc le gouvernement n'a à consulter ni les intransigeants de gauche, ni les indifférents, ni les intransigeants de droite. Il doit s'adresser au pays, c'est-à-dire, d'une part, aux évêques et aux prêtres qui sont en cause, et, de l'autre, aux électeurs qui veulent qu'on respecte le culte catholique, et qu'on le maintienne. Or les uns et les autres sont convaincus que la première réponse à la *question cléricale* n'est pas la séparation absolue de l'Eglise et de l'Etat, mais leur *mutuel dégagement* par un Concordat nouveau, plus en harmonie avec l'esprit de l'Eglise et les mœurs actuelles.

La seconde réponse, c'est la modification du budget des cultes en une dotation spéciale et perpétuelle. « S'il ne faut pas, écrivait M. Martineau en 1816, que le clergé soit trop riche, il faut qu'il soit honoré; et puisqu'il n'est plus permis de lui rendre ses propriétés, essayons d'arriver au but, par des moyens qui ne soient onéreux, ni à l'Etat ni à personne.

« Des lois ont mis tous les biens de l'Eglise à la disposition de la nation, mais sous la condition expresse de fournir par elle à tous les frais du culte, et de salarier ses ministres. Voilà notre obligation. La nation qui l'a formellement contractée doit la remplir. »

Officiellement, c'est par un motif d'économie que les francs-maçons exigent la suppression du budget des cultes. Eh bien, entrons dans cette voie d'économie, *liquidons!* Mais que l'Etat *dégage*

(1) Extrait du journal *le Soir*, du 26 septembre 1881.

sa signature. Je laisse aux spécialistes le soin d'aligner les chiffres. Je me suis contenté d'indiquer le principe.

La troisième réponse à la *question cléricale*, c'est le retour loyal au droit commun, l'assimilation de l'Eglise catholique aux autres associations.

Sur ce terrain : *Concordat nouveau* (1), *dotation du clergé*, *droit commun*, tous les honnêtes gens peuvent se rencontrer.

(1) Ce projet d'un Concordat nouveau avait déjà été étudié et approuvé en 1848 par le *Comité des cultes de l'Assemblée constituante*, au sein duquel nous trouvons Mgr Parisis, évêque de Langres; Mgr Fayet, évêque d'Orléans; Mgr Graveran, évêque de Quimper; les abbés Fournier, Frechon, Moutou, Danielo, et des laïques du plus haut mérite. Ce *comité* s'est aussi longuement occupé de la question du budget des cultes. Nons eulement il avait voté son maintien à l'unanimité, mais encore, il avait cherché les moyens d'améliorer la situation si précaire des desservants et d'assurer une honnête retraite à tous les membres du clergé. — M. Pierre Pradié a réuni tous les travaux de ce comité, dans un livre intitulé : *la Question religieuse en* 1682, 1790, 1802 *et* 1848, *et historique complet des travaux du Comité des cultes de l'Assemblée constituante de* 1848. (Chez Sagnier et Bray, 64, rue des Saint Pères) — Ce livre sera utilement consulté par tous ceux qui ont à prendre une décision sur *la question cléricale* et *le budget des cultes*.

CHAPITRE IV

M. GAMBETTA ET LA QUESTION CLÉRICALE

Il est impossible d'aborder la *question cléricale* sans prononcer le nom de M. Gambetta, surtout depuis son discours du 12 août dernier à Belleville.

Quand M. Gambetta jetait aux échos de Romans cette phrase pour le moins stupéfiante : *Le cléricalisme, voilà l'ennemi!* on pouvait encore sourire, et l'attribuer à cette exubérance de langage qui l'avait fait traiter de « *fou furieux* » par M. Thiers.

Le fou furieux s'est transformé. Sous la peau du tribun, l'homme politique a percé. Aujourd'hui, M. Gambetta est l'homme de France le plus écouté, l'homme vers lequel se tournent tous les regards, et que le pays interroge. « *Il emplit la France de son tapage* », écrivait ces jours passés M. Emile Zola (1). Et voilà pourquoi M. Gambetta n'a pas craint d'aborder dans son manifeste de Belleville toutes les questions qui nous divisent le plus, et de donner à toutes sa solution. Il se défend de conspirer pour la dictature. J'avoue que je n'ai pas de peine à le croire. Que pourrait-il désirer de plus? En traçant à la nouvelle Chambre la tâche qu'elle doit accomplir, ne lui a-t-il pas dicté d'avance ses votes sur la magistrature, l'armée, l'Eglise, l'impôt, l'instruction, l'administration, la centralisation, la politique extérieure? Je demeure convaincu, sauf des retours de la fortune que nul ne peut prévoir, que la Chambre ratifiera les ordres de son *leader*, et que le Sénat épuré n'opposera plus son *veto*, comme il l'a fait dans certains cas. Que pense M. Gambetta de la *question cléricale*?

(1) *Figaro*, 22 septembre 1881.

ARTICLE I

LE DISCOURS DE TOURS (4 AOUT 1881)

Au lendemain du discours de Tours, j'écrivais les lignes suivantes :

M. Gambetta a parlé.

Son discours de Tours me laisse sous une impression pénible. Je remarque, en effet, que M. Gambetta a longuement parlé du Sénat, de l'instruction, des réformes financières, il n'a pas dit un mot de l'Eglise, pas un mot du clergé.

Or je crois que c'est la première fois depuis dix ans qu'un homme politique aussi en vue que le président de la Chambre commet un pareil oubli dans une circonstance aussi solennelle.

Evidemment, cet oubli est volontaire.

C'est à dessein que M. Gambetta a laissé le clergé dans l'ombre. Il s'est complaisamment étendu sur l'instruction, les finances, le Sénat, afin de mieux accentuer son intention.

Cette persistance de M. Gambetta dans un discours qui a duré plus d'une heure, dont la portée était considérable, en pleine période électorale, à ne pas indiquer, même de loin, le rôle que le clergé peut remplir dans le relèvement de la France, porte avec soi son enseignement.

M. Gambetta ignore moins que personne les attaches du clergé avec les droites. Il sait que c'est de préférence sur les anciens partis que le clergé s'appuie, que c'est à eux qu'il demande force, énergie, courage, que c'est eux dont il épouse les querelles, eux qu'il consulte, eux enfin auxquels, en échange de leurs largesses, il promet le retour de Henri V. Mais qu'est-ce aujourd'hui que les droites?

« Est-ce que vous ne voyez pas les anciens partis s'égrener? Est-ce que vous ne voyez pas le chemin jonché des vieilles ruines monarchiques? Ceux qui comptaient encore par l'éclat du talent, par le prestige de leur carrière passée, laissent à des débutants sans vergogne et sans force le soin de promener encore les haillons et les loques des drapeaux vaincus (1). »

Or le clergé catholique hérite des dédains dont le pays par la bouche de M. Gambetta charge les droites. Il paye aujourd'hui ses complaisances et ses flatteries de 1816 et de 1852. M. Gambetta sait

(1) Discours de M. Gambetta à Tours.

encore trouver une parole d'ironie pour les partis politiques, parle *des haillons et des loques des drapeaux vaincus;* pour le clergé il n'a pas un mot. Il affecte de garder un silence glacial.

Les droites, semble-t-il s'écrier, ont vécu. Leurs chefs rentrent d'eux-mêmes dans l'oubli. Plusieurs désertent le champ de bataille. Les autres sont sans troupes. A quoi bon s'occuper du clergé? Il n'a plus ni chefs, ni troupes, ni défenseurs. Que la terre lui soit légère! *Requiescat in pace!*

Et ce qui m'impressionne encore plus, c'est que la *presse pieuse*, au lieu de recueillir le cruel enseignement que porte avec soi le discours de Tours, va s'en amuser. J'entends d'ici ses coryphées se glorifier de l'honneur que fait à l'Eglise M. Gambetta en l'oubliant. Je l'entends s'ébaudir d'aise et inviter le clergé à battre des mains, sous prétexte que les dédains de M. Gambetta lui font honneur. Que ces aveugles applaudissent, ils n'empêcheront pas que nous voici seuls, sans alliés, presque sans amis, au milieu d'indifférents qui ne font pas plus attention à nous que si nous n'existions plus. Pouvait-on nous dire plus en face que, puisque la République s'était fondée sans nous et malgré nous, elle n'avait que faire aujourd'hui de nos bénédictions et de nos encouragements?

Son représentant le plus autorisé a fait appel à toutes les forces vives de la nation, un nom seul n'a pas été prononcé, et ce nom c'est celui du clergé.

L'expérience va-t-elle enfin nous instruire?

Le clergé va-t-il enfin comprendre que sans changer un *iota* au dogme, à la morale, au culte catholique, il doit modifier son allure, c'est-à-dire accepter cette situation nouvelle que lui fait un certain progrès des idées, et d'après lequel il doit puiser ailleurs que dans son rôle mystérieux le secret de sa puissance? Ses derniers droits se sont engouffrés dans l'abîme où l'empire a sombré, et si le prêtre veut reconquérir son influence, il ne doit plus compter que sur ses qualités personnelles. Le règne des clergés d'Etat est fini. L'Eglise ne peut plus compter en France sur les gouvernements pour étendre sa puissance. Elle n'est plus un rouage gouvernemental. Sa séparation de l'Etat est à peu près consommée. On croyait que M. Gambetta s'étudiait à jouer les Bonapartes, et rêvait de créer, pour l'exécution de ses plans, un clergé docile et dévoué. Le discours de Tours enlève aux uns cette illusion, aux autres ce semblant de grief. M. Gambetta est le pontife de l'*Etat laïque* (1), et par

(1) Cette disposition de M. Gambetta à jouer le rôle de pontife de l'*Eta*

conséquent n'a a demander au clergé ni son concours ni ses conseils. Le clergé ne veut pas le comprendre. Il s'obstine à ne voir dans l'article 7, dans les décrets du 29 mars, qu'une vengeance de partis autrefois écrasés, aujourd'hui triomphants. C'est une erreur. Ces mesures sont les signes avant-coureurs non d'une révolution religieuse, mais d'une *révolution cléricale*. C'est le régime du droit commun qui prend pied. On n'arrivera pas sans doute du premier

laïque est très accentuée dans le discours qu'il a prononcé au Cirque d'hiver le 28 août 1881.

Le lecteur nous saura gré de reproduire ce factum qui n'est, surtout vers la fin, qu'un pastiche d'homélie :

« Chers concitoyens et vous, mesdames,

« Je tiens tout d'abord à remercier la nombreuse assistance qui a répondu à l'appel de la Société pour l'enseignement à tous les degrés. Nous plaçons l'intérêt de cette grande question de l'enseignement au-dessus de toutes les querelles personnelles, et il m'est agréable d'avoir sur ce point l'assentiment de tous les bons citoyens, au milieu des ennuis inévitables de la vie publique.

« Toutes les tentatives, tous les efforts des tribuns et des hommes d'État du monde entier, ont tendu vers l'enseignement de la jeunesse, et, s'il est une cause à laquelle je suis resté fidèle et inviolablement attaché, c'est à celle du progrès démocratique, qui est le développement de ce capital donné par la nature, qui s'appelle la raison.

« On arrive à constituer et l'on *crée* en ayant l'approbation de ses concitoyens et la ferme volonté de ne jamais reculer malgré les obstacles, de ne pas se rebuter et de ne pas s'enivrer des faveurs de la fortune.

« On met ainsi en éveil toutes les intelligences pour arriver sans violence, sans guerre civile, par la seule force du droit et de la justice. *La vraie religion — car religion veut dire le lien qui rattache l'homme à l'homme — est celle* qui lui permet, en se trouvant face à face avec son semblable, *de saluer sa dignité dans la dignité d'autrui*, fondée sur le droit et la liberté. C'est pour le développement de cette religion que nous sommes assemblés dans *une même communion d'idées*. Vous, vous apportez votre obole, nous, nos paroles.

« Dans ces grandes réunions qui sont les *Pâques de la démocratie*, j'ai hâte de donner la parole à *cet homme bon et fort entre tous*, qui, par ses recherches ardentes et son intelligence, a depuis son entrée dans la vie publique consacré sa carrière à la diffusion des lumières pour apporter à tous, les trésors de la science qui a été la passion de sa vie entière : j'ai nommé Paul Bert.

« Écoutez, comme vous savez écouter dans les réunions dignes de la démocratie, et, en quittant cette enceinte, vous direz avec moi : « *On sort de ces « réunions meilleur qu'on n'y est entré.* »

M. Gambetta prend de nouveau la parole en ces termes :

« Mesdames et messieurs, avais-je raison tout à l'heure, quand je vous annonçais qu'après avoir entendu l'orateur qui allait parler, *nous nous sentirions tous un peu plus forts et un peu meilleurs?* (Oui ! Bravos et applaudissements.)

. . . .

« Mais *il n'y a pas de bonnes paroles si des actes ne les suivent*. Au risque d'abuser de votre générosité (Non ! Non !)... Je vous rappelle, en finissant, que c'est pour une école laïque, et pour la bibliothèque qui en est le complément naturel, que nous sommes réunis ici.

« Mesdames et messieurs, complétez votre bonne action, et, en sortant, *lais-*

coup à supprimer nos privilèges, il y aura encore de part et d'autre des excès de langage qui entraîneront des répressions grossières, mais dans un avenir plus rapproché qu'on ne le croit, la religion ne sera plus qu'une institution libre, que l'Etat surveillera sans la favoriser, ni la combattre, et le prêtre un citoyen comme les autres.

Cette séparation de l'Eglise avec l'Etat ne me cause pour l'Eglise qu'une légère inquiétude. Ce qui m'inquiète bien plus c'est que

sez tomber un peu de ces oboles, un peu de cette monnaie nécessaire à tous les cultes, mais qui, du moins ici, n'ira qu'à des enfants dont on veut faire des citoyens libres et généreux comme vous-mêmes. (Longs applaudissements.)

« Je vous remercie, au nom des organisateurs de cette réunion et des membres du comité des écoles du 20ᵉ arrondissement de Paris. Il y a dans cette enceinte bien des personnes qui appartiennent à d'autres arrondissements, *je me félicite de pouvoir saluer en elles les apôtres de la solidarité de tout Paris.* (Applaudissements plusieurs fois répétés. — Bravos et acclamations. — Cris : Vive la République! Vive Gambetta! Vive Paul Bert.) »

M. Rochefort, dont l'unique préoccupation est de singer M. Gambetta, ne se contente pas de prêcher, il pontifie. Le *Temps* raconte l'anecdote suivante, à la date du 24 ou 25 septembre dernier :

« Au congrès de la libre pensée, tenu à la salle Cadet, un délégué avait proposé que des cérémonies fussent pratiquées à l'occasion de la naissance des enfants. Il demandait qu'on les soumît à une sorte de baptême par lequel ils seraient initiés à la libre-pensée. Il était réservé à M. Rochefort de présider une cérémonie semblable, ce qu'il a fait de la meilleure grâce, hier soir, dans un banquet que lui offrait un groupe de libre-penseurs de Saint-Denis.

« M. H. Rochefort est arrivé à huit heures et demie au restaurant du *Lapin qui fume*, où l'attendaient, entassés dans une salle pouvant raisonnablement tenir une vingtaine de personnes, cinquante citoyens de Saint-Denis. M. Rochefort s'est assis immédiatement à la place d'honneur, entre les citoyens Grossetête et Arnaud, membres du groupe libre-penseur de la localité. Le dîner, qui était exquis, a commencé aussitôt, et comme les convives gardaient le silence, M. Rochefort a alors entamé une conversation avec ses voisins, conversation que l'exiguïté du local a permis à tous les convives d'entendre.

« M. Rochefort raconte que son voyage circulaire autour du globe a eu ce bon résultat de développer en lui le patriotisme. « J'ai pu constater, dit-il, « que nous sommes incontestablement le peuple le plus indépendant de la « terre. Nous seuls sommes réellement libéraux et savons nous débarrasser « des despotes. Allez voir en Angleterre, cette terre soi-disant classique de « la liberté, les ouvriers ne peuvent s'y débarrasser des entraves de la reli- « gion, et tous sont convaincus que les lords sont faits d'une autre pâte « qu'eux. Et si vous voyiez cette Chambre des lords! Tous ses membres s'en- « ivrent comme des portefaix et s'en vont titubant dans les couloirs. En « Amérique, on n'admet pas que vous n'ayez pas de religion. »

« Passant à un autre ordre d'idées, M. Rochefort dévoile la conspiration ourdie par M. Gambetta contre le président de la République, conspiration que le rejet du scrutin de liste a fait avorter. « M. Gambetta, a-t-il dit, de- « vait se faire nommer par cinquante ou soixante départements, et, le soir « de son élection, des blouses blanches avec des torches devaient aller crier : « Vive Gambetta! sous les fenêtres de l'Elysée. La manifestation aurait duré « le temps qu'il eût fallu, et M. Grévy, conseillé par des amis, aurait été « obligé de donner sa démission, ce qui eût assuré l'élection de Gambetta à « la présidence de la République. Ce plan m'a été dévoilé. Le Sénat l'a fait

dans notre monde on s'acharne à la considérer comme une catastrophe. Aussi l'impression pénible que m'avait causée le discours de M. Gambetta venait-elle, beaucoup plus de l'aveuglement dans lequel on nous tient, que de l'imminence du péril. Si même, j'avais pu espérer que le parti clérical, comme on nous appelle, eût dû tirer de ce silence volontaire le profit que j'en tire moi-même, ma tristesse se serait presque changée en joie. Quel profit

« avorter; c'est le seul service qu'il ait rendu au pays. Maintenant, il n'a « plus qu'à disparaître avec la présidence. »

« La conversation a continué sur ce ton jusqu'au dessert. Les convives écoutaient M. Rochefort qui, s'il n'est point orateur, cause avec animation. Au dessert, son voisin, le citoyen Grossetête se lève et remet à M. Rochefort les insignes du groupe de la libre-pensée de Saint-Denis. Le silence s'établit aussitôt et M. Rochefort se lève :

« Citoyennes, citoyens, dit-il, nous allons procéder, non pas au baptême, « mais à l'initiation de trois jeunes enfants auxquels la libre-pensée ouvre « ses rangs. Il faut d'abord s'affranchir des superstitions avant de songer à « détruire les tyrans. Nos pères n'auraient pas démoli la Bastille s'ils n'eus-« sent auparavant renversé le Christ. »

« Tandis que M. Rochefort parle, une jeune mère s'avance vers lui, tenant dans ses bras un enfant en bas âge. Elle est accompagnée d'un petit garçon et d'une petite fille de quatre ou cinq ans, qui, timidement, font le tour de la table pour aller s'asseoir en face de M. Rochefort. Celui-ci, prenant alors de larges rubans rouges, les place comme un collier sur les épaules des enfants. Le plus petit, resté sur les bras de sa mère, et charmé probablement par la couleur éclatante du ruban, tend les bras à M. Rochefort et pousse un éclat de rire perçant, aux applaudissements des convives. M. Rochefort se rassied, puis on fait circuler un procès-verbal de la cérémonie, qui est signé par tous les convives.

« La série des toasts commence; mais il est onze heures et quart. Aussi M. Rochefort, rappelé à Paris par les exigences de son journal, se lève-t-il précipitamment pour quitter la salle. On lui apprend alors que le dernier train passe à Saint-Denis à onze heures cinq minutes. Le dernier tramway étant parti à onze heures, les douze ou quinze convives venus de Paris, libres-penseurs et reporters, se trouvent emprisonnés avec M. Rochefort dans le restaurant du *Lapin qui fume*. On court à la recherche d'un fiacre; mais les rues de Saint-Denis sont désertes. Quelques citoyens frappent à la porte des loueurs, mais aucun ne se soucie de se déranger.

« M. Rochefort va et vient dans la rue, impatienté, regardant le ciel tout étoilé :

« — Nous ne pouvons pourtant pas coucher à la belle étoile ! dit-il.

« Enfin, vers une heure du matin, le roulement d'une voiture se fait entendre. On vient de découvrir une tapissière à six places. M. Rochefort y monte avec neuf autres personnes, et, cahin-caha, la voiture arrive à la barrière. M. Rochefort, qui a gardé le silence le plus complet pendant le trajet, saute à bas de la tapissière et court vers la première station de fiacres. Ses compagnons de route en font autant et se séparent, non sans se plaindre des courbatures que la tapissière trop étroite a causées à chacun.

« Quelques convives, encore moins heureux, ont dû supplier un maraîcher allant aux Halles de les prendre avec eux, et c'est dans une voiture de haricots verts qu'ils sont revenus à Paris. »

(Extrait du journal *la Liberté*, 27 septembre 1881.)

les prêtres peuvent-ils tirer de leur alliance avec des francs-maçons? Est-ce que même cette alliance est loyale? Peut-on espérer que la franc-maçonnerie aujourd'hui régnante oubliera ses serments, pour s'associer avec l'Eglise? Jusqu'à ce jour les francs-maçons ont sauvé les apparences, parce que leur heure n'était pas encore venue. Voici que la France se donne à eux. Ils seraient bien naïfs de partager le butin avec nous. Quand nous étions au pouvoir, ne les envoyions-nous pas à la Bastille? en exil? à la mort? Maintenant qu'ils sont les maîtres, ils nous suppriment à leur tour. Et si le pays protestait, ses nouveaux maîtres pourraient lui dire : *Vous voulez d'autres lois? Envoyez d'autres législateurs!*

Donc le discours de Tours m'était apparu comme le commencement de la fin, et j'avoue que j'éprouvais une véritable joie à ne plus relever d'un gouvernement qui m'exècre, et qui, malgré cela, est obligé de me payer, de me demander mes prières, et de me compter parmi ses fonctionnaires. Je préférais la misère noble et digne à cette vie impossible, qu'on nous fait mener depuis dix ans, et puisqu'il fallait qu'un jour ou l'autre la crise eût une fin, j'aimais mieux qu'elle eût lieu demain que dans un an. Je croyais la *question cléricale* tranchée, quand est arrivé le discours de Belleville, qui nous promet une prolongation de supplice, et remet tout en question.

ARTICLE II

LE DISCOURS DE BELLEVILLE

Je crois M. Gambetta assez homme d'esprit pour ne pas redouter les critiques et pour en faire son profit.

Or son discours de Belleville, en ce qui touche, *la question cléricale*, m'a jeté dans la stupeur. Avant de l'analyser, je le reproduis sous forme de propositions tirées du texte lui-même.

I. Suppression de l'exonération du service militaire pour les membres du clergé.

Nous poursuivrons notre tâche, et nous travaillerons à remettre dans la loi cette égalité complète et parfaite qu'exige le respect de chaque Français pour le sang français. (Bravos répétés.) Oui, tout le monde, sans exception, passera sous les drapeaux; ni les instituteurs, ni les congréganistes, ni les ecclésiastiques n'en seront exempts : il faut que tout le monde paye la même dette pendant le même temps. (Double salve d'applaudissements. — Oui! oui!) (1).

(1) Voici la jurisprudence française relative à l'exonération du service militaire pour les ecclésiastiques.

23-25 *mars* 1793. — Décret portant : « La Convention nationale déclare

II. Suppression de la liberté d'association pour le clergé.

Liberté d'association pour le monde des travailleurs, pour les associations professionnelles, pour les syndicats, pour les groupes de toute espèce; mais quant aux autres, permettez-moi le mot, pour les moines, non. (Nouveaux applaudissements.)

III. Suppression de l'enseignement religieux à l'école.

Nous voulons l'Eglise chez elle et l'école chez elle; l'instituteur absolument maître du lieu où il donne ses leçons et ne laissant franchir le seuil de sa demeure que par les représentants autorisés de l'Etat. (Applaudissements répétés.)

IV. Suppression de l'influence du clergé.

Le cléricalisme a été vaincu et abattu, mais il n'est pas mort. (Mouvement.) *Et je pense qu'il y a mieux à faire qu'à le traiter selon des formules plus ou moins creuses. Il faut s'enquérir de ce qu'il détient encore de puissance administrative et publique; il faut se livrer à un travail minutieux d'enquête et d'investigation sur les forces de son influence et son crédit; lui couper toute espèce de communication avec l'administration laïque et politique; rayer ces privilèges, ces prérogatives que lui confère le décret de messidor et dont il tire si grande vanité;*

qu'elle n'a pas entendu comprendre dans la loi du recensement les évêques, curés et vicaires salariés par la nation; et en conséquence, décrète que ceux qui, ayant concouru au recrutement, se trouveraient au nombre des citoyens qui doivent marcher, seront libres de rester ou de revenir à leur poste. »

9-13 *avril* 1814. — Arrêté qui ordonne la mise en liberté des séminaristes du diocèse de Gand conduits à Vesel en 1813.

Le gouvernement provisoire, informé que les séminaristes du diocèse de Gand, au nombre de 236, dont 40 diacres ou sous-diacres, ont été conduits à Vesel au mois d'août 1813, pour être placés dans l'artillerie, ordonne que la liberté leur soit rendue de suite.

21 *mars* 1832. — (Art. 14.) « Seront considérés comme ayant satisfait à l appel.....

« 5° Les élèves des grands séminaires, régulièrement autorisés à continuer leurs études ecclésiastiques; les jeunes gens autorisés à continuer leurs études pour se vouer au ministère dans les autres cultes salariés par l'État, sous la condition, pour les premiers, que s'ils ne sont pas entrés dans les ordres majeurs à vingt-cinq ans accomplis, et, pour les seconds, que s'ils n'ont pas reçu la consécration dans l'année qui suivra celle où ils auraient pu la recevoir, ils seront tenus d'accomplir le temps du service prescrit par la présente loi. »

L'article 12 de la loi sur la garde nationale du 22 *mars* 1831 les dispensait dans les termes suivants : « Ne seront appelés à ce service : les ecclésiastiques engagés dans les ordres, les ministres des différents cultes, les élèves des grands séminaires et des Facultés de théologie.

Loi du 27 juillet 1872 (article 2) renouvelle les lois précédentes. Pendant la dernière législature on a présenté une loi, qui n'a pas été soumise au sénat, mais qui doit modifier la législation sur cette matière, et incorporer les ecclésiastiques dans l'armée.

examiner son budget, le réduire et le maintenir dans les limites de la législation concordataire.

V. Suppression des biens de mainmorte.

Il faut regarder de près à cette immense fortune de mainmorte qui est un scandale dans ce pays des Gaules, composé de paysans et de petits fonctionnaires (1) *; savoir enfin si l'impôt fonctionne sur tous ces biens, acquis par des moyens plus ou moins légitimes; or il se trouve que précisément il ne fonctionne pas!* (Rires approbatifs.)

J'ai fait dresser une carte que je distribuerai à vos comités (2) *; elle*

(1) Au lendemain du discours de M. Gambetta *le Henri IV* publiait la note suivante :

« La presse parisienne a reçu communication d'une carte figurative de la propriété immobilière des congrégations religieuses en France. Cette carte, fort intéressante, fournit des détails curieux sur les immeubles que possèdent et occupent les congrégations religieuses d'hommes et de femmes, autorisées et non autorisées; sur la valeur vénale et la valeur locative de ces immeubles, sur les droits de patente qu'elles payent.

« La carte est dressée sur une échelle d'un millimètre pour 2,000 mètres.

« Dans chaque département, deux carrés teintés l'un de rouge, l'autre de bleu, donnent la superficie des immeubles et leur valeur vénale; ces carrés sont établis sur une échelle d'un millimètre carré pour 20 hectares ou 200,000 mètres carrés, relativement à la superficie, et d'un millimètre carré pour 500,000 francs, relativement à la valeur.

« Sur les côtés de la carte on a inscrit la récapitulation générale, par département, des renseignements concernant les congrégations, tant autorisées que non autorisées.

« Voici quelques-uns des chiffres relevés. Les congrégations possèdent :

« En Maine-et-Loire, 1,027 hectares; en Lozère. 1,056; dans le Finistère, 1,097; dans l'Aveyron, 1,141; dans l'Ain, 8,262; dans la Loire, 1,338; dans l'Ardèche, 1,426; dans l'Isère, 1,430; dans la Drôme, 1,545; dans le Morbihan, 1,583, etc,

« Les congrégations qui font vœu de pauvreté possèdent dans le département de la Seine pour la somme de 135 millions; dans le Rhône, leurs domaines valent 36,500,400 fr.; dans le Nord, 132,719,000 fr.; dans la Gironde, 18 millions, etc., etc.

« En résumé, la superficie de la France étant de 528,401 kilomètres carrés, la superficie des immeubles connus appartenant aux congrégations religieuses est de quatre cent cinq kilomètres carrés, ce qui représente la 1,305ᵉ partie de notre territoire.

« La valeur vénale des immeubles possédés et occupés par les congrégations est de 712 millions 538,980 francs ; pour cette immense fortune, elles payent, comme droit de patente, la somme de 157,495 francs, soit 0 fr. 022 pour 100 francs. » (Voir l'Appendice II à la fin de l'ouvrage.)

(2) Sur la suppression des biens de mainmorte, je trouve ce passage dans l'ouvrage de Fleury que j'ai cité dans le chapitre précédent, p. 347.

La défense d'aliéner les biens ecclésiastiques et les soins qu'on avait pris pour leur conservation « ont fait que, dans la suite des siècles, une bonne partie des héritages se sont trouvés appartenir à l'Église, quoiqu'il y ait eu un grand nombre d'usurpations. Aussi les magistrats et les seigneurs ont craint que l'Église, acquérant toujours et n'aliénant jamais, se rendît à la fin propriétaire de tous les immeubles ou de la plus grande partie, le public en souffrirait; car il est utile, selon nos mœurs, qu'il y ait toujours beau-

comprend tous les départements de France où se trouve indiqué, par un système graphique, l'état des biens d'Eglise touchés par l'impôt. Je ferai distribuer aussi quelques exemplaires de cette carte instructive à la presse ad usum Delphini. (Rires.) *Vous verrez que l'enquête qu'on a faite sur les biens des congrégations religieuses est, permettez-moi de le dire, une enquête d'amateurs, une enquête pour en avoir fait une, mais une enquête à laquelle il manque tout le reste.* (Rires et applaudissements.)

C'est mon opinion, qu'il convient de regarder de près tous ces biens de mainmorte, et que nous avons besoin d'une législation qui les reprenne, les supprime, les abolisse. (Oui! oui! — Très bien! très bien!)

Il n'y aura sur ce point qu'à s'inspirer des admirables travaux de la Constituante (1).

coup de terres dans le commerce. Les seigneurs y ont grand intérêt, à cause des droits de relief et des lods et ventes, et le roi à cause des tailles, principalement aux pays où elles sont réelles. Ces intérêts étaient encore plus forts autrefois, à cause du service personnel des fiefs. Les rois ont donc fait aux ecclésiastiques, et particulièrement aux communautés, des défenses générales de faire de nouvelles acquisitions; et, pour en être dispensé, il faut obtenir des lettres patentes qui ne s'accordent qu'après que l'on a payé l'amortissement (pour récompenser le roi de ce que l'héritage tombe en mainmorte ou dans des mains de gens de mainmorte, qui ne payent pas les contributions ordinaires) et l'indemnité au seigneur (pour le dédommager à peu près des droits de relief ou des lods et ventes qu'il aurait droit d'espérer à l'avenir ou bien pour qu'il les conserve; en effet, la communauté lui donne un homme vivant et mourant, c'est-à-dire un particulier à la mort duquel on paye les droits dus aux mutations et auquel on en substitue aussitôt un autre). »

(1) Opinion du comte Siméon, rapporteur du Concordat et des articles organiques dans la séance du 7 avril 1802, dont nous recommandons la méditation à M. Gambetta. Le comte Siméon n'était ni un clérical ni un naïf.

« L'Assemblée constituante, qui avait profité de toutes les lumières répandues par la philosophie de cette assemblée, où l'on comptait tant d'hommes distingués dans tous les genres de talents et de connaissances, s'était gardée de pousser la tolérance des religions jusqu'à l'indifférence et à l'abandon de toutes. Elle avait reconnu que, la religion étant un des plus anciens et des plus puissants moyens de gouverner, il fallait la mettre, plus qu'elle ne l'était, dans les mains du gouvernement; diminuer sans doute l'influence qu'elle avait donnée à une puissance étrangère, détruire le crédit et l'autorité temporelle du clergé, qui formait un corps distinct dans l'État, mais s'en servir en le ramenant à son institution primitive et le réduisant à n'être qu'une classe de citoyens utiles par leur instruction et leurs exemples.

« L'Assemblée constituante ne commit qu'une faute, et la convention qui nous occupe la répare aujourd'hui; ce fut de ne pas se concilier avec le chef de la religion. On rendit inutile l'instrument dont on s'était saisi, dès lors qu'on l'employait à contre-sens, et que, malgré le pontife, les pasteurs et les ouailles, on formait un schisme au lieu d'opérer une réforme. Ce schisme jeta les premiers germes de la guerre civile que les excès révolutionnaires ne tardèrent pas à développer. »

VI. Suppression du traitement des desservants antirépublicains.

Il conviendra, en outre, de regarder de près à une chose extrêmement importante, je veux dire d'examiner le traitement qu'on alloue aux curés, aux desservants, aux vicaires, et qui s'élève chaque année à 45 millions. Messieurs, ce n'est pas là un traitement comme les autres, quand on examine un peu soigneusement la législation qu'on invoque, et que j'invoque tout le premier le Concordat et les articles organiques.

On doit ce traitement aux curés, mais on ne le doit pas aux desservants ; on leur doit une indemnité (1) ; *je dis que vous avez là, avant de*

(1) M. Gambetta commet une grave erreur en prétendant que l'État ne doit pas de traitement aux desservants, mais seulement une *indemnité.*

Voici la législation.

Loi du 8 *avril* 1802. Art. 68. « Les vicaires et desservants seront choisis parmi les ecclésiastiques pensionnés en exécution des lois de l'Assemblée constituante. — Le montant de ces pensions et le produit des oblations formeront leur *traitement.* »

Le sens de cet article est clair. Le Concordat n'accordait de traitement qu'aux évêques et aux curés (art. 14) parce qu'il fixait en même temps les évêchés et les cures. Quant aux desservances le temps seul pouvait les désigner. Il fallait donc attendre qu'on en érigeât pour créer une législation financière, c'est ce qui eut lieu, comme je l'indiquerai tout à l'heure. En outre le premier consul avait besoin de ménager les susceptibilités de la nation, et s'il avait affecté une somme trop élevée sur les finances de l'État aux besoins du culte, il eût pu compromettre l'œuvre de pacification dont le Concordat était l'heureux résultat. L'équité aussi bien que la sagesse lui commandaient la prudence. D'ailleurs l'Etat faisait à de nombreux ecclésiastiques déjà âgés et qui ne pouvaient aspirer à être curés, des pensions alimentaires. On trouva équitable de confier les desservances à ces pensionnaires, en augmentant leur pension avec les oblations.

Loi du 8 *avril* 1803. Art. 3 « Les conseils municipaux... délibéreront 1° sur les augmentations de *traitement* à accorder sur les revenus de la commune aux curés, vicaires et desservants... »

Ce qui indiquerait que dans la pensée du législateur la pension faite par l'État aux desservants revêtait la forme du traitement. Seulement on reconnut promptement que ce traitement était insuffisant, et l'on engagea les communes qui recevaient les soins d'un prêtre à le rémunérer suivant leurs ressources. »

Loi du 31 *mai* 1804. Décret contenant règlement sur une nouvelle circonscription des succursales.

Art. 1. Conformément aux articles 60 et 61 de la loi du 18 germinal an X, les évêques, de concert avec les préfets, procéderont à une nouvelle circonscription des succursales, de manière que leur nombre ne puisse excéder les besoins des fidèles.

Art. 4. Jusqu'à ce que les nouveaux plans de circonscription aient été rendus exécutoires, les desservants des succursales existant et provisoirement approuvées jouiront, à partir du 1er messidor prochain, d'un *traitement* annuel de 500 francs; au moyen duquel traitement ils n'auront rien à exiger des communes, si ce n'est le logement, aux termes de l'article 72 de la loi du 18 germinal an X.

Art. 5. Le montant des pensions dont jouissent les desservants sera précompté sur celui de leur *traitement.*

passer à l'abolition du budget des cultes, à laquelle je ne me rallie pas (2), *un moyen de gouvernement du clergé, et que vous avez de plus, non seulement dans le Concordat, mais dans le simple Code pénal, toute une législation extrêmement tutélaire et protectrice, et des droits de l'Etat, et des droits des simples citoyens trop souvent livrés aux caprices des cléricaux. Avant qu'on porte la main sur le budget des cultes, je demande qu'on rende compte, par des dispositions transitoires, de la série des moyens et des forces dont on dispose, pour empêcher cette hostilité du clergé et pour le forcer à être, lui aussi, le respectueux serviteur du régime que la France s'est librement donné.* (Mouvement prolongé.)

Cette dernière phrase est claire. Non seulement M. Gambetta a la prétention de nous empêcher d'être les adversaires de la République, mais il veut nous forcer à la *servir avec respect.* J'avoue que cette prétention me surpasse.

A quel titre, en effet, M. Gambetta veut-il que les desservants, tels qu'il les comprend, et les autres membres de l'association catholique, servent la République avec respect, c'est-à-dire, sans doute, avec dévouement et docilité, comme ils servent Dieu, *de tout leur cœur, de toute leur âme, de tout leur esprit?*

Je vois bien ce que M. Gambetta nous retire; je ne vois guère, je ne dirai pas ce qu'il nous accorde, mais ce qu'il nous laisse.

M. Gambetta, qui a soulevé le voile de l'avenir à Belleville en faveur de ses électeurs, entrevoit-il celui qu'il prépare au clergé?

Comme don de joyeux avènement, il nous promet trois choses :

Art. 6. Les *traitements* des desservants seront payés par trimestre. . . . . . Ils seront munis d'un brevet de *traitement.*

Cette loi fut nécessitée par le besoin de créer des desservances en rapport avec le besoin des fidèles. Le nombre des ecclésiastiques-pensionnaires étant devenu insuffisant, il fallut recourir à des ecclésiastiques non pensionnaires ; de là la promulgation d'une loi qui assura leur existence.

De ce qui précède on doit conclure que la nécessité seule empêcha le premier consul de pourvoir directement aux besoins des desservants en promulguant le Concordat, mais qu'il était dans l'intention de combler cette lacune, aussitôt qu'il le pourrait, et que les pensions dont parle l'article 68 étaient à ses yeux de véritables *traitements.*

(2) Si M. Gambetta proteste sincèrement contre l'abolition du budget des cultes, qu'il médite ces paroles de M. Émile Ollivier, qui bien que venant d'un ennemi politique ont un parfum de bon sens qui attire d'autant plus qu'on est moins habitué à le respirer : *Respecter le budget des cultes implique qu'on en proportionnera les ressources aux nécessités des temps, qu'on ne cessera d'augmenter le traitement de tous les membres du clergé et surtout celui des curés ruraux, jusqu'à ce qu'il ait atteint le niveau établi dans les autres services publics.* (*L'Église et l'État au concile du Vatican,* t. Ier, p. 161.)

1° De nous supprimer le seul privilège qui nous reste, et de contrecarrer notre influence par tous les moyens possibles;

2° De supprimer nos traitements, à la moindre velléité de résistance;

3° De nous mettre hors la loi, nous, et les associations religieuses, sans plus ample informé.

Plus j'y songe et plus je me persuade que M. Gambetta s'est laissé entraîner par l'auditoire un peu farouche qu'il avait sous les yeux. S'il se relit, il conviendra qu'il nous demande l'impossible, et que, si dévoué qu'il soit lui-même à la République, il ne signerait jamais pour son propre compte le contrat qu'il veut nous imposer. S'il songe à nous prendre par la crainte, il ne devra pas s'étonner que nous rêvions un régime moins draconien et que nous ne servions qu'à regret la République.

On a dit que le discours de Belleville était l'œuvre d'un politique. Je m'inscris en faux, au moins pour ce qui regarde la question cléricale, car, sauf les expressions qui sont polies, le fond révèle toujours le sectaire et le tribun. J'avoue que j'espérais autre chose, et que je suis surpris que M. Gambetta, au lieu d'un programme s'appuyant sur le principe de l'*Etat laïque*, n'ait annoncé que des mesures maladroites et vexatoires.

M. Gambetta aurait, en effet, formulé la théorie de l'*Etat laïque*, et indiqué au clergé la place que cet *Etat laïque* lui laisse, il n'y avait qu'à s'incliner. *Dura lex, sed lex*. La France, désirant expérimenter un nouveau système de gouvernement, ne veut plus que la religion soit représentée parmi les gouvernants. Soit! Si désagréable que cela nous paraisse, nous aurions suivi le conseil du Sauveur : « Quand on ne voudra plus de vous dans une ville, secouez la poussière de vos sandales, pour ne rien emporter de cette ville, et allez dans une autre. » Nous aurions descendu les marches du trône où nous avions eu jusqu'à ce jour le droit de nous asseoir; nous aurions quitté les palais qu'on nous avait donnés, et continué notre ministère, montrant aux populations que l'œuvre évangélique s'accommode de tout, de la richesse comme de la pauvreté, des honneurs comme des violences. A la place de ce programme, nous trouvons une série de vexations, et comme bouquet final l'ordre de servir avec respect la main qui nous assomme! Est-ce une gageure? Est-ce une plaisanterie? Est-ce comme chez Nicollet, de plus fort en plus fort?

J'aurais compris que M. Gambetta tînt à peu près ce langage : « Après l'école, il y a l'église. (*Mouvement.*) Vous connaissez, messieurs, nos théories religieuses. Nous ne croyons pas à l'existence du surnaturel. Nous sommes convaincus que l'homme a en lui-même le secret de la vertu et du bonheur. C'est à son activité seule qu'il doit demander ce qui peut le rendre heureux. Les cultes et les dogmes religieux sont désormais inutiles. La morale naturelle suffit, et il n'est pas besoin pour suivre ses préceptes de recourir aux prêtres. Jusqu'à ce jour, l'Etat, par aveuglement, ou par faiblesse, avait fait au clergé catholique une situation exceptionnelle. Il croyait avoir besoin de ses secours, et il le payait en conséquence.

« La République n'a pas besoin de prêtres. (*Salves d'applaudissements.*) Le pays s'est prononcé en faveur de l'*Etat laïque*. (*Bravos, salves d'applaudissements.*) Ce n'est pas que nous proscrivions les religions. Ceux auxquels reste ce préjugé sont libres de se réunir, de prier en commun. Nous ne les inquiéterons pas. Nous ne leur demanderons pas ce qu'ils pensent, ce qu'ils espèrent, ce qu'ils rêvent. Nous ne les obligerons qu'à se soumettre aux lois.

« Nous estimons, nous, qu'il n'y a pas d'inconvénient à ce que « des citoyens puissent s'associer librement, s'habiller de blanc, de « noir ou de jaune, pour prier, travailler ou plutôt ne pas travailler « en commun (1). »

« Donc liberté absolue de la conscience et des cultes. Naturellement nous retirons au clergé le bénéfice de l'exonération du service militaire.

« Nous devons travailler à remettre dans la loi cette égalité complète et parfaite qu'exige le respect de chaque Français pour le sang français (*Bravos répétés.*). Oui, tout le monde passera sous les drapeaux : ni les instituteurs, ni les congréganistes, ni les ecclésiastiques n'en seront exempts. Il faut que tout le monde paye la même dette pendant le même temps. » (*Double salve d'applaudissements. — Oui! Oui!*) (2) »

« Nous supprimons le budget des cultes (*Tonnerre d'applaudissements.*) (3) dont nous demandions déjà si énergiquement la suppression sous l'Empire. (*Bravos répétés.*)

(1) Discours de M. Clémenceau au cirque Fernando.
(2) Discours de M. Gambetta à Belleville.
(3) Cette opinion des partisans de l'État laïque n'est pas celle de Proudhon, un écrivain que les révolutionnaires ne peuvent pas désavouer : « Tant que la religion aura vie dans le peuple, écrivait-il en 48, je veux qu'elle soit respectée extérieurement et publiquement. Je voterai donc contre l'abolition du salaire des ministres du culte. Eh ! pourquoi, avec ce bel argument que ceux-là seuls qui veulent de la religion n'ont qu'à la payer, ne retran-

C'est, en effet, « le plus monstrueux de tous les privilèges pour une secte religieuse que celui de se faire entretenir aux frais de ceux qui n'admettent pas ses dogmes. »

« Séparer l'Eglise de l'Etat, dira quelqu'un, n'est plus de la politique anticléricale, mais de la politique antireligieuse (1).

« Avez-vous donc oublié que le premier principe de la République, c'est la liberté de conscience, et que je suis odieusement atteint dans la liberté de ma conscience quand vous m'obligez, moi, citoyen français, à salarier de mon argent un culte que je réprouve, une secte sous le joug de laquelle nous nous débattons et que j'ai dénoncée comme l'ennemi ?

« Je ne sais pas si c'est là de la politique anticléricale ou antireligieuse, mais je ne serai désavoué par personne ici quand je dirai que c'est une politique antirépublicaine. (Bravos et applaudissements prolongés.) (2)

« Nous interdisons au prêtre l'entrée de nos écoles, mais nous le laissons libre d'en ouvrir et d'y enseigner ce qu'il veut. La République, c'est la liberté (*interruption : comme l'Empire c'est la paix !*) Quant aux congrégations religieuses, nous ne songeons à les atteindre que dans les biens dits de *mainmorte*.

« Ce qui nous paraît constitutif de la congrégation, ce sont les biens de mainmorte, qui se sont reconstitués contrairement aux lois.

« C'est mon opinion qu'il convient de regarder de près tous ces biens de mainmorte, et que nous avons besoin d'une législation qui les reprenne, les supprime, les abolisse (3).

« Il n'y aura sur ce point qu'à s'inspirer des admirables travaux de la première Constituante.

« Et quand vous aura pratiqué ce régime pendant une génération, quand vous aurez ensemencé de germes toute cette jeune France qui s'éveille à la vie, ah ! messieurs, soyez-en sûrs, nos enfants e nos neveux se demanderont ce que nous pouvions bien vouloir dire

cherait-on pas du budget social toutes les allocations pour travaux publics? Pourquoi le paysan bourguignon payerait-il les routes de la Bretagne, et l'armateur marseillais les subventions de l'Opéra? Je ne parle pas des considérations politiques bien plus puissantes encore et qui ne sauraient échapper à personne. »

(*Programme révolutionnaire. Aux électeurs de la Seine*, 30 mai 1848.)

C'est aussi l'opinion d'un publiciste républicain d'une originalité et d'une vigueur d'esprit remarquables, M. Dupont-White. (*Liberté de penser*, 1850.)

(1) Discours de M. Clémenceau au cirque Fernando.

(2) M. Clémenceau.

(3) M. Gambetta.

en parlant sans cesse du spectre de l'ancien régime, de l'ordre moral ou de la réaction. (Sourires.) Ils ne comprendront rien à ces vieilleries, parce qu'ils n'auront pas eu à se faire à eux-mêmes leur libre-examen et leur-libre pensée, parce qu'ils l'auront sucée avec le lait de leur mère et avec la parole de leur maître d'école. Il leur semblera aussi naturel d'être éclairés dans leur intelligence que de l'être dans leurs yeux par la lumière du soleil. (Très bien! très bien. — Vifs applaudissements.)

« Vous aurez alors une France unie, partout semblable à elle-même, une France qui pourra véritablement, dans son repos et dans sa force, recueillir et réunir tous ses enfants. (Vive approbation et applaudissements.) » (1)

J'aurais compris ce langage. A la place, nous trouvons un discours qui ne paraît guère « procéder d'une vue d'ensemble, d'une idée politique. On n'y trouve qu'une suite d'appréciations sans lien, sans coordination, qui ne peuvent conduire qu'à des expédients plus ou moins heureux, je devrais dire plus ou moins périlleux. » Nous n'en sommes qu'à la politique d'expédients, à la politique « de trompe-l'œil », comme l'appelle M. Clémenceau, destinée à protéger de fait ceux qu'on paraît combattre. Sur quoi M. Gambetta s'appuie-t-il pour refuser aux moines la liberté d'association? C'est sans doute parce qu'il craint qu'ils ne conspirent contre la République. Mais l'Empire a été plus généreux pour lui et pour ses amis qu'il ne l'est pour les moines. Il l'a laissé conspirer assez à l'aise. Est-ce qu'un gouvernement fort doit craindre l'opposition? Est-ce que l'*Etat laïque* appuyé par la nation doit redouter les menées de plusieurs centaines de moines? Cette restriction est odieuse. J'aime mieux la franchise de M. Clémenceau.

Et que signifie cette *enquête* sur la puissance administrative et publique que détient le clergé? Ces *investigations* sur les forces de son influence et de son crédit? cette menace de lui *couper toute espèce de communication* avec l'administration laïque et politique? Qu'est-ce que cette inquisition laïque?

Qu'on *raye* au clergé ces privilèges, ces prérogatives dont il tire si grande vanité, qu'on *examine* son budget, qu'on le maintienne dans les limites de la *législation concordataire*, ce sera mesquin, mais ce sera légal, tandis que l'inquisition que réclame M. Gambetta est odieuse. Et c'est avec cela que M. Gambetta veut nous amener à servir le gouvernement dont il est le chef! et notez que,

(1) M. Gambetta.

pour mieux nous accabler, il réédite pour la centième fois ces clichés, vieux comme la bêtise humaine, de l'*Eglise éteignoir*, de l'*Eglise conspiratrice*, de l'*Eglise rétrograde*.

« *Il est bien certain, s'écrie-t-il, que si le sentiment public est préoccupé, qui si la France a été inquiète après avoir été asservie, s'il y a eu une question cléricale, c'est qu'il y avait entre toutes les confessions religieuses et par excellence une Eglise qui avait pris à tâche de combattre l'esprit humain dans toutes ses libertés, dans toutes ses franchises, de ramener violemment la France aux pires traditions du passé, et de s'opposer aussi bien à son expansion extérieure qu'à son libre développement à l'intérieur.*

« *Messieurs, plus d'un gouvernement est tombé pour avoir contrarié l'Eglise sur ce chapitre, — c'est que, comme on l'a dit, cette Eglise était une faction politique dans l'Etat, et c'est pourquoi l'on était sûr de frapper le véritable adversaire en plein visage en disant : Le cléricalisme, voilà l'ennemi!* (Longs applaudissements.)

« *On ne s'y est pas trompé! Aussi vous pouvez voir, vous pouvez lire et entendre contre qui tout ce parti aux abois dirige ses diffamations et ses calomnies, et quels adversaires il a choisis entre tous. S'il y a quelque chose qui me surprend sans m'indigner, c'est de voir quels collaborateurs le cléricalisme rencontre sur son chemin.* (Bravos unanimes.) »

Non, plus je relis ce discours, plus il me déconcerte. Avec lui, nous retombons dans les mesures odieuses de l'article 7, dans les décrets du 29 mars, et la solution de la question cléricale est reportée aux calendes grecques.

Que M. Gambetta se recueille, et il comprendra qu'il fait fausse route.

Il dira, peut-être, qu'il veut éviter la séparation de l'Eglise et de l'Etat; qu'il faut ménager les susceptibilités des conservateurs.

M. Gambetta sait qu'il ne peut mécontenter les conservateurs plus qu'il ne l'a fait, et sa franchise aurait eu l'avantage de leur montrer qu'il n'obéit pas à ses rancunes personnelles, mais à un programme politique.

La *question cléricale* ne sera résolue que le jour où l'on aura créé une *politique ecclésiastique* reposant sur ces deux pivots : *la liquidation du budget des cultes* et le *dégagement de l'Eglise d'avec l'Etat*.

(1) Discours de M. Gambetta à Belleville.

J'estime que la séparation absolue de l'Eglise et de l'Etat est une faute politique. L'Eglise n'est pas une association comme les autres. Elle a une influence et des relations qui interdisent au gouvernement de l'émanciper. D'autre part, il est souverainement ridicule que des franc-maçons pénètrent aussi avant que la loi le leur permet dans l'organisation de l'Eglise. Donc il est de bonne politique de préparer un contrat nouveau qui sauvegardera les droits de l'Etat, tout en laissant à l'Eglise la liberté d'action dont elle a besoin. Mais ce contrat nouveau ne sera possible que si l'Etat transige avec l'Eglise et liquide sa situation financière.

Que M. Gambetta y réfléchisse. Puisqu'il est maintenant le chef incontesté de la majorité, le pays attend de lui une *politique cléricale* honnête, digne et libérale. Le programme de Belleville n'est qu'un trompe-l'œil. Le pays réclame une *solution radicale à la question cléricale.*

Personnellement, je n'ai aucune hostilité contre M. Gambetta. Il est certainement une force, mal déterminée jusqu'ici et dont la véritable fonction ne peut encore s'apprécier.

Bien plus, je ne puis songer à lui sans une certaine pitié, lorsque je le vois en proie à sa terrible bande, qui fait à la fois sa force et sa misère. Comme tout chef politique, plus qu'un autre peut-être, il est bien forcé de s'appuyer sur une meute d'ambitieux, travaillant pour lui, à la condition qu'il travaillera pour eux davantage encore. L'Empire a été dévoré par ses créatures, M. Gambetta le sera par les siennes. C'est la loi constante.

Je ne sais néanmoins ce que l'avenir garde à cet homme, qui est une puissance après tout. Depuis quelques mois la fortune semble lui devenir sévère; il perd de sa grâce à plier les faits, il va de meurtrissure en meurtrissure. Songe-t-il à l'écroulement possible? Quelle débandade, quel sauf-qui-peut dans cette presse qui lui envoie du génie par la figure, uniquement pour battre monnaie avec sa popularité et pour tirer de lui des situations et des places! Quel effarement parmi la bande, chez tous ces médiocres qui se sont attelés à sa destinée, afin de passer grands hommes avec lui, dans l'éclat de son triomphe! Il se réveillerait seul, de son rêve royal, et c'est alors, réduit à une soudaine impuissance, qu'il sentirait le vide menteur de la politique. Sa bande le tue en lui donnant du génie. Il n'y a de génie que dans une œuvre faite, vivante et solide.

« Nous avons toujours été de ceux qui ont prévu une grande carrière politique pour M. Gambetta, écrivait dernièrement le rédacteur du *Spectator* (1). Son énergie indomptable et son talent à enrôler tous les partis sous la bannière nationale pendant les désastres de 1870 étaient les gages d'une grandeur future que nous avons toujours attendue avec confiance et que nous sommes probablement à la veille de voir se réaliser. M. Gambetta peut devenir, s'il le veut, un grand homme d'Etat. »

Mais à une condition, c'est qu'il traitera la question religieuse autrement qu'il ne l'a faite au Cirque d'hiver.

« Est-ce là, ajoute le *Spectator*, le coup d'œil d'un homme d'Etat, d'un grand homme d'action, la sagacité politique d'un homme qui sent vivement quelle est, pour cimenter une société, la puissance de la foi et des institutions religieuses, même d'une foi et d'institutions auxquelles il ne croit pas lui-même? En vérité, M. Gambetta pense-t-il qu'il peut gouverner la France sans tenir compte des forces religieuses actuelles? Suppose-t-il qu'avec un bouquet d'anecdotes montrant les superstitions, dont des hommes religieux ont été capables, on se débarrasse d'une histoire comme celle du christianisme, ou même d'une Eglise comme celle de Rome? Le futur premier ministre de la France, quelles que puissent être ses croyances personnelles, devrait respecter les sentiments d'une masse de gens qu'il vaut mieux avoir, sinon comme amis, du moins comme *alliés*, mais jamais comme ennemis. »

(1) Cité par le *Rappel* du 18 septembre 1881.

ÉPILOGUE

M. de Girardin disait un jour qu'il en était de certaines idées comme des gouttes d'eau qui creusent un rocher; c'est à force d'être répétées qu'elles accomplissent leur œuvre de pénétration.

Je ne m'illusionne pas à ce point de croire que mon travail ramènera à une plus équitable appréciation de leurs doctrines les libres-penseurs et les catholiques aujourd'hui aux prises. Je sais par expérience que quiconque se met entre eux dans une pensée de rapprochement, ne recueille que les dédains et peut-être que les colères des deux côtés.

Si je ne songeais qu'au présent, j'avoue que je n'aurais pas volontairement troublé ma tranquillité; mais l'avenir me préoccupe. Lorsque la Révolution et l'Eglise se seront longtemps mesurées, assaillies, calomniées, frappées, un jour arrivera où elles demeureront convaincues de leur mutuelle impuissance à se détruire. Ce jour-là elles finiront par où elles auraient dû commencer, elles signeront un traité de paix. C'est ce jour-là aussi, que les travaux comme celui-ci reprendront leur valeur. Au lieu d'un, il en faudrait dix, au lieu de dix, il en faudrait mille. Il faudrait que tous ceux qui réfléchissent, qui aiment la France et l'Église, disent et écrivent ce qu'ils pensent de la *question cléricale*. De ce choc des idées jaillirait la lumière. Au milieu d'erreurs, d'appréciations exagérées, de revendications injustes, de récriminations intempestives, la vérité se ferait jour. Toutes ces gouttes d'eau répétées auraient accompli leur œuvre de pénétration.

Malheureusement, peu d'honnêtes gens consentent à se jeter dans la mêlée. L'idée qu'ils ne réussiront pas, qu'ils deviendront la victime de calomnies grossières, d'odieuses représailles, les arrête. Ce n'est que quand on a déjà été assailli par les mauvais propos qu'on est aguerri pour la lutte, où, il faut l'avouer, l'ignorance et la bêtise humaines triomphent trop souvent.

« Dans la presse, écrivait dernièrement M. Emile Zola (1), il

(1) *Figaro*, 22 septembre 1881.

arrive qu'on tombe sur des mares d'imbécillité et de mauvaise foi. C'est le côté vilain et inévitable. On y est sali, mordu, dévoré sans qu'on puisse établir au juste s'il faut s'en prendre à la bêtise ou à la méchanceté des gens. La justice, ces jours-là, vous semble morte à jamais ; on rêve de s'exiler au fond d'un cabinet de travail bien clos, où n'entrera aucun bruit du dehors, et dans lequel on écrira en paix, loin des hommes, des œuvres désintéressées. »

J'ai eu la bonne fortune de recevoir ce baptême de feu d'un nouveau genre, voilà peut-être pourquoi je me sens assez fort pour affronter les hasards de la critique. Je dirai plus, je serais désolé qu'elle me manquât, car c'est sur elle que je compte pour préparer un passage à la vérité.

Je n'ai eu, en effet, qu'un but en entreprenant ce travail : *dire la vérité aux francs-maçons comme aux catholiques.*

Aux francs-maçons qui sont à la tête de la France et que plus de cinq millions d'électeurs viennent de pousser au Palais-Bourbon, je n'hésite pas à dire : « Vous êtes encore dans la joie de votre triomphe, et déjà vous rêvez de nouvelles victoires. Prenez garde de courir au-devant de la plus lamentable défaite ! »

Nos nouveaux députés vont, en effet, tenter de résoudre la *question cléricale* par la *séparation de l'Eglise et de l'Etat*, par la *suppression du budget des cultes*, par la *dénonciation du Concordat.*

Avant de s'engager dans cette voie, ils feraient bien de se demander s'ils ont le droit d'imposer à la France cette solution, et si, en ayant le droit, il est de l'intérêt du pays que cette solution prévale.

En ont-ils le droit ? Oui, mais à la condition de ne pas supprimer d'un trait de plume le budget des cultes. Car, supprimer le salaire du clergé sans accorder en retour à l'Eglise un moyen d'y suppléer, c'est sortir de la politique et du gouvernement, c'est tomber dans l'arbitraire et la persécution.

Je sais bien qu'il y en a qui prétendent que le budget des cultes n'a pas le caractère d'une restitution, que les biens ecclésiastiques étant des biens nationaux, l'Etat avait eu le droit de les reprendre du moment où il jugeait que l'intérêt du pays le demandait. On m'assure même que c'est en particulier l'opinion du Conseil d'Etat et de beaucoup de magistrats. J'avoue que ce torrent de jurisconsultes me fait moins d'impression qu'une bonne raison (1). Pour ma part,

(1) Il ne faudrait pas croire cependant que l'opinion contraire à la nôtre est déraisonnable. Si je ne l'adopte pas, c'est qu'il me semble que l'histoire

je trouve que cette opinion, si tant est qu'elle soit commune, ne repose sur aucun fondement solide. Je crois avoir prouvé par des faits incontestables qu'en 1790 comme en 1801 la théorie des biens nationaux était loin d'être une opinion commune, et que les pou-

la condamne. Cependant je me ferais scrupule de ne pas indiquer les raisons sur lesquelles elle repose, non seulement parce que l'équité m'y invite, mais encore parce que les noms et les qualités de mes contradicteurs méritent qu'on fasse attention à eux et qu'on les traite autrement que par le mépris.

Ils regardent comme incontestable :

1° Que les biens du clergé, avant 1789, étaient des biens nationaux;

2° Qu'encore bien que le clergé ait été victime d'une *certaine* spoliation, comme il y a prescription, légalement on ne lui doit rien.

Ils prouvent que les biens du clergé, avant 1789, étaient des biens nationaux, par cette raison que les donateurs, tout en désignant le clergé pour administrer les offrandes qu'ils avaient faites en faveur des *ministres du culte*, des *pauvres*, de la *jeunesse*, n'avaient nullement exprimé le désir que le clergé conservât ces fonctions indéfiniment. Pour eux, ces offrandes n'ont pas été faites au clergé, en tant que clergé, mais au clergé, en tant que délégué à certains services publics. Le jour où la nation s'est chargé de pourvoir à ces services, il était tout naturel qu'elle prît les fondations qui en assuraient le fonctionnement. L'Etat, qui reste en dernier ressort le maître de désigner quels sont les meilleurs serviteurs de la nation, a pensé en 1789 qu'il était préférable de remplacer certains fonctionnaires. C'est pourquoi il a pris à sa charge l'entretien des ministres du culte, le soulagement des pauvres et l'éducation de la jeunesse; de là : les budgets des cultes, de l'assistance et de l'instruction publique.

La révolution opérée en 1789, en ce qui touche les biens du clergé, se réduit à une substitution de fonctionnaires. L'Etat a changé ses collaborateurs, ses auxiliaires. Il a voulu assurer d'une autre manière, qui lui paraissait plus en harmonie avec les besoins nouveaux, des services dont le clergé avait été chargé pendant de longs siècles. Il les a remerciés, comme on remercie un serviteur dont on n'apprécie plus les services. Donc, pour ce qui regarde les fondations faites en faveur d'œuvres déterminées, et nullement en faveur du clergé, celui-ci n'a rien à réclamer à l'Etat. Du moment où l'Etat assure le bon fonctionnement de ces services, il remplit les intentions des donateurs.

C'est cette théorie qui est aujourd'hui appliquée sur une vaste échelle par la *laïcisation* des *hospices* et des *écoles*. L'Etat, qui s'est longtemps adressé au clergé pour assurer ces deux services, croit agir sagement en s'adressant maintenant aux laïques.

Cette manière de voir repose sur une théorie de l'Etat, que tous les économistes, ceux surtout qui font partie de l'école de Frédéric Bastiat, sont loin d'admettre.

L'Etat-Providence est une opinion que je ne partage pas, et c'est une raison de plus pour que je repousse énergiquement l'opinion des biens nationaux.

Mais, dira quelqu'un, on a pris au clergé, en 1789, non seulement ce qui lui avait été *confié*, mais encore ce qu'il avait lui-même *acquis* par son travail, ses économies, ou des héritages, ce qui lui appartenait en propre, et si l'on peut soutenir que l'Etat a pu se substituer légalement au clergé dans l'administration des biens affectés à des œuvres déterminées, il ne peut en être de même pour sa fortune personnelle.

C'est ici que nos contradicteurs invoquent la prescription et l'article 13

voirs civils ont toujours reconnu au clergé des droits imprescriptibles. Ceux même qui ont prétendu que ce n'étaient que les droits d'un usufruitier déclaraient hautement qu'on devait en tenir compte et les racheter. L'histoire de cette époque est trop récente pour qu'on puisse la défigurer impunément.

L'intérêt du pays réclame-t-il que l'Etat transige avec l'Eglise? A première vue, une transaction équitable supprimant le budget des cultes paraît préférable au maintien de ce budget, préférable pour l'Etat, préférable même pour l'Eglise.

Pour l'Etat, cela ressort des dispositions mêmes des esprits à l'heure présente. En ce moment, en effet, le christianisme n'est guère populaire; il est battu en brèche de toutes manières; on conteste son origine, son histoire, sa science: on n'est pas éloigné d'admettre qu'il est même dangereux pour l'humanité, et que les progrès sociaux, dont il se glorifie, auraient pu s'accomplir sans lui et à meilleur compte.

A en croire les cinq millions d'électeurs qui ont voté aux dernières élections pour les candidats républicains, l'ordre social est intéressé à la destruction de ce culte. Il paraît donc difficile que l'Etat, mis en demeure de satisfaire les appétits des électeurs et de sauvegarder sa popularité, continue à protéger ostensiblement un culte dont ceux-ci réclament l'étranglement. L'Etat se trouve même avoir signé deux contrats, l'un avec l'Eglise pour lui assurer une existence honnête, l'autre avec les électeurs pour arracher à cette même Eglise le pain de la bouche. Comment s'y prendra-t-il pour faire honneur à ses deux signatures? Il ne peut cependant dire oui et non à la fois. Il faut donc qu'il ait recours à un moyen terme. C'est ce moyen terme que j'ai indiqué en parlant d'une *dotation spéciale et perpétuelle du clergé*. Je ne dis pas que c'est le seul moyen de liquider avec l'Eglise; on peut en trouver d'autres. Chaque jour on fait avec ses créanciers des arrangements que réclament les circonstances. Si l'Etat, sans manquer à sa parole, ne veut

du Concordat. Légalement le clergé ne peut rien réclamer. Il est certain qu'on lui a pris quelque chose, mais il a promis de l'oublier, et de se contenter du remboursement que l'Etat lui proposait. Dans tous les cas, la prescription dégage l'Etat.

Quoi qu'il en soit de la légitimité de cette opinion, il n'en est pas moins hors de doute que ceux qui la soutiennent reconnaissent que l'Etat est tenu de maintenir le budget des cultes pour deux raisons :

1° Pour respecter les intentions des donateurs qui ont affecté une partie de leurs offrandes à l'entretien des ministres du culte catholique;

2° Pour indemniser le clergé des biens personnels qu'on lui a pris, et cela en vertu même de l'article 13 du Concordat.

plus être assourdi par les réclamations du peuple, qu'il fasse à l'Église des propositions; je suis convaincu que si ces propositions sont acceptables, l'Eglise y souscrira.

Car, il ne faut pas se le dissimuler, l'Eglise trouve qu'elle paye cher les 50 millions que l'Etat lui alloue, et elle ne serait peut-être pas fâchée de se soustraire à un joug qui autrefois était tolérable, mais qui est devenu, avec une société comme celle dans laquelle nous vivons, odieux et humiliant.

En apparence donc, la suppression franche et loyale du budget des cultes qui entraîne sinon la dénonciation, du moins certaines modifications du Concordat de 1801 et un dégagement sérieux de l'Eglise et de l'Etat, est une solution honnête et possible.

Mais la réalité répond-elle aux apparences? Je n'hésite pas à répondre négativement.

Que désirent les libres-penseurs en supprimant le budget des cultes? Oter à l'Eglise toutes ses ressources, mais lui laisser toutes ses chaînes.

Ce qu'ils veulent, c'est l'affamer, dans l'espoir de la voir mourir. Après l'avoir de nouveau spoliée, ils l'empêcheront de tendre la main. Après lui avoir contesté le droit d'acquérir, ils lui refuseront celui même de mendier. Suppression du budget des cultes signifie en réalité : *Condamnation de l'Eglise au supplice de la faim.*

Or c'est ici où l'Etat entrera dans une ère de difficultés, d'où je le défie de sortir.

S'il croit que le pays l'approuvera, il se trompe étrangement.

C'est la juste punition des hommes de désordre, lorsqu'ils sont parvenus au pouvoir, de continuer à entendre mugir, à côté d'eux, au-dessous d'eux, et contre eux, la foule des violents, des rêveurs, des utopistes, des excessifs, de ceux qui ne sont pas arrivés, qui ne peuvent pas arriver, et auxquels il faut, pour renverser les premiers, un cri de ralliement. Ce cri à l'heure présente est : *Suppression du budget des cultes.* C'est avec ce cri que M. Gambetta a autrefois soulevé les masses, et qu'il les a conduites à l'assaut contre l'Empire. C'est avec ce cri que M. Rochefort va reprendre la campagne contre lui. Plus que jamais on va s'acharner après les prêtres et les traiter de parasites.

Pour sauver sa popularité, que fera M. Gambetta?

Comme ces deux voyageurs si divinement peints par Virgile, qui. obligés de passer sous les aboiements de chiens enragés, leur jetaient des gâteaux de miel, M. Gambetta cherchera dans le budget de quoi calmer le monstre populaire.

Hier, c'étaient les aumôniers militaires, les chanoines de Saint-Denis, les chapelains de Sainte-Geneviève, demain ce seront les aumôniers des lycées, après-demain ceux des prisons, des hôpitaux de l'Etat. Puis il taillera dans le traitement des cardinaux, des évêques; et ainsi de concessions en concessions, de gâteaux de miel en gâteaux de miel, sans avoir calmé les chiens, il ne gardera rien ou presque rien du budget des cultes. En agissant ainsi, qui aura-t-il satisfait? Personne. Il aura mécontenté tout le monde. Les intransigeants ne lui pardonneront pas ses lenteurs. Les indifférents qui ont horreur des secousses, et que ces modifications budgétaires auront dérangés, ne lui sauront aucun gré de ces réformes. Quant aux catholiques, ils se détacheront de plus en plus d'une forme de gouvernement qui ne leur crée que des ennuis, et prépareront une restauration monarchique. Le peuple ne veut pas qu'on ferme ses églises, ni qu'on le prive de ses prêtres. Le jour où l'Etat, laissant le prêtre mourir de faim, l'obligera à déserter le temple, le peuple se fâchera. On ne l'aura pas compris, et il faudra bon gré mal gré retourner en arrière.

« La démocratie, comme l'écrivait Prévost-Paradol, comprend-elle qu'il n'est point de son intérêt ni conforme à la justice d'être en guerre éternelle avec la religion, et d'envenimer par de constants outrages une mésintelligence déjà si funeste? »

Donc que M. Gambetta y réfléchisse! Ses ennemis politiques veulent l'acculer au pied du mur. C'est pendant cette législature qu'on l'attend. C'est maintenant qu'il donnera sa mesure comme homme politique. L'heure est venue d'être le grand homme annoncé, heure terrible où les triomphateurs eux-mêmes culbutent contre un gravier. Déjà de tous côtés on se dit : *Nous le tenons avec la question cléricale.* Qu'il se rappelle que s'il y a deux millions d'athées en France, il y a vingt-cinq millions de catholiques, et qu'à défaut des hommes, il aura contre lui les femmes, et que s'il mange du prêtre, il pourrait bien en... mourir.

L'état actuel de la société impose des réformes dans l'Église, mais non une révolution. A défaut de priviléges, le clergé se rangera derrière le droit de commun, mais il s'insurgera contre les lois d'exception sous lesquelles on veut le faire passer.

Aux catholiques, je dirai qu'il est grand temps qu'ils s'occupent de leurs affaires. Les catholiques, en effet, se sont trop habitués à compter sur l'Etat. Ils se sont trop dit : « L'Etat paye nos évêques; l'État paie nos prêtres; l'Etat répare nos églises et entretient nos presbytères; nous n'avons pas de préoccupations à avoir de ce côté. » Tandis qu'en réalité l'Etat n'a jamais fait cela que petitement, tout en faisant sonner très haut ses médiocres largesses et en se préparant à les supprimer dans un avenir rapproché.

La séparation absolue de l'Eglise et de l'Etat est une utopie. Aussi je n'y crois pas plus que je ne la crains. Une telle séparation tromperait trop cruellement nos adversaires, pour que je les suppose capables d'une pareille folie (1).

Néanmoins on ne peut se dissimuler que l'Eglise s'achemine vers un ordre de choses nouveau. Le peuple, par la prépondérance de la démocratie, est devenu, en France, l'unique dépositaire des pouvoirs publics. Or la majorité, qui, en droit, représente le pays, est favorable à la séparation. Et que cela n'étonne personne. Il est naturel, en effet, que le peuple, ayant cessé d'être socialement chrétien, songe à enlever à l'Eglise les biens que lui avaient donnés, dans d'autres époques, ses ancêtres, précisément parce que ceux-ci étaient chrétiens.

Je sais bien que cela nous semble odieux, criminel, diabolique, mais cela vient surtout de ce que nous ne sommes pas préparés à cette politique nouvelle. Quand l'Eglise de France aura trouvé la place que la Providence lui ménage dans cette société nouvelle, quand elle aura d'elle-même modifié ses relations avec cette société, la chose nous paraîtra moins inique, moins abominable.

Ne serait-il pas absurde, au contraire, d'attendre de gouvernements qui se trouvent dans des dispositions, sinon d'hostilité, au moins d'indifférence vis-à-vis de l'Eglise, notre part de ces droits, de ces honneurs, de cette générosité qui n'étaient que le résultat de cette qualité de chrétiens dont nos pères s'honoraient?

Ce serait vouloir obtenir un fruit sans l'arbre, un ruisseau sans la source, un effet sans la cause.

(1) Voici d'ailleurs ce qu'en pense M. Jules Ferry, président du conseil des ministres :

« Il y a pour les rapports de l'Eglise et de l'Etat, a-t-il dit dans son discours de Saint-Dié, une solution radicale, à laquelle s'est ralliée toute l'extrême gauche : c'est la séparation absolue, la suppression du budget des cultes, au risque de voir se reconstituer dans notre pays, d'une manière inéluctable en quelque sorte et par la force même des choses, la propriété ecclésiastique. (*C'est cela! très bien! applaudissements.*)

Mais enfin, c'est leur programme, c'est leur thèse, c'est leur cocarde. Eh bien, j'ai regardé, j'ai lu ces programmes, je les ai étudiés. J'y ai quelque intérêt, et je vous déclare que c'est une minorité, une faible minorité des programmes républicains, qui contient cette solution, à mon avis aussi redoutable que chimérique, de la séparation de l'Eglise et de l'Etat. (*Salve d'applaudissements et de bravos.*)

(Discours prononcé à Saint-Dié, le 12 septembre 1881.)

C'est en vain que nous prêcherons les populations pour les ramener à des sentiments plus humains.

Quand Constantin quitta Rome pour la laisser au Pape, je ne sache pas qu'il y ait été poussé par personne. Ce fut de son plein gré qu'il s'en alla sur les rives du Bosphore, mais ce ne fut qu'après sa conversion, et précisément parce qu'il était devenu chrétien. Faisons en sorte que la société moderne redevienne chrétienne, et alors elle renouera d'elle-même avec l'Eglise les relations d'amitié que l'entêtement des deux partis ont brisées. Jusque-là, il ne faut compter que sur nous.

Je sais bien qu'il ne manque pas de prophètes qui prédisent que cette situation nouvelle n'est qu'une tempête passagère, et que la Providence saura rendre à l'Eglise son influence et sa fortune.

Qu'en savent-ils? Qui leur dit que ce qu'ils appellent une tempête passagère n'est pas le commencement d'un nouvel ordre de choses voulu de Dieu? Que ces conditions nouvelles de la société ne sont pas un signe de la Providence montrant à l'Eglise qu'elle doit elle-même modifier ses relations extérieures avec les peuples? A coup sûr, les dispositions des Etats envers l'Eglise sont loin d'être bienveillantes, mais l'Eglise peut-elle se rendre le témoignage qu'elle n'a pas de reproches à s'adresser (1)? Qui nous dit que cette attitude de

(1) J'ai lu attentivement les deux discours que M. Paul Bert a prononcés dernièrement, l'un au Cirque d'hiver, le 28 avril, l'autre au banquet des instituteurs, le 18 septembre. La haine du prêtre y coule à pleins bords, et je ne crois pas qu'on puisse aller plus loin. Je n'ai pas l'intention de faire à M. Paul Bert un procès parce qu'il déteste les prêtres et travaille à leur ruine; c'est son droit. Il ne m'en voudra cependant pas de n'être pas de son avis, et d'exprimer le regret d'avoir comme adversaire un homme d'autant d'esprit et de talent. Je ne lui en veux pas des citations dont il émaille sa thèse, bien qu'il soit difficile d'être plus cruel, plus mordant, j'ajouterai plus injuste. Car la religion n'est pas ce qu'il a raconté, et les stupides exagérations de certains poètes, sculpteurs, dessinateurs religieux, et les naïvetés de Mgr Gaume, et les enfantillages de quelques exaltés, ne feront pas que, dans l'espèce, il ait raison devant un public sérieux et non prévenu. Mais ne semble-t-il pas qu'en présence d'un tel débordement de *bêtises* écloses à l'ombre de la religion, et que nos adversaires, par une permission de la Providence, nous révèlent, que les évêques devraient se montrer un peu et porter, malgré les bonnes intentions des pieux inventeurs, le fer et le feu dans cet étrange arsenal de la piété contemporaine?

Est-il bien vrai que Dieu se trouve honoré par ces folies, par ces mascarades, par ces élucubrations, dont depuis quinze ans nous sommes les spectateurs attristés et souvent les victimes?

N'est-il pas dans le dessein de Dieu de jeter à nos trousses des hommes du mérite de M. Paul Bert, précisément pour que la religion reprenne son caractère de gravité et de simplicité, qu'elle semble perdre tous les jours?

Après tout, ce que dit M. Paul Bert est vrai. Sa seule erreur, comme celle de beaucoup d'hommes de ce siècle, est de frapper sur la religion en frap-

tous les gouvernements n'est point le fait d'une permission particulière d'en-haut pour rappeler l'Eglise aux sentiments de modération et d'humilité qui sont le fond de la doctrine de Jésus-Christ, et que dans trop de circonstances elle a oubliée?

Il faudrait donc, à mon avis, laisser de côté les espérances chimériques de je ne sais quels triomphes futurs, qui devraient nous

pant sur les gens qui la salissent ou qui la mangent. J'ai sur mon bureau un livre de piété, édité en 1850, composé par M. Marius Aubert, chanoine prédicateur, et intitulé : *le Voyage angélique ou le Palais de l'amour divin* qui contient des drôleries plus invraisemblables encore que celles que raconte M. Paul Bert.

C'est travailler à la santé du pays que de vouloir supprimer toutes ces ulcères et tous ces goîtres. Il ne m'appartient pas de rappeler son devoir à qui que ce soit, mais j'estime que, si nous ne voulons pas donner prise à la critique, il n'est que temps de comprimer un élan, qui n'a de pieux que l'intention, mais qui nous a déjà créé des difficultés terribles, que peut-être dans quelques mois nous ne pourrons plus surmonter.

« On pouvait lire, naguère, dans un journal mensuel rédigé par des membres de la Compagnie de Jésus, des histoires impossibles ayant trait au Saint-Lait. Non seulement des gouttes véritables du lait de la Vierge Marie imprègnent encore les pierres de la grotte de Bethléem et de la maison de Nazareth; mais, — et ceci dépasse tout comble, — la mère du Sauveur a gardé au ciel, après son Assomption, le pouvoir d'allaiter qui bon lui semble! Le jésuite, auteur de cette grotesque légende, affirme que saint Fulbert, évêque de Chartres, fut guéri par quelques gouttes de ce lait céleste, et que le vase qui en contenait les restes fut malheureusement volé par les pillards de 1792!

« Cette bouffonne hagiographie s'abrite sous la croix du Seigneur. Le journal qui recueille ces superstitions ose s'appeler la *Croix*. Il se publie, naturellement, à l'office des bons Pères, 8, rue François Ier.

« Devant de telles inventions, qui sont un danger mortel pour la religion et pour la société, il eût été beau que des évêques, eux qui ne sont pas les maîtres, mais les gardiens de la foi, revendiquassent courageusement leurs droits méconnus et le magistère de l'Eglise à laquelle on insulte. Cela eût été beau et le serait encore... Nous savons, par les récits du *Pèlerin* et de l'*Univers*, de quelles manières les évêques entendent leurs devoirs!

« Je me rappelle, pourtant, qu'un jour, à Lyon, vers l'année 1866, et dans une retraite prêchée aux dames, M. Mermillod, alors curé de Genève, stigmatisa hautement ces ridicules petits livres, sortis de la plume du chanoine-évêque récemment décédé à Saint-Denis, et M. Mermillod suppliait les dames de Lyon de dédaigner cette littérature bigote et antichrétienne.

« Mais, depuis cette époque, M. Mermillod a été expulsé de Genève comme perturbateur, M. de Ségur et l'*Univers* ont pris leur revanche.

« L'expulsé a consenti à poser en victime et en martyr. C'était hier qu'il prêchait la retraite ecclésiastique au clergé de Paris. Je ne sache pas qu'une seule parole, vengeresse de l'Evangile et du bon sens, ait été adressée à ces prêtres, parmi lesquels il y en a tant qui rougissent des excès superstitieux d'aujourd'hui.

« Oh! que la position serait belle néanmoins pour un évêque courageux! Les fanatiques l'insulteraient; les hypocrites hocheraient la tête; les mauvais Français crieraient au loup et chercheraient à faire le vide autour du prélat courageux; et puis? Cet évêque ou ces évêques, s'il en existe, n'auraient qu'à secouer la poussière de leurs sandales. Dans chaque diocèse, dans chaque

rendre de nouveau riches, puissants et respectés, et accepter, comme de la part de Dieu, la condition à laquelle il nous réduit, de pauvres, de faibles, de méprisés.

Dieu me garde de désapprouver nos ancêtres dont la conduite a été toute différente.

Mais s'ils ont bien fait d'agir d'après l'esprit de leur temps, nous aurions grand tort de vouloir agir comme eux, quand les temps sont si changés.

Au milieu de générations chrétiennes, les privilèges, les honneurs civils et peut-être un peu mondains, la déférence respectueuse qui entouraient le sacerdoce devaient être agréables à tous, parce que chacun y voyait un honneur rendu à lui-même dans la religion qu'il professait.

Mais au milieu de générations qui ont perdu la foi, ou du moins qui se vantent de passer pour incrédules, je ne sais quel bon effet pourraient produire certaines apparences pompeuses, certaines prétentions à des prérogatives, qui excitent les railleries envieuses et les sarcasmes amers des ennemis de l'Eglise, et quelquefois même donnent lieu à de profonds ressentiments.

Dans tous les cas, il n'est pas digne de mendier un hommage de la part d'un ennemi, qui paraît plus disposé à vous donner un soufflet.

En somme, si nous considérons la marche générale du monde moderne, dans ses relations avec l'Eglise, nous verrons que la Providence paraît vouloir dépouiller l'Eglise de tout privilège, en ne lui accordant que le respect volontaire des peuples, pourvu que ses ministres sachent le mériter par une vie exemplaire, par une science solide et par un zèle actif pour la charité.

Plus nous irons, plus le prêtre ne sera considéré qu'en raison de ses mérites personnels et, non comme autrefois, en raison de la grandeur qui l'entourait. Un tel état de choses, si nous ne voyons

paroisse, petite ou grande, il existe de nombreuses familles qui n'ont pas fléchi le genou devant Baal. Il existe aussi de nombreux catholiques découragés, devenus indifférents, sinon hostiles...; que les évêques courageux se tournent vers cette partie si honnête du troupeau, et souvent si négligée! Ils verront ce que pèseront et l'influence des milieux bigots, et les consignes romanistes, et les cabales des parloirs et des sacristies.

« Il faut, de toute nécessité, que nos premiers pasteurs y prennent garde. L'exploitation de l'imbécillité humaine, tolérée par eux tous, encouragée par quelques-uns, fait d'abord hausser les épaules et répand des doutes sur la sincérité de plusieurs; puis, l'amertume et la colère viennent à la suite. Les violences populaires ont toujours un point de départ. De quelles calamités nos évêques ne se rendent-ils pas responsables, dans un avenir plus ou moins éloigné? (Extrait du journal *le Soir*, 26 septembre 1881.)

là que l'œuvre des hommes, est certainement l'effet de droits usurpés, de raisons méconnues et d'actions sacrilèges. Mais si nous le regardons comme l'œuvre de la Providence, il ne peut que paraître bon aux yeux de la foi, excellent même, non pas en soi, mais en raison des circonstances nouvelles qui, par la volonté de Dieu, lui ont donné naissance.

Est-il téméraire d'affirmer que c'est peut-être sur ce désintéressement de ses prêtres que compte Jésus-Christ pour rendre chrétienne cette société qui ne l'est plus? Qui ne sent que plus le prêtre s'isolera des tumultes de la politique, des combinaisons financières, des désirs terrestres, plus son prestige grandira?

En nous voyant si âpres au gain, si exigeants d'honneurs et de prérogatives, le peuple se prend à sourire quand il nous entend prêcher la pauvreté, l'humilité, la charité. Ce bien-être qu'il nous fait, ce morceau de pain qu'il est obligé de nous donner ne lui paraissent pas suffisamment gagnés. Cette prospérité apparente dont nous jouissons l'irrite, et brutalement il dit ce qu'il en pense. Ce que nous appelons *amour de l'Eglise*, il l'appelle *amour de l'argent, des honneurs, du confortable*. Encore une fois il a tort, parce qu'il exagère, mais a-t-il complètement tort?

Aussi bien, est-il temps que les catholiques songent à se créer des relations nouvelles avec le gouvernement français. Celui-ci parle assez haut pour qu'on sache ce qu'il veut (1). Formulons, nous

(1) Voici sur la *question cléricale* les paroles prononcées par M. Constans, ministre de l'intérieur et des cultes, dans un banquet à Lannemezan (Haute-Pyrénées), le dimanche 25 septembre 1881 :

« Il est d'autres réformes encore, à propos desquelles j'ai été violemment attaqué. On m'a représenté comme le persécuteur de la religion. On a parlé de la guerre et de la fermeture des églises; eh bien, je hais la guerre. Il n'appartient qu'au peuple de la déclarer, et j'espère que le peuple sera toujours assez sage pour se garder des aventures qui ont coûté si cher à notre patrie.

Quant aux églises, il serait insensé de demander leur fermeture. Il n'a jamais été question d'enlever aux cultes les édifices religieux. Tout ce que nous voulons (mais nous le voulons sérieusement), c'est que le prêtre reste dans son église et qu'il laisse à la société laïque le droit de se diriger et de gouverner elle-même. Personne n'est au-dessus des lois, et à ceux qui l'oublieraient, nous saurions le rappeler toutes les fois qu'il sera nécessaire.

On m'a reproché les décrets du 29 mars. Ces décrets n'étaient qu'un rappel au droit commun. J'ai dû réprimer l'invasion de certaines associations religieuses qui violaient ouvertement la loi et se mettaient en hostilité avec l'Etat en refusant de demander une autorisation qui pouvait seule leur conférer l'existence légale. Je leur ai imposé le respect des lois, et je n'ai pas fait autre chose.

J'ai agi dans la pleine liberté de ma conscience et de ma volonté, et j'ai l'assurance d'avoir rempli dignement et fermement mon devoir.

aussi, nos espérances. Nous avons grand tort de nous tenir à l'écart. Sans doute l'Eglise n'est pas plus sympathique à la République que celle-ci ne l'est à l'Eglise, mais l'une et l'autre sont des gouvernements, par conséquent l'une et l'autre veulent la paix, la conciliation.

Tant que la presse dite religieuse élèvera seule la voix au sein de l'Eglise, l'entente sera difficile. Ces laïques, malgré leurs bonnes intentions, ne feront jamais que de la mauvaise besogne. C'est aux évêques et aux prêtres de parler. Eux seuls ont reçu la mission de régler les intérêts de l'Eglise avec les pouvoirs publics. Eux seuls sont capables de mener à bonne fin une négociation délicate qui exige autant de science que de charité, et par-dessus tout un sincère amour des âmes!

Voilà pour le passé et le présent. Quant à l'avenir, il n'appartient à personne de le connaître. Ce que je puis dire, toutefois, c'est que je m'efforcerai de contribuer à la prospérité de ce pays. » (Extrait du journal *le Henri IV*, 30 septembre 1881.)

APPENDICE I

SITUATION PRÉCAIRE DU CLERGÉ PAROISSIAL

« Que dire de la pauvreté du prêtre, surtout dans les campagnes, écrivait en 1878 M. Bougaud, vicaire général d'Orléans (1)? En tous temps cette pauvreté a été grande; aujourd'hui, avec la cherté croissante et qui a pénétré jusque dans les pays les plus reculés, cette pauvreté devient intolérable. Oh! je ne veux pas m'en plaindre! c'est l'immortelle auréole du prêtre. Il est beau de se sacrifier et de n'avoir pas de quoi vivre (2)! car telle est la position du prêtre dans une foule de petites paroisses, et quelquefois de grandes.

Mais ici, sur un point qu'obscurcissent tant de préjugés, il ne faut pas rester dans le vague; précisons, et donnons des chiffres. Le prêtre reçoit de l'Etat 900 francs par an, 225 francs par trimestre. C'est le plus clair de son revenu. Or aujourd'hui, dans l'état actuel de renchérissement de toutes choses, qu'est-ce, dites-moi, que 900 francs pour vivre?

Il est vrai que le prêtre a le casuel. Mais qu'est-ce que le casuel dans les campagnes? « Nous avons bien étonné un jour un ministre des cultes, qui avait peine à nous croire, écrit Mgr Guilbert, lorsque nous lui affirmions que nous ne donnerions pas *trente francs* par an, *en moyenne*, de TOUT LE CASUEL des paroisses de notre diocèse. Et c'est pourtant l'exacte vérité (3). »

« Dans un diocèse que je ne nommerai pas, écrit ailleurs le même Mgr Guilbert, le vénérable évêque m'affirmait récemment qu'*après examen* il était convaincu que la *moyenne du casuel* de ses curés ne dépassait pas 17 *francs*. Or, ajoute-t-il, il en est de même dans *beaucoup* de nos diocèses (4). »

Lors de la discussion qui eut lieu au Sénat le 23 décembre 1875, un sénateur disait : « Quant au casuel, il est impossible d'en parler : dans ma paroisse, il n'y a pas 6 francs de casuel par an. » Et à la Chambre des députés, le 28 novembre 1876, un député disait : « Le casuel vaut 25 francs en moyenne par an. »

En 1848, Mgr Fayet, évêque d'Orléans, eut l'idée de voir à combien s'élevait en moyenne le casuel des prêtres de son diocèse; il trouva que la moyenne était de 50 francs. Il a diminué depuis.

(1) *Le Grand Péril de l'Église de France au XIXe siècle*, p. 22-26.

(2) « C'est aujourd'hui, chez nous, une des gloires du sacerdoce d'être pauvre et d'avoir à peine le nécessaire. » *Lettre de Mgr Guilbert, évêque de Gap*, 26 *juillet* 1865.

« La vie du prêtre est vouée aux sacrifices et aux fatigues sans autre dédommagement temporel que le nécessaire, quelquefois à peine suffisant. » *Lettre de Mgr Legain, évêque de Montauban*, 15 *décembre* 1874.

(3) *La Question du budget des cultes*, par Mgr Guilbert, évêque de Gap, p. 17. Paris, Plon, 1877.

(4) Lettre pastorale du 25 juillet 1875.

Mais soyons généreux; portons-le partout à 100 francs. Nous aurons 900 francs de traitement et 100 de casuel. Joignons-y 200 ou 300 francs d'honoraires de messes, et, s'il y en a dans les villes, il s'en faut bien qu'il y en ait dans les campagnes, et vous arriverez à 1,200 ou 1,300 francs par an. La plupart des prêtres n'ont pas davantage.

J'affirme que dans le diocèse d'Orléans, pour ne parler que de ce que je sais bien, 300 prêtres au moins sur 400 ne dépassent pas cette somme-là. Eh bien, quand avec 1,200 ou 1,300 francs par an il faut se nourrir, se vêtir, avoir une tenue honorable et convenable, et mettre de temps en temps, et souvent, la main à sa bourse pour secourir les misérables, je vous assure qu'on n'a pas de superflu. Pour avoir du superflu, disait agréablement quelqu'un, il faudrait supprimer le nécessaire.

Et pour arriver à cette position supérieure de 1,200 francs de rente, savez-vous ce qu'il faut? quatorze à quinze années d'études préparatoires, et par conséquent de frais, de dépenses de toutes sortes pour les familles. Et quand, cela fait, le jeune prêtre, après un an ou deux de vicariat, est nommé curé et qu'il faut monter son petit ménage, la plupart du temps il se met dans des dettes qu'il ne sait comment payer, et qu'il traîne des années entières comme un boulet.

J'ai vu quelquefois, bien souvent, de jeunes prêtres, nommés d'un vicariat à une cure, venir à moi, demandant timidement à rester vicaires, me disant qu'ils aimaient mieux cela; et, quand je les pressais, ils finissaient par m'avouer qu'ils n'avaient pas de quoi payer leur petit déménagement.

Voici comment on entre dans le ministère ecclésiastique. Et savez-vous comment on en sort? Oh! cela est plus beau encore. Quand le prêtre s'est épuisé au service des âmes, et que ses mains tremblantes, selon l'expression d'un grand poète, ne peuvent plus élever le calice, que reçoit-il de l'Etat pour passer ses vieux jours? Rien. Le sacerdoce est la seule fonction publique où il n'y a pas de retraite fixe et assurée. L'instituteur en a une; le facteur en a une; mais pas le prêtre.

Je voudrais qu'on n'oubliât pas que toutes ces tristes choses, si peu connues, ont été récemment (1) portées à la tribune de la Chambre des députés à celle du Sénat (2) exposées là dans leur simplicité, dans leur réalité bru-

(1) M. le marquis de Valfons avait proposé d'élever de 900 à 1,000 fr. le traitement des desservants. Sa proposition fut rejetée; mais on entendit, dans la discussion de belles et éloquentes paroles : « Nos prêtres dans les campagnes sont dans une gêne déplorable, s'écriait M. de Valfons. Il leur devient presque impossible de secourir les infortunés, malheureusement trop nombreux, qui viennent exclusivement frapper à la porte du presbytère, trouvant sans doute plus douce l'aumône distribuée par la main du pasteur. (Très bien, très bien.)

« Un pauvre traverse-t-il nos campagnes, il s'informe de l'endroit où réside le desservant, le curé; on lui indique le presbytère; il va y frapper et y recueille toujours un bienfait. (Marques d'approbation.)

« Cependant que faire avec 900 francs par an? quel est celui d'entre nous qui se contenterait d'un budget pareil? Et quelles privations ne faut-il pas s'imposer pour arriver à donner une obole à celui qui meurt de faim? » *Discours de M. le marquis de Valfons*, 28 *nov.* 1876.

« Est-il vrai, oui ou non, que les conditions de la vie ont notablement changé depuis de longues années? Est-il vrai que jamais elles n'ont été plus difficiles qu'aujourd'hui? Est-il vrai que les communes sont pour la plupart du temps impuissantes à donner aux desservants ces suppléments qui leur sont nécessaires pour leur existence? Est-il vrai qu'il n'y a pas une seule fonction de l'ordre de celles qu'accomplit le clergé où l'on puisse se contenter d'une rémunération aussi infime que celle que le budget attribue aux desservants? » *Discours de M. Victor Lefranc*, 28 *nov.* 1876.

(2) Voir le *Discours de Mgr Dupanloup sur le budget*, séance du Sénat 23 décembre 1876.

tale. Elles y ont provoqué un immense étonnement; mais pas une contradiction de la part de qui que ce soit, ni du côté du gouvernement (1) ni du côté de l'opposition (2).

A l'exposé du pauvre petit budget des curés de campagne, une voix a dit seulement : « Mais alors comment s'en tirent-ils? » A quoi il a été répondu : « Ils ne s'en tirent pas! » Et de fait une foule de jeunes prêtres dans les petites paroisses où ils commencent, et une foule de vieux prêtres dans les petites paroisses où ils finissent, vivent dans une pauvreté voisine de la misère. »

Ce tableau est loin d'être chargé.

La pauvreté, je devrais plutôt dire la misère, des prêtres de paroisse est générale.

Dans les grandes villes, si le curé a de quoi vivre, ses vicaires joignent à peine les deux bouts.

A Paris, en particulier, il y a une grande différence entre les revenus des curés, premiers, seconds vicaires et les autres prêtres. Je sais telle paroisse où les vicaires ont à peine 3,000 francs pour vivre. Ceux qui n'ont pas quelque patrimoine font des dettes. J'en connais qui sont obligés de vivre au restaurant, parce qu'il leur est impossible d'avoir une domestique.

Les prêtres qui font fortune sont l'exception.

Je voyais ces jours-ci un curé du diocèse de Dijon qui se trouvait un des plus riches de son canton, parce qu'il gagnait 1,500 francs. Toute son ambition eût été d'arriver à 1,800. Que faire pour remédier à cette pauvreté?

Un prêtre écrivait en 1880 les pages suivantes (4) :

« Le gouvernement trouve qu'il fait déjà trop pour le clergé; aussi n'est-ce pas le moment de l'apitoyer sur notre sort. On le harcèle de tous côtés, pour qu'il nous retire nos modestes traitements. Ce n'est donc pas de ce côté que nous devons tourner les yeux, ni tendre la main.

« Les communes sont entrées dans une voie que, même si les temps deviennent meilleurs, elles continueront à suivre. Celles qui faisaient encore un supplément de traitement au clergé paroissial l'ont supprimé, ou réduit au *minimum*.

« Les fabriques sont pour la plupart aussi pauvres que leurs curés; leurs ressources sont aléatoires : quêtes, produits des chaises, offrandes, services, c'est là toutes leurs espérances; si on leur retire le monopole des pompes funèbres leur ruine est assurée. Les fabriques font tout ce qu'elles peuvent pour leur curé; mais ce qu'elles peuvent est si peu de chose, que c'est insignifiant.

« Ainsi les traitements fixes des curés sont très compromis; ce qu'on nomme le casuel est dérisoire. Où trouver de l'argent pour assurer le pain quotidien à cette classe d'hommes que personne ne veut aider?

(1) « Je n'ai pas besoin d'ajouter, que j'adhère complètement à la proposition qui vous a été faite par nos honorables collègues MM. de Valfons et Victor Lefranc, et que je regarde comme *un acte d'humanité* d'accorder l'augmentation du traitement qui est demandée pour les desservants. » *Discours de M Dufaure, garde des sceaux*, 28 *nov.* 1878.

(2) « Tout ce qu'on a pu dire en faveur des desservants, la commission du budget *le sait*, et la preuve qu'*elle sait* que le traitement des desservants est *insuffisant*, c'est qu'*elle propose une augmentation*. Elle a accordé ce qu'elle pouvait, 200,000 francs. Nous ne pouvons pas faire davantage » *Discours de M. Langlois*, 28 *nov.* 1876. Voir aussi le *Discours de M. Lepère.*

(4) *L'Église de France et les Réformes nécessaires* (Dentu, Palais-Royal, Paris).

« Il y a bien les gros traitements des dignitaires de l'Eglise, mais qu'est-ce que cela auprès des misères qu'il faudrait soulager? Qu'on les diminue, au point de les réduire à zéro, pour augmenter d'autant nos revenus, on arrivera à des résultats à peine appréciables. Et puis ces gros traitements sont loin d'être ce que l'on croit : ils sont relativement modestes; et les quelques privilégiés qui les touchent en ont besoin pour vivre selon le rang qu'ils occupent.

« Les revenus de la mense épiscopale et le casuel dans les grandes villes font, il est vrai, une somme assez importante, qui permettrait de faire une répartition plus équitable, et de niveler les situations. Mais, outre que ce système serait compliqué et qu'il ne peut être mis en vigueur que dans les villes de premier ordre, il est clair qu'il ne remédierait qu'à une partie du mal. Il est certain qu'à Paris, par exemple, certains curés ont des revenus élevés, sans proportion avec ceux des autres membres du clergé. Un essai de caisse centrale a été tenté à Marseille; j'ignore comment il a réussi. Il m'est revenu que Mgr Affre y avait songé pour Paris.

« Restent les fidèles et les communautés religieuses.

« C'est évidemment de ce côté que doivent se tourner les efforts et l'attention des évêques. C'est là qu'ils doivent trouver des ressources régulières, et je dirai même légitimement dues.

« N'est-ce pas, en effet, les fidèles qui, à peu près partout, font vivre leurs prêtres, et fournissent aux frais du culte? Il y a peu de pays comme la France où il y ait un budget des cultes. Or ne nous faisons pas illusion, ce budget des cultes est si fortement attaqué, que le temps est proche où on le supprimera. « Il n'est pas nécessaire d'être prophète, écrivait l'archevêque de « Bourges, pour prévoir des temps, peu éloignés peut-être, où le clergé devra « vivre de ses propres ressources, et s'il ne prépare dès maintenant les pro- « visions de l'avenir, par de saintes largesses et de prévoyantes fondations, « il sera condamné à voir le dépérissement et peut-être l'extinction de plus « d'une de ses maisons sacerdotales : et doublement attristé, il sera peut-être « alors dans l'impuissance de leur porter secours. »

« Je sais bien que, si l'on supprime le budget des cultes, l'Etat nous doit une compensation. Mais comment fera-t-il honneur à ses engagements? Il nous abandonnera peut-être en toute propriété les églises, les presbytères; il joindra à ce don une somme d'argent, plus ou moins forte, qui sera le plus clair de notre affaire, et il ne sera plus question de rien. Il faudra vivre avec cela, ou plutôt continuer à traîner la misère. L'impôt que l'Etat prélevait sur les contribuables, l'Eglise se verra forcée de le lever à son tour sur les fidèles. Les fidèles, j'en suis sûr, s'y prêteront, mais dans quelle mesure? Evidemment dans celle de leurs ressources : lesquelles? Leurs ressources disponibles, celles que leur laisseront ces quêtes sans fin dont les accablent nos évêques, et les fondations écrasantes des communautés, qui pèsent si fort sur leurs épaules.

On n'y a pas réfléchi, et si l'on n'y prend pas garde, l'abîme va se creusant chaque jour davantage.

« Cette variété presque illimitée de quêtes fixes, de fondations de tous genres, que les évêques patronnent sans souci du lendemain, préparent peut-être une catastrophe terrible pour le jour de la suppression du budget des cultes.

« Les fidèles, en effet, n'affectent aux œuvres de piété et de charité qu'une modique partie de leurs revenus. C'est sur leur superflu qu'ils prennent, et encore, ceux qui le font sont l'exception. Mais si ce superflu disponible est déjà destiné au Sacré-Cœur, aux universités libres, à l'œuvre des pèlerinages, de Saint-Martin, de la Salette, de Lourdes, des Notre-Dame de tous les pays, des petits ramoneurs, que sais-je? dans quelle bourse puiseront-ils pour aider leurs prêtres?

« Oh! que M. Bougaud avait raison de blâmer ce luxe d'œuvres qui encombrent notre pays, et comme il prévoyait les embarras dans lesquels cette fièvre nous jetterait.

« Tous les efforts des catholiques, dit-il, toutes leurs ressources d'argent, leurs « industries de zèle, devraient se fixer sur trois ou quatre œuvres vitales de « premier ordre, qui importent à l'existence même de l'Eglise, et qu'aucune « œuvre, quelle qu'elle soit, n'a le droit d'affaiblir..... en tête..... le denier de « Saint-Pierre..... après avoir assuré le centre de l'Eglise, il faut en élargir « les frontières. L'œuvre de la propagation de la foi..... il faut faire étinceler « sur le front de l'Eglise la couronne de la catholicité..... en troisième lieu, « l'*Œuvre des vocations sacerdotales*..... Cette œuvre, l'Eglise nous la demande « avec larmes, l'Eglise qui est mère, et qui gémit en la multitude d'âmes « qui se perdent, parce qu'il n'y pas assez de pasteurs, d'apôtres, de doc- « teurs. »

« Ne serait-il pas à propos de sacrifier un certain nombre d'œuvres, bonnes, pieuses, mais trop encombrantes? Que nos évêques songent dès maintenant à préparer ce fonds de réserve, qui leur permettra d'assurer à leurs prêtres une vie honorable, et à sauvegarder l'honneur de l'Eglise, de son chef et de son culte.

« Ce que l'on obtient de la charité publique est incroyable :

« L'œuvre de la Sainte-Enfance qui n'a pas quarante ans d'existence, qui en 1843, année de sa fondation, rapportait déjà 22,900 francs, a rapporté, en 1878, 2,655,841 francs. L'œuvre de la propagation de la foi, qui recevait déjà plus de 3 millions de francs en 1850, a plus que doublé ses recettes en l'espace de trente ans; en 1878, elle a reçu 6,591,000 francs, et ces sommes sont des revenus annuels! L'œuvre du Sacré-Cœur, au 31 janvier 1880, avait encaissé 7,874,769 fr. 75 c., et l'Université catholique de Paris, au 7 février 1880, 2,794,066 fr. 10 c. Elle dépense 400,000 francs par an.

« Empêchons les libéralités des fidèles de s'éparpiller sans utilité; supplions-les de nous aider dans l'œuvre générale, mille fois plus importante que toutes ces petites œuvres, que toutes ces petites fondations, bonnes peut-être en soi dans les temps de calme, mais inutiles, nuisibles même quand la tempête menace de tout engloutir. Dans ma pensée nous ne demanderions pas aux fidèles de nouveaux sacrifices d'argent de crainte de lasser leur générosité, nous leur demanderions seulement de donner à leurs largesses une direction plus conforme aux besoins des temps.

« Il y a enfin les communautés riches. Dieu me garde de réclamer pour elles le système de l'expropriation forcée, et de leur faire rendre gorge sous prétexte que le clergé séculier est pauvre. Le communisme n'a pas droit de cité chez nous.

Cependant je ferai deux remarques :

« La première, c'est que les communautés d'hommes enlèvent aux diocèses et aux paroisses un certain nombre de sujets qui ne sont pas sans valeur. Souvent c'est le diocèse qui a fait les frais de leur éducation cléricale. L'évêque avait le droit de compter sur leurs services; ils le quittent pour se faire religieux : c'est d'abord une perte d'argent pour le diocèse, perte appréciable; c'est ensuite, celle d'un sujet, peut-être distingué, ce qui n'a plus la même valeur, sans doute, mais que l'on peut encore apprécier.

« La seconde remarque, c'est que ces sujets, qui ne rapportent plus rien au diocèse, rapportent maintenant aux communautés, et cela souvent au détriment des œuvres diocésaines; en sorte que la communauté ne fait que gagner sans avoir rien déboursé, tandis que le diocèse continue à perdre, sans compter l'argent qui est sorti de sa caisse.

« Ne serait-il pas équitable d'imposer aux communautés religieuses d'hommes certaines charges par chaque sujet qui quitte le diocèse pour en faire partie?

« D'abord si le sujet a été boursier, je ferais restituer à la caisse des séminaires tout ce qui a été dépensé pour lui : ce serait une manière de lui trouver un remplaçant.

De plus, j'assimilerais toutes les communautés aux fidèles et je fixerais une somme proportionnée à l'importance de la communauté et à ses revenus.

« Les communautés, en effet, plus encore que les quêtes, enlèvent aux diocèses des ressources qui lui seraient destinées; les *bons pères*, *bons frères*, *bonnes sœurs* n'assoient les fondements de leurs instituts que sur des terrains solides et productifs, sur lesquels l'évêque a bien quelque droit.

« Nous ne pouvons nous le dissimuler, de grands périls nous menacent. L'Eglise de France sera peut-être enchaînée de nouveau, meurtrie par la violence; mais le grand péril n'est pas là : il est dans la diminution des vocations sacerdolales; et cette diminution grandit chaque jour davantage, par suite de l'effroi que causent dans nos rangs les haines dont nous sommes l'objet et la misère qui nous menace. « Le grand péril, s'écrie M. Bougaud, « c'est qu'il n'y a pas assez de prêtres pour maintenir l'Eglise de France à la « hauteur de toutes les épreuves dans le présent et dans l'avenir. » Or, pour conjurer ce grand péril, il faut tenter un puissant effort. Cet effort, nous pouvons le demander aux catholiques; car il ne s'agit pas d'obtenir d'eux de nouveaux sacrifices, il ne s'agit que d'utiliser leur charité si ardente, si industrieuse, si féconde, il ne s'agit que de contenir cette sève trop luxuriante et de la diriger du côté du sacerdoce. »

A ces deux remarques j'en ajouterai une troisième, que j'ai souvent entendu faire par des prêtres aussi respectables que bien intentionnés.

Ne conviendrait-il pas, au lieu d'augmenter le nombre des desservants, de le diminuer sensiblement? Il y a des cantons où l'on trouve douze et quinze desservants, et, où, avec quatre ou cinq le service paroissial serait suffisamment et même mieux assuré.

N'y a-t-il pas, en présence surtout de la pénurie des vocations sacerdotales, un véritable gaspillage de prêtres? Est-il bien vrai que le soin des âmes réclame autant de desservants qu'il y en a? Pour ma part, j'estime que moins le prêtre est livré à soi-même, plus il est saisi par son ministère, et plus sa position matérielle est assurée, moins il court de dangers et plus il fait le bien. Ce projet, plus conforme à la législation ecclésiastique que celui qui est en vigueur, a, m'assure-t-on, les faveurs du gouvernement.

APPENDICE II

RÉCAPITULATION PAR DÉPARTEMENT

DES RENSEIGNEMENTS CONCERNANT LES CONGRÉGATIONS TANT AUTORISÉES QUE NON AUTORISÉES

DÉPARTEMENTS.	IMMEUBLES POSSÉDÉS ET OCCUPÉS PAR LES CONGRÉGATIONS			
	CONTENANCE d'après le cadastre.	VALEUR locative.	VALEUR vénale.	MONTANT des droits de patente pour 1880.
	hect. a. c.	fr.	fr.	fr. c.
Ain	1.262.68,98	336.895	9.165.650	2.893,69
Aisne	70.93,80	160.495	3.644.600	1.124,68
Allier	477.38,95	349.465	7.942.460	1.468,81
Alpes (Basses-)	157.86,60	33.600	861.000	168,33
Alpes (Hautes-)	75.60,76	51.945	1.341.340	211,67
Alpes-Maritimes	174.97,69	343.166	9.067.600	1.154,04
Ardèche	1.426.87,34	262.027	7.093.400	1.327,16
Ardennes	27.94,89	122.892	3.012.930	1.184,99
Ariège	13.80,07	39.440	884.100	119,24
Aube	46.55,63	197.690	4.404.000	659,68
Aude	601.42,11	189.658	4.443.550	918,33
Aveyron	1.141.95,84	340.768	8.617.350	1.202,85
Bouches-du-Rhône	358.41,72	729.655	17.201.600	4.424,93
Calvados	639.59,97	416.683	9.698.400	3.321,99
Cantal	159.82,38	95.234	2.826.420	838,32
Charente	46.48,78	81.675	1.801.945	653,97
Charente-Inférieure	243.46,54	152.878	4.076.240	1.394,81
Cher	71.33,59	277.630	8.719.350	1.961,99
Corrèze	223.74,31	86 535	2.659.500	826,49
Corse	66.27,87	44.850	1.067.100	222,33
Côte-d'Or	998.63,12	344.596	11.195.850	2.043,37
Côtes-du-Nord	659.76,84	378.169	9.098.600	4.205,59
Creuse	46.40,29	32.840	1.059.145	426,66
Dordogne	505.10,38	173.955	4.279.600	834,25
Doubs	406.36,17	286.330	6.317.330	2.251,29
Drôme	1.545.04,28	293.501	6.926.545	2.275,31
Eure	39.83,57	101.863	2.342.400	535,21
Eure-et-Loir	358.69,28	154.618	3.885.350	645,01
Finistère	1.097.22,25	262 690	6.310.420	2.704,65
Gard	216.78,51	221.840	5.228.140	1.348,03
Garonne (Haute-)	296.33,66	456.000	10.457.200	2.282,32
Gers	444.18,19	102.350	3.097.500	721,67
Gironde	474.55,15	640.728	18.578.853	3 386,32
Hérault	367.43,27	458.155	9.979.083	2.340,49
A reporter	14.743.52,78	8.220.816	207.284.551	52.078,47

DÉPARTEMENTS.	IMMEUBLES POSSÉDÉS ET OCCUPÉS PAR LES CONGRÉGATIONS.			
	CONTENANCE d'après le cadastre.	VALEUR		MONTANT des droits de patente pour 1880.
		locative.	vénale.	
	hect. a. c.	fr.	fr.	fr. c.
Report. . . .	14.743.52,78	8.220.816	207 284.551	52.078,47
Ille-et-Vilaine.	719.91,60	351.285	9.425.550	2.235,55
Indre.	974.68,41	114.540	3.421.400	757,52
Indre-et-Loire.	342.96,27	273.110	6.427.800	745,97
Isère.	1.430.08,25	512.613	13.230.200	5.109,67
Jura.	285.49,13	136.665	3.215.180	990,67
Landes.	467.94,27	85.675	2.362.300	353,17
Loir-et-Cher.	390.77,11	119.769	2.593.650	795,35
Loire.	1.338.76,11	538.476	13.632.030	3.173,42
Loire (Haute-).	853.12,44	199.188	4.834.930	2.018,84
Loire-Inférieure. . . .	615.01,93	443.545	9.342.700	2.184,01
Loiret.	53.90,04	237.447	4.825.300	1.157,31
Lot.	355.18,17	102.912	3.636.860	903,01
Lot-et-Garonne.	167.02,98	125.696	3.200.000	817,35
Lozère.	1.056.16,75	107.937	2.962.560	451.66
Maine-et-Loire.	1.027.12,51	459.920	11.824.300	3.602,44
Manche.	411.68,39	240.760	6.905.450	3.742,37
Marne.	366.64,11	402.010	8.299.680	1.619,32
Marne (Haute-).	405.56,15	82.935	1.922.333	1.272,51
Mayenne.	539.77,35	248.705	6.684.300	1.559,81
Meurthe-et-Moselle. .	514.46,22	377.989	8.971.400	1.672,02
Meuse.	165.29,59	101.266	2.338.900	777,31
Morbihan.	1.583.07,30	299.698	7.628.930	1.936,37
Nièvre.	123.78,95	140.535	3.641.900	455,90
Nord.	543.46,40	1.363.105	32.719.100	6.906,08
Oise.	313.82,78	158.981	4.033.710	1.063,81
Orne.	789.84,34	188.623	5.123.150	1.073,33
Pas-de-Calais.	587.84,10	617.641	13.240.605	2.868,77
Puy-de-Dôme.	339.17,96	421.225	10.464.184	2.421,82
Pyrénées (Basses-). . .	498.49,19	323.065	7.979.800	1.952,14
Pyrénées (Hautes-). . .	253.79,72	172.160	4.355.670	471,14
Pyrénées-Orientales. .	48.96,42	83.570	1.726.342	368,84
Belfort (Territoire de).	21.29,66	56.810	1.234.000	318,67
Rhône.	783.15,60	1.413.229	36.005.450	11.613,54
Saône (Haute-).	307.08,30	92.435	1.998.900	697,66
Saône-et-Loire.	191.07,92	278.036	6.137.100	1.201,35
Sarthe.	439.52,52	293.325	6.413.200	2.174,14
Savoie.	427.18,27	144.564	4.323.650	974,48
A reporter. .	34.476.68,99	19.525.391	484.357.725	124.514,79

DÉPARTEMENTS.	IMMEUBLES POSSÉDÉS ET OCCUPÉS PAR LES CONGRÉGATIONS.			
	CONTENANCE d'après le cadastre.	VALEUR		MONTANT des droits de patente en 1880.
		locative.	vénale.	
	hect. a c.	fr.	fr.	fr. c.
Report. . .	34.476.68,99	19.525.391	484.357.725	124.514,79
Savoie (Haute-).	362.54,52	153.374	5.403.776	708,99
Seine.	275.08,91	6.137.675	135.990.200	11.771,62
Seine-Inférieure. . . .	542.68,08	574.963	12.037.730	3.522,25
Seine-et-Marne.	102.05,63	151.960	3.739.850	1.052,97
Seine-et-Oise.	228.28,16	584.325	12.574.559	3.437,99
Sèvres (Deux-).	539.14,44	111.261	3.299.250	558.69
Somme.	336.39,01	333.615	8.376.150	2.523,82
Tarn.	485.51,66	213.195	5.503.600	1.503,95
Tarn-et-Garonne. . . .	295.17,45	129.112	3.331.600	596,04
Var.	712.54,64	247.200	5.681.600	1.314,12
Vaucluse.	401.78,61	244.556	5.369.575	1.936,64
Vendée.	355.37,59	212.410	5.949.380	495,66
Vienne.	836.26,42	496.197	11.619.010	1.799,51
Vienne (Haute-).	291.47,36	177.422	4.064.075	683,11
Vosges.	136.70,00	108.855	2.528.350	687,00
Yonne.	143.20,37	118.010	2.712.550	687,67
Totaux. . .	40.520.91,84	29.525.391	712.538.980	157.494,82
Moyennes par départt.	465.75,78	339.372	8.190.103	1.810,28

OBSERVATIONS.

La superficie de la France est de. . . . . 528.401 kil. car.

La superficie des immeubles *connus*, appartenant aux congrégations religieuses est de. . . . . 405 —

Ce qui représente la 1.305me partie de notre territoire.

La valeur vénale des immeubles possédés et occupés par les congréganistes est de. . . . . 712.538.980 fr.

Pour cette immense fortune ils payent comme droit. . 157.495 —

Soit 0 fr. 022 pour 100 francs.

APPENDICE III.

MODÈLE D'*ARTICLE BÊTE* (extrait de l'*Intransigeant*).

Voici un petit échantillon de l'*Article Bête*, cueilli le 8 octobre dans l'*Intransigennt :*

UN NOUVEAU SCANDALE CLÉRICAL.

« Chaque semaine en fournit plusieurs.

« La *République de l'Oise* en raconte un nouveau qu'on pourrait intituler *le Fils, la Mère et l'Amant.*

« L'amant, c'est le curé.

« Voici en quels termes notre confrère raconte cette mésaventure galante

« Par respect pour une famille très honorable, nous ne voulons pas désigner l'endroit où se sont passés les faits dont nous allons parler. C'est la seule raison pour laquelle nous ne flagellons pas publiquement le porte-soutane qui s'est distingué dans cette affaire.

« Au surplus, le scandale a été public, la mésaventure du curé en question est aujourd'hui la fable du village et des environs. Il est inutile pour nous d'insister davantage.

« C'était il y a quelques jours. Un jeune homme travaillant dans les champs, près du logis paternel, eut la fantaisie de rentrer plus tôt que d'habitude. On ne l'attendait pas; du moins il s'en aperçut bien vite au spectacle qui s'offrit tout d'abord à ses yeux.

« Sa mère, qui est cependant d'un âge auquel les femmes sont à l'abri des passions, sa mère était en conversation intime avec un prêtre.

« Nul doute n'était permis. L'attitude des coupables n'aurait laissé, au plus aveugle des maris, aucune incertitude sur la fidélité de son épouse.

« On comprend facilement de quel œil le fils contempla ce tableau naturaliste.

« La mère, honteuse et confuse, se cacha les yeux dans les mains, versant quelques larmes de dépit. Le prêtre, plus vaillant, peut-être aussi plus habitué à ces scènes, tenta de convaincre le fils et de lui faire comprendre combien il devait s'estimer honoré; puis il eut l'aplomb de lui demander silence.

« — Dans l'intérêt de la religion, du respect qui est dû à ses ministres, ne dites rien, mon fils, je vous en prie. Que gagneriez-vous à ébruiter cette affaire? Les moqueries des impies et le blâme des honnêtes gens.

« — De quoi! s'écria le fils indigné, le blâme de qui? Eh bien, je vais t'en flanquer, moi, du blâme!

« Et, à coups de poing, à coups de pied, le jeune homme tomba sur le prêtre, qui prit alors le parti de se défendre et, se saisissant de sa canne, frappa de son côté sur le dos de son adversaire, avec une telle violence, que le bâton se brisa en plusieurs morceaux.

» Alors, ouvrant la porte, l'ensoutané tenta de fuir, non sans avoir reçu, quelque part un furieux coup de pied.

« La scène ne fut pas terminée. Exaspéré, le fils de la femme adultère poursuivit dans la rue le séducteur, en le frappant et en criant. Les voisins sortirent sur le pas de la porte et furent témoins de la fuite, dont ils ne tardèrent pas à connaître le motif.

« Le curé prit bientôt un parti décisif : relevant sa soutane, il s'enfuit, abandonnant sur le champ de bataille les tronçons de sa canne... et son honneur professionnel.

« Tout commentaire est inutile : nous sommes tellement habitués à raconter les fredaines de certains de ces messieurs que nous ne pourrions que répéter ce que nous avons déjà dit plusieurs fois.

« Si, cependant, quelques personnes prétendaient que notre récit pourrait être inventé, parce que nous ne citons pas le nom de la localité où ce scandale a eu lieu, nous sommes tout disposés à mettre les points sur les *i* et à donner aux incrédules toutes les preuves désirables de la véracité des faits que nous venons de raconter. »

Le rédacteur de cet *Article Bête* se fait fort de mettre les points sur les *i*, et demande même qu'on l'y provoque.

Qui osera le faire? qui osera écrire à l'*Intransigeant*, et signer sa lettre? Personne : on aurait trop peur de se voir imprimé et ridiculisé par ces messieurs. Personne n'interrogera, et l'*Article Bête* fera son effet.

TABLE DES MATIÈRES

FIN DE LA TABLE.

Paris. — Imprimerie Arnous de Rivière, rue Racine, 26.

PARIS. — IMPRIMERIE ARNOUS DE RIVIÈRE
26, RUE RACINE, 26

www.ingramcontent.com/pod-product-compliance
Ingram Content Group UK Ltd.
Pitfield, Milton Keynes, MK11 3LW, UK
UKHW012032240726
13965UKWH00002B/727